VOLKER G. HEINZ
mit Regina Carstensen

Der Preis der Freiheit

Eine Geschichte über Fluchthilfe,
Gefangenschaft und die geheimen Geschäfte
zwischen Ost und West

Rowohlt Taschenbuch Verlag

Die Namen einiger Personen wurden
zu ihrem Schutz geändert.
Unverändert sind die Namen von
Personen des öffentlichen Lebens.

Originalausgabe
Veröffentlicht im Rowohlt Taschenbuch Verlag,
Reinbek bei Hamburg, September 2016

Umschlaggestaltung ZERO Werbeagentur, München
Umschlagabbildung V. Pawlowski / ullstein bild
Satz Arno PostScript, InDesign,
bei Pinkuin Satz und Datentechnik, Berlin
Druck und Bindung CPI books GmbH, Leck, Germany
ISBN 978 3 499 63176 4

INHALT

Meiner Frau und
meinen Kindern
als Dank für
ihre Ermutigung, Hilfe
und Geduld

Courage is rightly esteemed the first
of human qualities because it is
the quality which guarantees all others

WINSTON CHURCHILL

PROLOG

Der Ostberliner Maihimmel verdunkelt sich. Erschöpft wische ich mir den Schweiß von der Stirn. Es ist ein langer, anstrengender Tag. Ich war, statt ins juristische Repetitorium zu gehen, frühmorgens mit meinem mattblauen Volkswagen von Bonn nach Köln-Wahn gefahren und von dort zum Westberliner Flughafen Tempelhof geflogen, wo ich meine Instruktionen erhielt. Ich betrat Ostberlin über die Grenzkontrollstelle Heinrich-Heine-Straße. Von dort aus fuhr ich mit der S-Bahn hinaus nach Köpenick, die restliche Strecke lief ich zu Fuß. Einen Moment lang blieb ich vor dem Haus der Familie Rittersberger stehen und sammelte mich, dann atmete ich einmal tief durch und klingelte. Dr. Max Rittersberger öffnete die Tür und ließ mich ein, mit ernstem Gesicht schüttelte er mir die Hand. Er sah aus, als hätte er schon sehr lange auf mich gewartet.

Der mittelgroße, schlanke Mann, bei dem sich im braunen Haar die ersten grauen Haare zeigten, führte mich ins Wohnzimmer, wo seine Frau mich ebenso erwartungsvoll anschaute wie seine drei fast erwachsenen Kinder. Stefan, Maximilian und Katharina. Das Nesthäkchen, ein etwa zwei Jahre altes Mädchen, schlief im Wohnzimmer. Ich setzte mich, eine Tasse Tee nahm ich dankend entgegen. Dann sprachen wir über den Ablauf der Flucht, die noch am selben Abend stattfinden sollte. Jedenfalls die erste mit den drei älteren Kindern. Morgen würden Vater und Mutter

Rittersberger mit der Kleinen in einer zweiten Aktion folgen. Nie zuvor hatte ich Fluchtwillige zu Hause aufgesucht. Das heute war eine absolute Ausnahme. Normalerweise übernahmen Wolfgangs Kuriere die Planung der Einzelheiten und die Unterrichtung der Fluchtwilligen. Aber heute war das meine Aufgabe, und da saß ich nun und erklärte der Familie, wie sie in einem Kofferraum über die innerdeutsche Grenze Berlins gelangen sollte.

Seitdem sind einige Stunden vergangen. Ich stehe mitten auf dem Alexanderplatz, schon von weitem sehe ich die drei Geschwister ängstlich und eng aneinandergedrängt unter dem Fernsehturm stehen. Hoffentlich sind sie nicht ins Visier der Stasi geraten, denn unauffällig ist nun wirklich etwas anderes. Sie sollten eigentlich in der Menge der anderen Passanten herumschlendern und ein Eis essen – die zentrale Lage des Alex war schließlich der Grund dafür, weshalb wir diesen Treffpunkt gewählt hatten.

«Ist hier in der Nähe ein Haushaltswarengeschäft?», frage ich. Unser vereinbarter Code, um ins Gespräch zu kommen.

Die drei nicken und antworten wie verabredet: «Hinter der Straßenbahnhaltestelle. Wir zeigen es Ihnen, wenn Sie wollen.»

Ich nicke ebenfalls. Zu viert machen wir uns auf den Weg. Aber unser Ziel ist nicht das Geschäft, sondern die Straßenbahn.

Wir steigen in eine von mir zuvor ausgesuchte Linie, wechseln in eine andere und fahren fast bis zur Endstation. Von dort geht es Richtung Marzahn-Hellersdorf, ein ländlich-dörfliches Gebiet weiter im Osten der Stadt. Es ist Frühjahr 1966, die Plattenbausiedlung, die hier später entstehen wird, ist bislang bestenfalls in der Planung.

Meist schweigen wir, die drei Jugendlichen sagen kaum ein Wort. Immer wieder versuche ich, ein wenig aufmunternd zu lächeln, dabei könnte ich selbst eine kleine Aufmunterung gebrauchen. Ich weiß schon nicht mehr, wie viele Leute ich über die Grenze gebracht habe. Es ist ein anstrengender Job, der von seinem ursprünglichen elektrifizierenden Nervenkitzel mittlerweile ein wenig verloren hat. Jedes Mal spüre ich fast körperlich die Angst der anderen, muss sie gemeinsam mit der eigenen ertragen, zugleich kompensieren und auflösen. Häufig genug habe ich erlebt, wie unberechenbar und selbstgefährdend die Flüchtlinge agieren. Von Mal zu Mal fällt es mir schwerer. Denn ich muss als souveräner Herr der Lage auftreten und vor allem eine Leistung erbringen: die langersehnte Freiheit. Diese Menschen verlassen sich auf mich. Und ich weiß: Es ist wichtig, was ich hier tue. Ich bin auch weiterhin entschlossen zu helfen, bin überzeugt davon, dass es das Richtige ist. Aber es verlangt von mir eine Menge Selbstdisziplin. Für meine Hilfe werde ich nicht entlohnt, und es ist mir sehr wichtig, dass das auch so bleibt. Erst vor kurzem habe ich erfahren, dass bei diesen Fluchten viel Geld fließt.

Auch wenn ich es mir ungern eingestehe, ich leide immer mehr unter meinem Doppelleben. Ständig muss ich ein Netz von Lügen spinnen, um meine Familie und Freunde zu täuschen. Keiner außerhalb des engen Fluchthelferkreises weiß von dem, was ich hier tue. Außer einer Person: Hanns Martin Schleyer, mein Corpsbruder. Ihm habe ich mich kürzlich anvertraut. Für ihn organisiere ich diese Flucht. Meine drei Begleiter gehören zu einer Ostberliner Arztfamilie, die er mir ans Herz gelegt hat. Die Mutter der Familie ist die Schwester eines weiteren Corpsbruders. Man hilft sich gegenseitig.

In diesem Teil von Marzahn ist kaum jemand unterwegs. Das Mädchen und die beiden jungen Männer folgen mir auf einer schmalen Landstraße. Kein Auto fährt uns entgegen, keines überholt uns. Links und rechts hohes Getreide am Wegrand, das in wenigen Wochen geerntet wird. Jetzt schützt es uns vor unerwünschten Blicken. Meine Gedanken kreisen um den nächsten Schritt. Hoffentlich geht alles gut, hoffentlich ist der Syrer da. Was, wenn er eine Reifenpanne hatte oder sonst wie aufgehalten wurde? Was mache ich dann mit dem Trio? Um Mitternacht muss ich spätestens wieder im Westen sein. Bleibe ich länger, mache ich mich strafbar. Ich versuche, mich zu beruhigen, sage mir, dass die Familie ja in Berlin wohnt, dass die drei im Notfall einfach zurück nach Hause gehen können, als wäre nichts geschehen.

Längst ist die Dämmerung hereingebrochen. Je dunkler es wird, umso sicherer fühle ich mich. An der nächsten Kreuzung biegen wir nach rechts, dort müsste, wenn alles glattgelaufen ist, Kamal Hamdi auf uns langsam zufahren. Ein erster Blick um die Ecke lässt mich aufatmen – der weiße Mercedes ist gut zu erkennen. Erleichterung macht sich breit. Als der Syrer mich sieht, lässt er kurz das Fernlicht aufblitzen. Aus meiner Jackentasche ziehe ich eine kleine Taschenlampe hervor und signalisiere in Richtung Mercedes, dass alles in Ordnung ist.

Und dann geht alles sehr schnell. Ich dränge die drei Jugendlichen zum Kofferraum, klappe den Deckel auf.

«Rein mit euch», flüstere ich, während ich mich hektisch umschaue. Hoffentlich nähert sich in diesem Moment nicht noch irgendein Auto. Ich spüre, wie sich neue Schweißperlen auf meiner Stirn bilden, obwohl es längst nicht mehr so warm ist wie noch auf dem Alexanderplatz.

Als hätten sie es geübt, legen sie sich in «Löffelchen-Position» hintereinander hin. Ich werfe einen letzten Blick auf die bleichen, angsterfüllten Gesichter. Hoffentlich kommen sie gut rüber, denke ich. «Viel Glück», sage ich. Dann: Klappe zu. Tief atme ich durch. Der Syrer startet den Mercedes, er wird seine verborgene

«Fracht» nun über den Grenzübergang Checkpoint Charlie bringen. Und morgen dann das Ganze noch mal. Es grenzt an Wahnsinn.

Unauffällig schaue ich mich um, als ich nach einem halbstündigen Marsch wieder in der Straßenbahn sitze. Niemand sieht aus, als habe er mich im Visier. Aber die rundliche Frau mit der riesigen Einkaufstasche, könnte die nicht für die Staatssicherheit arbeiten? In der Tasche ließe sich ein Fotoapparat gut verstecken. Sehe ich schon Gespenster?

An der Heinrich-Heine-Straße lässt mich der Grenzer problemlos durch und stempelt mein Tagesvisum ab, ohne zu zögern. Ich bin wieder in Westberlin. Die Nacht verschluckt mich.

Ein paar Stunden später liege ich, vollkommen erschöpft, in einer kleinen Wohnung in Lichterfelde in den Armen von Gudrun, die zum Glück keine Fragen stellt, fast so, als wisse sie von dem Geheimnis meiner unregelmäßigen, kurzfristig angekündigten Ausflüge nach Westberlin. Ihr Haar, in das ich mich verkrieche, riecht verführerisch. Aber meine Gedanken sind schon bei der morgigen Flucht. Geht alles gut, wird die Familie am Abend wieder vereint sein – in Freiheit. Und ich wieder bei Gudrun, für eine weitere Nacht. Wann kommst du morgen? Auch diese Frage stellt sie mir nicht.

Abenteurer mit Gerechtigkeitssinn

Die Märzsonne schien noch etwas blass, aber die Vorboten des Frühlings waren an den Rändern der Autobahn schon zu sehen. Hier und da lugten ein paar geöffnete Blütenköpfe aus dem sonst noch öden Randbewuchs heraus. Voller Vorfreude saß ich in meinem Volkswagen mit dem geteilten Rückfenster, vollgestopft bis unters Dach mit Büchern, Kleidung, Wäsche und Geschirr. Es war eine lange Fahrt, doch der Wagen, Baujahr 1949, muckte nicht ein einziges Mal auf.

Hinter mir lagen drei ereignisreiche Semester Jura in Heidelberg – ich hatte im Kneipsaal unseres Anfang des vergangenen Jahrhunderts erbauten Corpshauses viel gesungen und viel getrunken, mit der blanken Waffe gefochten, schöne Reisen unternommen und kaum studiert –, aber nun, im Frühjahr 1965, wollte ich raus aus dem feucht-fröhlichen Umfeld, etwas anderes erleben, vor allem aber ernsthaft studieren. Wie so viele in dieser Zeit zog es mich nach Berlin, und die Regierung in Bonn subventionierte in der geteilten Stadt zwei Besuchssemester. Diese Chance wollte ich mir nicht entgehen lassen. Berlin, das klang in meinen Ohren nach Abenteuer und Freiheit.

Ein Problem, mit dem ich nicht gerechnet hatte, verzögerte allerdings meine Ankunft in Westberlin. Während auf den West-Autobahnen alles gut ausgeschildert war, verfuhr ich mich prompt auf einer der DDR-Transitstrecken. Es ruckelte auf dem rissigen

Straßenbelag, Kiefernwälder und Felder wechselten einander ab. Ich fuhr und fuhr und wusste bald gar nicht mehr, wo ich mich befand. Eine Straßenkarte hatte ich nicht dabei, wozu auch, im Westen hatte ich nie eine benötigt. Richtig viel los war auf der DDR-Autobahn schon die ganze Zeit über nicht gewesen, doch plötzlich merkte ich, dass überhaupt kein Gegenverkehr mehr kam, und auch auf meiner Seite der Fahrbahn war weit und breit kein anderes Gefährt zu sehen. Wo war ich nur gelandet? Unruhig umherblickend, entdeckte ich nach einer Weile auf einem Parkplatz ein Fahrzeug der Volkspolizei. Selbstbewusst und unerschrocken, wie ich war, ging ich davon aus, dass mir die Polizisten sicherlich helfen würden.

Ich kam direkt hinter dem Lada zum Stehen, stieg aus und beugte mich zu den beiden Männern, die ihre Seitenfenster inzwischen heruntergekurbelt hatten. «Guten Tag, meine Herren», begann ich das Gespräch munter, «entschuldigen Sie die Störung, aber ich fürchte, ich habe mich total verfahren. Wie komme ich denn von hier aus am besten nach Westberlin?»

Der Beisitzer verzog überrascht das Gesicht und erklärte dann barsch: «Sie haben kein Recht, auf dieser Straße zu fahren, junger Mann.» Ich blickte ihn verdutzt an, aber bevor ich etwas erwidern konnte, folgte ein Schwall straßenverkehrsrechtlicher Belehrungen. Dann studierte er ausgiebig meine Papiere. Das Verlassen der Transitstrecken ohne schriftliche Genehmigung war streng verboten. Das wusste ich zwar – aber macht man sich strafbar, wenn man sich unabsichtlich verfährt? Als der Polizist seine Ausführungen beendet hatte, fragte ich gespielt ahnungslos: «Danke, dann weiß ich ja jetzt bestens Bescheid. Können Sie mir jetzt vielleicht auch erklären, wie ich zurück auf die richtige Straße komme?»

Es folgten erneut hochkomplizierte Erläuterungen, denen ich beim besten Willen nicht folgen konnte. Um die beiden Polizisten nicht mit einer Bitte um Wiederholung in ihrer Unfreundlichkeit zu bestärken, schaute ich sie mit gespielter Verwirrtheit an: «Verzeihen Sie, aber wäre es nicht das Einfachste, ich drehe hier einfach um? Auf dieser Autobahn gibt es nur einen Grünstreifen zwischen den Fahrbahnen, das müsste doch gehen.»

Die beiden Uniformierten sahen zunächst mich und dann lange einander an. Schließlich sagte der Ranghöhere hinter dem Steuer: «Na gut, drehen Sie um. Aber achten Sie beim Überfahren des Grünstreifens auf den fließenden Verkehr!»

Fließender Verkehr? Am liebsten hätte ich laut gelacht, doch ich riss mich zusammen und bedankte mich ausgesucht höflich für die Hilfe und die freundliche Genehmigung zum Wenden. Als ich wieder in meinem Auto saß und auf dem Grünstreifen in entgegengesetzter Richtung davonfuhr, konnte ich mein Lachen nicht länger unterdrücken. Willkommen, du preußische, komische und doch humorlose DDR!

Die Grenzkontrolle in Marienborn kam mir vor wie ein Rachefeldzug der Polizisten – hatten sie mich etwa telefonisch angekündigt? Ich musste den gesamten Inhalt meines Autos zur gründlichen Inspektion Stück für Stück in eine etwa 15 Meter entfernte Baracke schleppen – und dann wieder zurück. Der Zeitaufwand für das Verfahren: dreieinhalb Stunden. Ich zog daraus die Lehre: Im Umgang mit der DDR sind Geduld und Respekt gefragt – und darüber hinaus auch sehr hilfreich.

In der Argentinischen Allee 1 in Zehlendorf, nur eine kurze Autofahrt von der Freien Universität entfernt, bezog ich ein kleines Pensionszimmer und sah mich in den kommenden Tagen und

Wochen in der «Frontstadt» Berlin um. Die Lage war nicht ohne politische Brisanz, sowohl die Sowjetunion als auch die USA sahen ihren Teil Berlins als Speerspitze im Kampf gegen das System des jeweils anderen. Von beiden Seiten wurde geschnüffelt, erpresst, intrigiert, eingeschüchtert und hintergangen. Laute Propaganda auf beiden Seiten war ein Teil des Berliner Lebens, und die politisch angespannte Situation war überall zu spüren. Immer wieder ging ich bei meinen Spaziergängen durch die Stadt an der hässlichen Mauer entlang, die fast 200 Straßen getrennt oder verstümmelt hatte – was für ein Kontrast zum beschaulichen Heidelberg, dem Juwel badischen Frohsinns.

Ich hatte mich an der Freien Universität für Volkswirtschaft und Jura eingeschrieben. Die noch junge Universität wurde im engen Zusammenhang mit dem beginnenden Ost-West-Konflikt als Gegenstück zur Berliner Humboldt-Universität gegründet und war von einer sehr politischen Studentenschaft geprägt. Neben meinen ausgiebigen Stadterkundungen suchte ich nach geselligem Anschluss. In Heidelberg, wo ich zuvor studiert hatte, gehörte ich der ältesten studentischen Verbindung an, dem Corps Suevia. Es wurde 1810 gegründet und war, wie viele andere Verbindungen, letztlich ein Kind der Französischen Revolution und der deutschen Freiheitsbewegung. Mich reizte als junger Mann die Zugehörigkeit zu einer Gemeinschaft, die Wert auf Solidarität und Geselligkeit legte.

Im Berliner Stadtteil Dahlem, in der Hammersteinstraße, befand sich das Haus einer Schwesterverbindung, der Lusatia Leipzig zu Berlin. Als Mitglied eines Corps konnte man das Netzwerk der deutschlandweit verbreiteten Schwestercorps in Anspruch nehmen. In der Lusatia schloss ich auch schnell Freundschaften, unter anderem mit Manfred Baum. Ich hatte allerdings keine

Ahnung, welche außergewöhnlichen Folgen diese Begegnung für mein Leben noch haben sollte.

Eines Tages, ich war gerade drei oder vier Monate in Berlin, saß ich bei Manfred, einem hochgewachsenen Mann mit dunkelblonden Haaren und blaugrauen wachen Augen, in seiner Studentenwohnung in der Köhlerstraße in Lichterfelde-West. Das Gebäude war kein typisches Berliner Mietshaus, eher ein Vorstadthaus in einer Gegend, in der viele Arbeiter und Eisenbahner lebten. Das Ehepaar Ahrens wohnte im ersten Stock, die Souterrainräume vermieteten sie an Studenten. Manfred studierte Medizin. Ihn schien seit einiger Zeit etwas zu bedrücken, aber ich hatte noch nicht herausgefunden, was es war, und ich wollte ihn auch nicht bedrängen.

Während Manfred das Wasser für einen Kaffee zum Kochen brachte, griff ich wahllos zu einer Illustrierten, die auf dem Tisch lag. Es war der *Stern*. Irgendwo in der Mitte schlug ich das Magazin auf. Vor mir sah ich eine bunte Fotostrecke, die mich sofort fesselte. Die Bilder gehörten zu einem Artikel über eine spektakuläre Fluchtaktion. Ich konnte einen Lastwagen erkennen sowie eine riesige klappbare Leiter, die über eine Mauer geworfen war. Unverkennbar handelte es sich um den «antifaschistischen Schutzwall», der seit August 1961 zum Grenzbefestigungssystem der DDR gehörte, von vielen Bürgern im Westen einfach nur «Zone» genannt. Die innerdeutsche Grenze war 1378 Kilometer lang. 1965 waren Grenze und Mauer aber noch nicht durch Minenfelder und Stacheldrahtrollen fast unüberwindbar geworden, und auch der Schießbefehl lag noch in weiter Ferne (er wurde erst 1982 formell in ein Gesetz gefasst). Aus diesem Grund war an ausgesuchten Stellen eine Flucht über Lkw und Klappleiter, wenn auch mit hohem Risiko verbunden, noch möglich.

Auf den Aufnahmen waren Häuser zu erkennen, doch sie konnten nicht im Zentrum von Berlin liegen, denn dort wurde die Mauer besonders scharf bewacht. Es musste sich um einen Außenbezirk handeln, der weniger gut im Visier war.

Aus dem Begleittext erfuhr ich, dass die Fluchtaktion auf einem verlassenen Friedhofsgelände stattgefunden hatte. In dem Artikel war von einer technischen Meisterleistung die Rede, da man eine drehbare Leiter auf dem Lkw befestigt hatte, um besser navigieren zu können. Das war sensationell. Nicht umsonst hatte die Flucht so viel Aufmerksamkeit erregt, dass sie den Weg in das Hamburger Magazin gefunden hatte.

Ich war augenblicklich fasziniert von dieser kühnen Aktion und sah mir die Bilder ganz genau an. Wir lebten hier mitten im Kalten Krieg, insbesondere die Westberliner Universitäten waren, vor allem wegen des Vietnamkriegs und der Teilung der Stadt, extrem politisiert. Es gab damals niemanden an der Uni, der nicht darüber diskutierte, so unpolitisch er auch sonst sein mochte. Schon länger hatte auch ich darüber nachgedacht, ob es nicht eine moralische Pflicht gäbe, den Menschen, die aus der DDR fliehen wollten, zu helfen. Ich empfand es als eine große Ungerechtigkeit, dass die Menschen auf der anderen Seite der Mauer nicht das Recht hatten, sich frei zu bewegen.

Plötzlich hielt ich inne. Das konnte doch nicht wahr sein. Ich hielt mir das Magazin direkt unter die Nase. Doch, kein Zweifel. Einer der Fluchthelfer war unverkennbar Manfred, auch wenn er in der Bildunterschrift nicht namentlich genannt wurde. Der Manfred, der mir jetzt gegenübersaß und uns beiden in abgestoßenen Tassen den frischgebrühten Kaffee einschenkte. Manfreds Gesicht, gestochen scharf. Das Foto war aufgenommen worden, als er einer Person beim Herunterklettern von der Leiter auf westlicher Seite half. Das ergab Sinn, denn in einer solch angespannten Situation konnte ein Flüchtling aus Angst leicht danebentreten und sich schwer verletzen.

«Manfred, das bist ja du auf dem Foto!», rief ich erstaunt aus.

Mein neuer Freund blickte mich forschend an, dann winkte er ab. «Was, ich? Quatsch.» Er blickte flüchtig auf das Foto. «Der Mann sieht mir tatsächlich etwas ähnlich, aber das ist auch das Einzige, was mich mit ihm verbindet.»

«Manfred, bitte, guck dir das doch mal richtig an! Mir kannst du nichts vormachen, ich bin doch nicht blind. Das da auf den Bildern bist du, die Doppelgänger-Nummer nehme ich dir nicht ab.»

So ging es noch eine Weile hin und her, bis Manfred schließlich ermattet aufgab. «Volker, du bist wirklich eine Nervensäge, was bist du da bloß so hartnäckig? Ja, der da auf dem Foto bin ich. Zufrieden?»

Von wegen zufrieden – nun bombardierte ich ihn erst recht mit Fragen: «Wieso hast du da mitgemacht? Was war deine Rolle?» Natürlich hatte ich längst begriffen, bei was für einer Aktion er sich engagiert hatte. Manfred wirkte sowohl nervös als auch trotzig.

«Ich bin Fluchthelfer», erklärte mein Freund schlicht.

«Wie? Fluchthelfer? Das musst du mir genauer erklären.»

Manfred erzählte, dass er es als wichtige Aufgabe empfand, Menschen aus der DDR, die dort nicht mehr leben wollten, zur Freiheit zu verhelfen. Und nach einigem Zögern fügte er hinzu: «Ich hatte als Tunnelbauer angefangen, aber unser letzter Tunnel ist leider aufgeflogen.»

Ich war Feuer und Flamme. Und tief beeindruckt. Das klang alles nach einem einzigen großen Abenteuer, nach einem, bei dem Menschen geholfen wurde!

«Na los, jetzt ist es doch eh schon zu spät, nun sag schon, was los ist», forderte ich ihn auf. «Jetzt sag bloß nicht, du hast bei diesem berühmten Tunnel 57 mitgemacht, der vor einigen Monaten entdeckt worden ist?» Ich hatte in den Zeitungen darüber gelesen. Der Tunnel war nach der Anzahl der Menschen benannt worden, die am 3. Oktober 1964 durch ihn in die Freiheit gelangt waren. 57 Personen.

Er nickte bescheiden. «Doch, genauso ist es. Ich war einer von denen, die gegraben haben, 35 Leute waren wir insgesamt. Unsere Anführer war Wolfgang Fuchs, der ‹Tunnelfuchs›, wie er in den Zeitungen genannt wurde.»

«Stimmt, den Namen habe ich schon mal gehört», bestätigte ich aufgeregt.

«Der Fuchs ist in einschlägigen Kreisen bekannt, er hat auch mich rekrutiert. Und er hat sich die Geschichte mit der Leiter ausgedacht.»

Alles, was ich zu hören bekam, imponierte mir sehr.

«Wie lang war denn euer Tunnel?», fasste ich nach.

«145 Meter lang, 12 Meter tief.»

«Manfred, bitte, nun lass dir doch nicht alles aus der Nase ziehen. Oder hast du ein Schweigegelübde abgelegt?»

«Na ja», sagte Manfred gedehnt, «vieles ist ja schon an die Öffentlichkeit gedrungen, das Ganze ist also kein wirkliches Geheimnis mehr. Was ich dir auf jeden Fall erzählen kann: Wir fingen mit unseren Grabungen im Keller einer leerstehenden Bäckerei in der Bernauer Straße an, also auf der West-Seite, und dann ging es unter der Mauer hindurch und endete schließlich im Hinterhof eines nicht mehr genutzten Toilettenhäuschens in der Strelitzer Straße 55. Leider eine Fehlplanung, denn eigentlich wollten wir in einem Keller rauskommen.»

«Wie lange habt ihr denn unter der Erde gewühlt, ihr konntet ja keine Maschinen einsetzen – und 145 Meter sind eine unglaublich lange Strecke!» Ich betrachtete Manfred, er war nicht nur groß gewachsen, er war auch von kräftiger Statur. Wie konnte man in einem engen Tunnel arbeiten, ohne unter Klaustrophobie zu leiden? Ich an seiner Stelle hätte bestimmt Platzangst bekommen.

«Tja. Es hat fast sieben Monate gedauert, und es waren alles Freiwillige. Im April 1964 starteten wir mit Schaufeln und Eimern, und Anfang Oktober schafften es die ersten 57 Flüchtlinge, durch ihn in den Westen zu gelangen. Am nächsten Tag, gegen Mitternacht, war schon die nächste Aktion geplant, unter den Flüchtlingen befanden sich aber Mitarbeiter des Ministeriums für Staatssicherheit in Zivil. Damit war die Sache erledigt.»

«Und wie kam die Stasi ins Spiel?»

Doch jetzt hatte ich den Bogen wohl endgültig überspannt. Ohne weiter darauf einzugehen, wechselte Manfred das Thema. Aber ich ließ nicht locker. Und was Manfred anfangs nicht verraten wollte, bekam ich dann doch noch heraus: Es hatte in der Strelitzer Straße einen Schusswechsel gegeben, an dem auch ein weiterer Tunnelbauer, später Westdeutschlands erster Astronaut, beteiligt war, der in Nordtirol geborene Reinhard Furrer. Furrer war ebenfalls Student an der Freien Universität und an mehreren Fluchthilfeaktionen beteiligt, so auch am Tunnel 57. In der Nacht vom 4. auf den 5. Oktober hatte er am Tunnelausgang gewartet, um Flüchtlingen beim Einstieg zu helfen. Ein vermutlich von einem reuigen Flüchtling oder einem Anwohner alarmierter Stasi-Mitarbeiter gab vor, noch schnell einen Freund zu holen, brachte aber stattdessen Grenzsoldaten mit. Als die Flüchtlinge die Gefahr bemerkten und davonliefen, schoss einer aus der Gruppe in Richtung der Soldaten und traf dabei einen von ihnen: Egon Schultz. Der fiel sofort um, versuchte aber wieder aufzustehen und wurde dabei erschossen. Wieso war auf Egon Schultz geschossen worden? Wer hatte den tödlichen Schuss abgefeuert? Aller Wahrscheinlichkeit nach konnte es nur ein Fluchthelfer gewesen sein. Damals wussten wir noch nicht, dass ihn ein NVA-Grenzer im nächtlichen Kreuzfeuer getötet hatte, das wurde erst Jahrzehnte später aus geheimgehaltenen Autopsieunterlagen der Stasi ersichtlich. Ein Vierteljahrhundert hat der vermeintliche Todesschuss die Gruppe und den Schützen schwer belastet. Erich Honecker begleitete die Mutter des Getöteten mit DDR-Pomp zur Beerdigung, verbunden mit einer Klage gegen die kapitalistischen Mörder, wohl wissend, dass einer seiner eigenen Leute Egon Schultz versehentlich erschossen hatte.

Ich begann, mich weiter mit dem Thema Fluchthilfe zu beschäftigen. Die Idee mit dem Tunnel hatten vor Wolfgang Fuchs auch schon andere gehabt. 1962 wollte Hasso Herschel, der aus Dresden stammte und 1961 mit einem falschen Pass in den Westen geflohen war, seiner Schwester samt Familie zur Flucht verhelfen, wozu er mit rund 30 Mitarbeitern einen 120 Meter langen Tunnel grub, von der Bernauer Straße (West) in die Schönholzer Straße (Ost). Er war dieses große Projekt umsichtig und intelligent angegangen, er war der geborene Organisator (was auch auf Wolfgang Fuchs zutraf, aber der war eher ein Draufgänger, nicht so beherrscht und diszipliniert wie Herschel). Im September 1962 konnten durch den Tunnel 29 Menschen in den Westen entkommen, darunter auch Herschels Schwester. Es gab noch kleinere Tunnelfluchten, aber die Tunnel 29 und Tunnel 57 waren die größten Unternehmungen dieser Art.

Zu Manfreds Sorge kam ich so richtig in Fahrt. «Und wer hat all diese Grabungen finanziert? Oder haben es alle umsonst gemacht? Wie war das bei euch?»

Manfred rückte auch hier nicht so richtig mit der Sprache heraus. «Bekannt ist ja, dass Herschel und zwei italienische Studenten, die ihm geholfen haben, mit dem amerikanischen Sender NBC kooperiert haben, die haben denen die Filmrechte verkauft.»

«War das beim Tunnel 57 auch so?»

Wieder druckste er herum. «Irgendwie schon. Ich weiß nicht genau.»

«Gab es Finanzierungsprobleme?» Ich konnte, wenn ich wollte, beharrlich sein. Und in diesem Fall wollte ich.

«Ja, es gab immer mal wieder Schwierigkeiten. Es sind Gelder von Einzelpersonen geflossen, mehr weiß ich nicht, ehrlich.»

«Aha», sagte ich nur.

Erst viel später fand ich in Gesprächen heraus, dass diese Einzelpersonen der CDU nahestanden oder gar Parteimitglieder waren, darunter vermutlich Ernst Lemmer, von 1964 bis 1965 Bundesminister für Vertriebene, Flüchtlinge und Kriegsgeschädigte, und Fritz Amrehn, ein Berliner Abgeordneter, die beide die Fluchthilfe politisch unterstützen wollten. Der größte gespendete Betrag betrug 30 000 DM, das war damals eine Menge Geld. Dahinter verbarg sich der sogenannte Geheimfonds des Bundesministeriums für gesamtdeutsche Fragen – bei ihm mussten bewilligte Gelder nicht gegenüber der Öffentlichkeit gerechtfertigt werden. Er wurde von der Regierung benutzt, um letztlich Fluchthilfeaktionen zu unterstützen. Natürlich nicht ohne Gegenleistung. Die Geldgeber hatten bestimmte Wünsche, was die Auswahl der Flüchtlinge betraf. Dennoch wurde darauf beharrt, und das erklärten mir später unabhängig voneinander mehrere Tunnelbauer, dass jeder Pfennig, der geflossen war, dem Projekt zugutegekommen war. Die Fluchthelfer selbst, so versicherte Manfred mir, seien nicht bezahlt worden. Das war eine Art Ehrenkodex: Man arbeitete nicht für

Geld. Obwohl ich da meine Zweifel hatte. Ich konnte mir nicht recht vorstellen, dass alle finanziellen Mittel für Material verwendet worden waren. Aber diese Bedenken waren schnell vergessen, viel zu gut gefiel mir die Sache mit dem Ehrenkodex. Als Corpsstudent hatte ich ja auch den «Comment» akzeptiert, unsere Regeln, die einzuhalten waren, und wenn man gegen sie verstieß, hatte das Konsequenzen. Verbindlichkeit auf freiwilliger Grundlage bedeutete mir schon damals viel – und tut es heute noch. So hatten ältere Studenten sich um die jungen, die «Füchse», zu kümmern, sie wenn nötig zu beschützen. Das war ein Aspekt, der mir gut gefiel.

Es gab aber noch etwas, was mir durch den Kopf ging, und das sprach ich ebenfalls an. Der arme Manfred, ich hatte ihn ganz schön in der Zange. «Wenn die Tunnelunternehmungen nur bedingt zum Erfolg geführt haben, ist deren Zeit dann nun vorbei?» Immerhin dauerten die Grabungen Monate, so viele Personen, die im Dreck lagen und buddelten, waren in sie involviert, und überhaupt: Wie und wo lagerte man die immensen Erdmassen zwischen? Dazu brauchte man doch Raum. Und es war zudem zu befürchten, dass nach jeder aufgeflogenen Aktion die DDR-Grenzer bestimmte Aktivitäten genauestens beobachteten. Wie oft hatte ich Fotos in Zeitungen gesehen, in denen die Grenzer mit riesigen Ferngläsern alles «unter die Lupe nahmen». Aber sie waren bestimmt nicht nur optisch auf dem neuesten Stand, ich konnte mir gut vorstellen, dass auch ihre Ohren geschult waren und sie jedes fremde akustische Signal orten konnten.

Manfred zuckte mit den Schultern, während er einen Schluck von dem inzwischen kalt gewordenen Kaffee trank. «Ehrlich. So im Detail kann ich dir das wirklich nicht erzählen.»

«Ich verstehe», sagte ich. «Aber eins musst du wissen, ich finde es ganz großartig, was du da machst.»

Manfred lächelte. Aber es stimmte. Ich fand es absolut bewundernswert, dass er anderen Menschen half und dabei selbst ein hohes Risiko einging. Für mich war das Zivilcourage par excellence. Alle Parteien der Bundesregierung waren sich damals einig, dass der Mauerbau ein unmenschlicher Akt war. Das stand außer Frage. Meinem Gefühl nach wollte ihn eigentlich niemand, mit Ausnahme der Sowjetunion, der COMECON-Staaten (das sozialistische Gegenstück zu den Staaten der EWG) einschließlich der DDR, einigen sozialistischen afrikanischen und arabischen Staaten und einigen Anhängern kommunistischer Gruppierungen in der Politik oder an der Universität.

Die politische Grundhaltung im Westen war jedoch ziemlich eindeutig: Die DDR war ein diktatorisches System, und die Menschen, die unter ihm lebten, litten darunter. Natürlich gab es Ausnahmen, insbesondere unter jenen, die das System trugen.

Westberlin in den sechziger Jahren war eine weitgehend isolierte Rumpfstadt, in der neben der subversiven Atmosphäre auch das ständige Gefühl einer Bedrohung lauerte. In Moskau war bis 1964 Nikita Chruschtschow an der Macht, und wenn ihm etwas nicht passte, ließ er in eindrucksvoller Geste Kampfflugzeuge in der Nähe von Berlin aufsteigen, die zur Einschüchterung der Bevölkerung wiederholt die Schallmauer durchbrachen. Lärmterror.

Die Stimmung war insgesamt angespannt, die Kuba-Krise von 1962 warf noch ihre Schatten. Auch als Normalbürger bekam man diese Anspannung an den Grenzkontrollstellen in Berlin zu spüren. Regelmäßig wurden Autos und Menschen durchsucht, das konnte Stunden dauern, ich selbst hatte es erlebt. Bis zu einer langsamen, allmählichen Entspannung sollte es noch dauern, die Ostverträge der siebziger Jahre lagen damals noch in weiter Ferne.

Manfreds Erzählungen beschäftigten mich sehr. Sein Handeln

erforderte viel Mut, und im Grunde war es so etwas wie Widerstand, den er gegen die DDR leistete. Mir fielen einige Parallelen zwischen Manfred und mir auf. Wie er kam auch ich aus einem konservativen Elternhaus, wie er war ich in einer schlagenden Verbindung, die grundsätzlich konservative Strukturen hat. Aber nie hatte ich politische Positionen ohne Hinterfragung einfach übernommen. Die Frage: Wo stehe ich eigentlich?, war ganz entscheidend für mich. Und ich handelte immer aus eigener Überzeugung heraus, gelegentlich zur Enttäuschung meines Vaters, der Technischer Direktor bei der Glanzstoff AG in Wuppertal-Elberfeld war und es sich gewünscht hätte, dass sein Sohn wie er Ingenieur wird. Aber nach dem Abitur, einem halbjährigen Praktikum in Schottland und England und zwei Semestern Maschinenbau in Karlsruhe entschied ich mich für das Jurastudium. Als Anwalt wollte ich mich insbesondere für andere Menschen engagieren, und dieser Anspruch sollte auch meine ersten Berufsjahre prägen. Eine Zeitlang wurde das Mietrecht mein Spezialgebiet, wobei ich immer nur Mieter, nie Vermieter, vertrat. Dieses Engagement für andere, insbesondere auch für Schwächere, das besaß ich seit Kindesbeinen. Wenn etwa eines meiner Geschwister oder einer meiner Freunde benachteiligt wurde, musste ich sofort eingreifen und Gerechtigkeit herstellen, selbst wenn es nur um die Übervorteilung beim Essen ging. Den Schutz der Jüngeren im Rahmen des Comments fand ich deshalb auch entscheidend und trat später ebenfalls dafür ein, dass Verbindungen sich auch gemeinnützig engagieren sollten – ein Vorschlag, der nicht unbedingt auf Gegenliebe stieß.

Als ich in Westberlin lebte, war Willy Brandt Parteivorsitzender der SPD und Regierender Bürgermeister von Berlin. Ich war ein begeisterter Anhänger von Brandt, wie kaum ein anderer

Politiker prägte er meine politische Einstellung. Im Nachhinein kann ich seiner Ost-Politik nur zustimmen, denn eine weitere Fluchthilfe beziehungsweise ein Freikaufen von DDR-Bürgern im großen Stil hätte nur dazu geführt, die DDR über kurz oder lang immer weiter zu entleeren. Und für die Zurückgebliebenen hätte es nur geheißen: «Pech gehabt, dass ihr nicht abhauen konntet!» In meinen Augen waren die Ost-Verträge eine zutiefst humanitäre Angelegenheit.

Ich war bereit, bei der Flucht zu helfen. Aber würde ich im Fall des Falles eine Waffe gutheißen? Ich dachte an die Duelle in der Verbindung. Für mich war das studentische Mensurfechten in erster Linie eine Tapferkeitsprobe. Mehr Sport als Kampf. Wobei ich zugeben muss, dass das Fechten in der studentischen Variante für den Außenstehenden schon etwas sonderbare Aspekte aufweist, etwa, dass man nie ausweichen oder wegzucken darf. Letztlich geht es um eine Mutprobe und um einen Solidaritätsbeweis. Ich genoss das Fechten an sich, viele andere taten es, weil es der nicht verhandelbare Preis für die Vollmitgliedschaft in der Verbindung war. Umso besser, wenn man Spaß daran hatte. Und das hatte ich. Aber eine Waffe tragen, eine Schusswaffe, das war etwas ganz anderes. Wie weit man sich da unter Kontrolle hatte, wenn es gefährlich wurde, das konnte ich nicht mit Gewissheit beantworten. Ich wusste nur, dass ich mit Waffen nichts zu tun haben wollte.

Die politische Situation Westberlins beschäftigte mich sehr und ich hatte das Gefühl, am Puls der Geschichte zu leben. Und jetzt bot sich mir die Möglichkeit zu handeln. Gab es eine finanzielle Motivation? Nein. Von meinen Eltern bekam ich monatlich einen Scheck, und der reichte aus, um mein Studentenleben zu bestreiten. Eine humanitäre Motivation? Ja, die war unzweifelhaft gegeben, gemischt mit einer gehörigen Portion Abenteuerlust.

Ich war jung, die Welt stand mir offen – und ich wollte etwas verändern.

Und dann hörte ich mich zu Manfred zwei Sätze sagen, die mein Leben verändern sollten: «Ich möchte bei euch mitmachen. Auf mich könnt ihr zählen.» Als die Worte über meine Lippen gekommen waren, war ich selbst etwas überrascht.

Manfred schwieg erst und sah mich dann eindringlich an. «Bist du dir über die möglichen Konsequenzen im Klaren?»

«Klar doch», erwiderte ich mit fester Stimme.

«Ist dir auch bewusst, dass man dich nicht einfach aufnimmt? Man wird dich auf Herz und Nieren prüfen.»

«Alles andere wäre auch unverantwortlich», gab ich zurück.

«Manche denken aber, dass sie gleich an so etwas Spektakuläres wie einen Tunnelbau rangelassen werden.»

Ich hob die Schultern. «Ich lasse mich überraschen.»

«Gut, ich wollte es dir nur gesagt haben.»

«Und wie werde ich getestet?» Das fand ich nun spannender.

«Du wirst jemanden in Ostberlin aufsuchen, dem du dann eine chiffrierte Nachricht übermittelst. Das sind einfache Botengänge, auch Kurierdienste genannt.»

«Weiß ich, was das für Nachrichten sind?»

«Meist nicht. Aber manchmal geht es auch nur darum nachzufragen, ob derjenige noch Interesse hat.»

«Wieso Interesse?»

«Na ja, ob er noch rüber will. Diese Aktionen haben ja einen langen Vorlauf, in der Zwischenzeit kann der eine oder andere seine Meinung geändert haben.»

Viele der unerfahrenen Kuriere, erfuhr ich weiter, wurden bei ihrem ersten Einsatz gefasst. Professionelle Fluchthelfer, die dieses Geschäft aus rein kommerziellen Gründen betrieben, missbrauchten Studenten, die eine gewisse Begeisterung und Bereitschaft an den Tag gelegt hatten, dann aber nicht oder nur unzureichend instruiert wurden. Und gerieten sie in eine schwierige Situation, mussten sie sie ohne Hilfe lösen. In Berlin und generell in der DDR gab es kaum öffentliche Telefone, von denen aus man in den Westen hätte anrufen können. Und die wenigen, bei denen es möglich war, wurden mit Sicherheit überwacht. Wer als Fluchthelfer in der DDR operierte, musste sich darüber im Klaren sein, dass er vollkommen allein auf sich gestellt war.

«Willst du mich abschrecken?», fragte ich.

«Nein», erwiderte Manfred. «Aber du sollst wissen, worauf du dich einlässt.»

Verschlüsselte Botschaften

Lange hörte ich nichts. Ich war verunsichert. Hatte ich nicht klar und deutlich meine Bereitschaft geäußert? Doch nichts geschah. Ich studierte, besuchte gelegentlich studentische Kneipen, spielte Schach, ging häufig ins Theater und ins Kino, besuchte Konzerte und debattierte mit meinen Kommilitonen über die sich zuspitzende Krise an den Universitäten und die bedrohliche politische Lage Westberlins. Als ich längst glaubte, aus der ganzen Angelegenheit würde nichts mehr werden, inzwischen war ich schon in meinem zweiten Berliner Semester, kam doch noch Bewegung in die Sache.

«Volker, Wolfgang Fuchs will dich treffen», signalisierte Manfred eines Abends, als wir wieder einmal in der Hammersteinstraße in der Kneipe saßen.

«Und wo?»

«Noch heute Abend beim Dicken.»

«Wer um Himmels willen ist denn der Dicke?»

«So nennen wir die Kneipe bei mir in der Straße. Heißt eigentlich ‹Zum Dicken›.»

Der Name war gerechtfertigt, denn tatsächlich wurde sie von einem wohlbeleibten Wirt geführt. Seine Lebensgefährtin war etwas weniger korpulent, wenn auch rundlich. Sie war sehr liebenswert, er eher grantig. Ihr Lokal war eine Mischung aus Arbeiter- und Studentenkneipe mit Flipperautomat und preiswerten Getränken.

Wer Hunger hatte, bestellte sich Soleier mit Kartoffelsalat. Jeder rauchte, dichter Nebel und schwache Beleuchtung tauchten den Ort in ein fahles Licht. Getrunken wurde hauptsächlich Pils, daneben kleine Gläser, gefüllt mit klarem Korn oder Persiko, einem rötlichen Schnaps, die die Stimmung anfeuerten. Töchter aus höheren Kreisen verkehrten hier nicht, eher gewisse Damen aus zweifelhaftem Milieu, die Männer jedes Alters anzogen.

In dieser lauten und feucht-fröhlichen Umgebung saß Fuchs an einem Tisch vor einem Glas Bier. Er hatte, wie mir sofort auffiel, eine gewinnende Art. Er war etwa einen Meter fünfundachtzig groß (ich selbst bin knapp eins neunundachtzig), und sein mittelgroßer Bierbauch schüttelte sich, wenn er lachte. Das geschah häufig, denn er besaß viel Humor. Seine dunklen Haare trug er im Mecki-Schnitt; Eitelkeit schien für ihn kein Thema zu sein. Fuchs war erkennbar ein Anpackertyp, jemand, der Dinge tat und nicht ewig herumphilosophierte.

Bevor wir uns im Herbst 1965 trafen, vermutlich im Oktober oder November, hatte ich mich natürlich über ihn informiert. Wolfgang Fuchs, Jahrgang 1939, war ein gelernter Optiker aus Jena. Er und seine Frau Selina hielten sich beim Mauerbau in Westberlin auf, Selina ging aber zurück in die DDR zu den gemeinsamen Kindern, die sie nicht allein zurücklassen wollte. Fuchs sann darüber nach, wie er seiner Familie zur Flucht verhelfen konnte. Er hatte auch bald eine ungewöhnliche Idee. Mit Hilfe von Leitern schaffte er es, im März 1962 Selina und die beiden Kinder über die Mauer zu holen – Helfer lenkten die Berliner NVA-Grenzer derweil mit Molotowcocktails ab. Danach konzentrierte er sich neben weiteren Einzelaktionen zunehmend auf den Bau von Tunneln und holte nach und nach weitere Familienmitglieder und Freunde in den Westen. Seine Motive waren für mich glaubhaft:

Wie die meisten Fluchtorganisatoren war er in der DDR mit den Behörden seiner Heimat in Konflikt geraten. Sie alle hassten das kommunistische System, das war auch bei Hasso Herschel so. Dieser Hass hatte sie nicht gelähmt, sondern regelrecht animiert. Sie wollten nicht hinnehmen, was die staatlichen Stellen der DDR ihren freiheitshungrigen jungen Bürgern antaten. Sie wollten nicht debattieren, sondern handeln.

Dabei war von Vorteil, dass sie alle Orts-, Milieu- und Systemkenntnisse hatten, also ungleich mehr Wissen hatten als ein westdeutscher Student wie ich. Entscheidend war, dass Fuchs nicht nur selbst motiviert war, sondern auch motivieren konnte wie ein Offizier, der seine Truppe in die Schlacht führt. Nach dem sensationellen Erfolg mit dem Tunnel 57 besaß er eine immense Reputation, für viele in der Szene war er ein Held. Erkundigten sich Leute, wem man auf dem Markt der Fluchthilfe vertrauen konnte, stand sein Name vermutlich auf der Liste ganz weit oben.

Fuchs gefiel mir auf Anhieb. Nach ein paar belanglosen Floskeln kam rasch ein richtiges Gespräch in Gang, und wir überlegten gemeinsam, wie man künftige Fluchten organisieren könne und ob Tunnelgrabungen nach der Entdeckung von Tunnel 57 noch aussichtsreich seien.

«Wie kommst du eigentlich mit den Leuten in Kontakt, die fliehen wollen?», fragte ich und nahm einen Schluck von meinem Pils. Wir hatten uns vom ersten Moment an geduzt, wer gemeinsam beim «Dicken» saß, siezte sich nicht.

«Durch Rainer Hildebrandt. Der hat 1963 das Mausermuseum am Checkpoint Charlie gegründet, vielleicht sagt dir das was?»

«Klar», erwiderte ich. Ich wusste, dass Hildebrandt es anfangs mit einer Ausstellung über den Mauerbau betrieben hatte, danach erweiterte er es durch Dokumentationen über geglückte oder gescheiterte Fluchtversuche. «Aber wie kannst du dir sicher sein, dass er dich nicht verrät oder mit falschen Leuten in Kontakt kommt?»

«Wie ich mir sicher sein kann? Gar nicht. Aber ich stelle ihn nicht in Frage, Rainer teilt meinen Zonen-Hass.»

«Reicht das wirklich?»

«Ich muss vielen Menschen misstrauen, aber wenn das für alle gilt, kann ich einpacken.»

«Verstehe.»

Wir tauschten uns über alle möglichen Aspekte der Fluchthilfe aus, wenngleich mit zunehmendem Alkoholkonsum auch alltäglichere Themen in den Vordergrund traten. Fuchs ging es in erster Linie darum, mich einzuschätzen. Er musterte mich eindringlich. Aber schließlich sagte er: «Ich kann dir jetzt schon sagen: Du gefällst mir. Ich glaube, du könntest gut in unsere Truppe passen.»

Mit rotem, bereits etwas benebeltem Kopf saß ich da. «Heißt das etwa, ich habe den Test bestanden?», fragte ich vorsichtig nach.

«Richtig, Test bestanden. In den nächsten Tagen kannst du mit Kurierdiensten anfangen.»

Fuchs übermittelte mir drei Tage später mündlich eine verschlüsselte Nachricht – «Rufen Sie Ihre Großmutter an» – und nannte mir einen Treffpunkt auf einem Bahnsteig der U-Bahn-Station Strausberger Platz in Friedrichshain, um sie dort einem Mann zu übermitteln. «Du erkennst ihn daran, dass er einen Band der blauen Werkausgabe von Karl Marx unter dem Arm trägt. Und komm bloß nicht auf die Idee, die Nachricht auf einem Stück Papier aufzuschreiben. Die ist so simpel, die wirst du doch wohl im Kopf behalten können?!»

«Und was bedeutet die Nachricht?»

«Das musst du nicht wissen, für den Empfänger ist sie aber nachvollziehbar, der weiß, was er damit anfangen soll.»

Natürlich hätte ich gern mehr erfahren, aber ich riss mich zusammen. Ich vertraute Fuchs, und wenn ich hier mitmachen wollte, musste ich lernen, Zweifel zurückzustellen. Ich verstand, dass es zu dem Kurierjob gehörte, so wenig wie möglich zu wissen, um nicht selbst in Gefahr zu geraten oder andere zu gefährden. Abenteuer konnte man nur bestehen, wenn man bereit war, zu lernen und sich selbst zurückzustellen.

«In Ostberlin werden mich doch alle als Westler erkennen – ist es nicht besser, wenn ich DDR-Kleidung trage?»

Fuchs lachte, sein Bauch wackelte bedenklich. «Selbst wenn du diese Klamotten trägst, sieht jeder, dass du nicht aus der DDR stammst. Sei einfach du selbst. Wirkst du natürlich, fällst du am wenigsten auf. Bloß nichts Gekünsteltes. So simpel ist das.»

«Bin ich froh, dass ich meine Sachen anbehalten darf. Gibt es aber sonst noch irgendwelche Verhaltensregeln?»

«Nein, du wirst schon deinen eigenen Stil finden müssen. Sei einfach hellwach, beobachte scharf, aber lass es dir nicht anmerken.»

Ich war noch nicht ganz zufrieden. «Und wieso Strausberger Platz und nicht Friedrichstraße? Dort wimmelt es von Menschen, da kann man doch gut in der Masse untertauchen und unverfänglich auf den Zug warten.»

Ein tiefer Seufzer war von Fuchs zu hören, ich schien viel zu viele Überlegungen anzustellen.

«Die Friedrichstraße ist Grenzübergangsstelle, dieser Ort ist übervölkert von Stasi-Leuten, das wirst du noch schnell genug merken. Nicht umsonst wird die Ausreisehalle dort ‹Palast der

Tränen› genannt. Vergiss bloß die Friedrichstraße, vergiss auch alle anderen Checkpoints, das ist unprofessionell.»

Ich gab mich damit zufrieden. Dass Fuchs ein absoluter Profi war, daran zweifelte ich in diesem Moment nicht.

Über die Friedrichstraße reiste ich mit einem Tagesvisum ein. Von dort aus wollte ich zu Fuß zur Karl-Marx-Allee, wo sich die U-Bahn-Station Strausberger Platz befand. Ich hätte die Bahn benutzen können, aber ich wollte Ostberlin besser kennenlernen, und das konnte man am besten zu Fuß. Meine Nerven waren angespannt. Ich war mir im Klaren darüber, dass ich mich möglichst unauffällig benehmen musste, aber mein Körper machte da nicht gänzlich mit. Irgendwie hatte ich das Gefühl, einen Stock verschluckt zu haben, und ich war mir sicher, dass mir jeder aus zehn Metern Entfernung ansehen konnte, dass ich etwas im Schilde führte. Ich beobachtete die kleinsten Dinge, Details, die ein normaler Spaziergänger überhaupt nicht wahrnimmt. Ich lief überaufmerksam durch die Gegend, rechnete ständig mit einer Bedrohung. Ich sah Gespenster. Meine Gehirnzellen simulierten Gefahrensituationen, die objektiv nicht vorhanden waren, ich konnte meinen eigenen Sinnen nur begrenzt vertrauen.

Um nicht die Ruhe zu verlieren, versuchte ich, meine Gedanken auf etwas ganz anderes zu lenken. Fatalerweise fiel mir nichts Besseres ein als eine Klassenreise nach Berlin, die Jahre zurücklag. Damals war ich 17, und an einem der Tage fuhren wir nach Ostberlin, weil unser Lehrer uns unbedingt das Pergamon-Museum zeigen wollte. Nachdem wir die babylonischen und griechischen Kunstwerke bestaunt hatten, hatte ich genug von der Einbindung in eine große Gruppe unter der Leitung unseres ungeliebten Griechischlehrers. Ich seilte mich ab und zog allein durch die autoarmen, von vielen kriegszerstörten Gebäuden gesäumten Straßen.

Mich erstaunte, wie wenig Buntes ich sah, ich erinnere mich an ein Meer aus Grautönen und an ein Gefühl der Einöde. Nur die preußischen Bauten im Zentrum zogen meine Aufmerksamkeit auf sich. Als es Zeit war, zurück zur Jugendherberge im Westen zu fahren, lief ich zum U-Bahnhof Friedrichstraße, dort, wo wir auch eingereist waren. Es gab noch keine Mauer, und eine durchgehende Grenzkontrolle fand auch noch nicht statt.

«Wo haben Sie Ihr Visum?», fragte der Grenzbeamte.

«Ich habe keins», sagte ich wahrheitsgetreu.

«Aber Sie sind doch eingereist?» Die Stimme des Grenzers nahm einen bedrohlichen Unterton an.

«Ja, schon, mit meiner Klasse, aber die habe ich leider unterwegs verloren.» Ich setzte meine Unschuldsmiene auf.

«Da kommen Sie mal mit.» Seine Stimme klang jetzt noch bedrohlicher.

Ich wurde in einen bunkerartigen Raum geführt und mindestens vier Stunden lang verhört. Immer wieder wurden mir dieselben Fragen gestellt («Warum haben Sie Ihre Klasse verlassen?» – Was haben Sie in den letzten zwei Stunden gemacht?» – «Welche Orte haben Sie aufgesucht?»). Am Ende ließ man mich laufen.

Das hätte mir eigentlich eine Warnung sein müssen. Doch es war längst zu spät. Anscheinend liebte ich Mutproben, so wie ich im Corps auch die Kämpfe mit der blanken Waffe liebte. Natürlich konnte man sich dabei auch im Gesicht verletzen, aber das heilte wieder zu. Mein Vater hatte als Student einige Schmisse auf der linken Gesichtshälfte erhalten. Ich selbst war zum Glück ohne davongekommen. Aber nun war ich dabei, eine Mutprobe ganz anderer Art zu bestehen. Was andere nicht wagten, davor schreckte ich nicht zurück. Das verlieh mir als jungem Mann eine innere Befriedigung – allen Geistern und Ängsten zum Trotz.

In diesem Augenblick sah ich die U-Bahn-Station Strausberger Platz. Auf dem Bahnsteig entdeckte ich recht schnell den Mann mit einem Band von Karl-Marx in der Hand. Sollte ich vielleicht auch mal lesen, dachte ich, als ich auf ihn zuging. Nicht von ungefähr hatte ich mich bei dem Schulausflug in Ostberlin abgesondert, um allein und ungestört von anderen mir einen eigenen Eindruck von dem kommunistischen Ostberlin zu verschaffen.

«Rufen Sie Ihre Großmutter an», sagte ich im Vorbeigehen, gerade laut genug, dass er mich hören konnte.

Der Mann nickte, dann entfernte er sich in die entgegengesetzte Richtung. Das war's schon, dachte ich. Geht doch. Ich nahm die U-Bahn zurück zum Grenzübergang Friedrichstraße und fühlte mich erleichtert. Ich hatte es geschafft, sämtliche Verfolger, die ich mir eingebildet hatte, hatten sich in Luft aufgelöst. Mutprobe bestanden. Entspannt saß ich am Fenster, draußen eilten Fassaden von Häusern vorbei. Was die Nachricht wohl bedeutete, die ich überbracht hatte?

«In bestimmte Häuser oder Wohnungen zu gehen», sagte ich eines Tages zu Wolfgang, nachdem ich wieder einmal einen Kurierdienst für ihn übernommen hatte, «um Nachrichten abzugeben, halte ich für unklug, das Ziel ist dann eindeutig identifizierbar und damit für alle Beteiligten nicht ganz ungefährlich.»

«Stimmt. Aber eine Begegnung in einem Lokal am Alexanderplatz oder im Café Moskau ist auch nicht besser», entgegnete Fuchs. «Da muss man immer damit rechnen, dass die Leute am Nachbartisch große Ohren haben.»

«Man kann die Person aber dort zu einem Kaffee einladen und anschließend mit ihr spazieren gehen und dabei die Nachricht übergeben. Ich finde das viel sinnvoller.»

Fuchs überlegte. «Vielleicht sollte ich dir anspruchsvollere Aufgaben übertragen», sagte er schließlich. «Was meinst du?»

«Nichts dagegen.»

Viele verschlüsselte Nachrichten überbrachte ich nicht, Fuchs hatte rasch den Eindruck gewonnen, dass er mich für andere Dinge besser gebrauchen konnte. Dinge, die mehr Mut erforderten: die Fluchthilfe selbst. Vielleicht hatte ich ihn aber auch nur mit meinen Vorschlägen zu den Kurierdiensten genervt. Für mich war es einerlei. Ich hatte erreicht, was mir schon seit dem Gespräch mit Manfred durch den Kopf ging: Auf der untersten Operationsebene wollte ich nicht stehen bleiben.

Damals war die große Zeit von Rudi Dutschke. Er gehörte zu den wichtigsten Personen der studentischen Protestbewegung in Westberlin nach dem Mauerbau, mit seiner großen Sprechtüte hielt er aufgeregte Vorträge. Er hatte eine sehr aggressive Stimme, und alles, was er von sich gab, klang in meinen Ohren parolenhaft. Der jahrelange Vietnamkrieg wurde von ihm besonders verdammt, die Angriffe auf Militär und Zivilbevölkerung mit Napalm. Das konnte ich definitiv teilen. Aber die generelle Verdammung der Amerikaner gefiel mir nicht. Ich dachte: Was für eine Dummheit, Amerika ist die einzige Macht, die Westberlin wirklich nachhaltig schützen kann, diplomatisch wie auch militärisch. Tausende US-Soldaten waren in der Stadt stationiert, nach dem Mauerbau waren die Truppen noch um 1500 Mann verstärkt worden. Sie zeigten Präsenz, für jeden Bürger (im Fernsehen auch für jeden DDR-Bürger) waren sie nicht zu übersehen. Als US-Präsident John F. Kennedy im Juni 1963 in Berlin war, hielt sich seine Kritik an der Mauer in Grenzen – besser die Mauer als ein erneuter Krieg, sagte er.

Ich fand es grotesk, wie Dutschke die Amerikaner verteufelte, ohne zu realisieren, dass er ohne deren Präsenz in Westberlin seine politische Meinungsfreiheit gar nicht erst hätte ausüben können. Ich erinnere mich an einen Tag, an dem ich auf dem Weg nach Ostberlin war. Ich fuhr an der FU vorbei, auf dem Vorplatz des Auditorium maximum redete Dutschke mal wieder hektisch in sein Megaphon, und ich dachte, nicht ohne eine gewisse Befriedigung: Du redest, ich handle.

Wir Fluchthelfer wollten etwas bewegen, doch was? Nach dem Mauerbau gab es keine zwischenmenschlichen Begegnungen mehr zwischen Berlinern aus Ost und West. Nur Ausländer (über Checkpoint Charlie) oder Deutsche im Besitz eines im Westen ausgestellten Personalausweises durften über die wenigen Grenzübergänge einreisen. Fast zweieinhalb Jahre lang konnten sich Mitglieder aus getrennten Familien überhaupt nicht sehen. Erst am 17. Dezember 1963 wurde ein zeitlich begrenztes Passierscheinabkommen unterzeichnet. Zum Jahreswechsel 1963/64 hatten rund 700000 Menschen einen solchen Passierschein beantragt. Bis 1966 sollten noch drei weitere solcher Abkommen folgen. Diese Abkommen wurden von Horst Korber, einem Unterhändler des Westberliner Senats, und Erich Wendt, DDR-Staatssekretär, ausgehandelt. Offizielle Kontakte zwischen der Bundesrepublik und der DDR gab es nicht, deshalb der Einsatz von Unterhändlern. In Westberlin hatten auch anfangs nicht Polizisten an den Kontrollstellen gesessen, sondern Mitarbeiter der Post. Alles ging nur unendlich langsam voran.

Wir waren keine Politiker, wir wollten keine gelegentlichen Begegnungen für alle erreichen, sondern Freiheit für konkrete Personen, die sich nach Freiheit sehnten. Was wir leisteten, war natürlich angesichts von 16 Millionen DDR-Bürgern nur Kleinstarbeit.

Inwiefern war ich anders als Dutschke? Eigentlich hätte ich

mich mit ihm auch identifizieren können. Ich hatte 1962 das Abitur gemacht, war also wie er in den fünfziger Jahren zur Schule gegangen. Zehn Jahre später hätte ich bestimmt eine Schülergewerkschaft gegründet. Damals war ich aber noch nicht in der Lage, intelligente Kritik an meinen Lehrern zu üben, von denen einige ihre Nazi-Vergangenheit nicht ausreichend verbergen konnten. Weil ich das mit den Nazis aber noch nicht politisch formulieren konnte, drückte ich meine Ablehnung dadurch aus, dass ich mich als Rebell inszenierte. So zündete ich einmal den Adventskranz in der Schule an, riss ein Waschbecken aus der Wand heraus und setzte das Klassenzimmer unter Wasser. Es war ein Ausdruck enormer Frustrationen, und ich unternahm unglaubliche Bemühungen, um mich ihrer zu entledigen. Der Direktor der Schule, der mich in Französisch unterrichtete, fragte mich mit leidvoller Miene: «Wie kann sich ein so junger intelligenter Mann bloß so grotesk verhalten?» Er hatte recht, ich wusste es selbst, sagte aber nichts.

Wenige Wochen vor dem Abitur ging mein Vater seinen Gang nach Canossa, musste zur Schulbehörde nach Düsseldorf fahren, damit meine Entlassung von der Schule wegen schwerer disziplinarischer Verfehlungen in die Androhung des Verweises entschärft wurde – auf diese Weise wurde mein Abitur sichergestellt. Leicht war ihm das sicherlich nicht gefallen, vielleicht hat er es auch nur meiner Mutter zuliebe getan.

Meine Mutter hatte nach dem frühen Tod ihres im Ersten Weltkrieg schwer verletzten Vaters als Siebzehnjährige ihre Schulausbildung abbrechen müssen, um als Sekretärin zu arbeiten. Mit 22 heiratete sie 1940 meinen Vater. Er war zwölf Jahre älter als sie. Mein Vater war der Sohn eines Landwirts, der ihm nur unter großen persönlichen Einschränkungen ein Studium als Diplom-

Ingenieur ermöglichen konnte. Danach war er Angestellter der Spinnfaser-Aktiengesellschaft in Kassel, wo ich auch zur Welt kam, dann Angehöriger der Dynamit-Nobel-Aktiengesellschaft. Kurz nach dem Krieg arbeitete er auf dem Hof seines Vaters, bis er in Wuppertal-Elberfeld bei der Glanzstoff-Aktiengesellschaft anfing und zum Technischen Direktor aufstieg. Unsere Familie lebte in relativem Wohlstand, und meine Eltern legten Wert darauf, dass wir unsere Ausbildung ernst nahmen. Ich war das zweite Kind, hatte eine ältere und eine jüngere Schwester, einen jüngeren Bruder sowie zwei Vettern in etwa meinem Alter, die ihre Eltern nicht lange nach dem Krieg unter tragischen Umständen verloren hatten.

Ich nahm nun weniger meine Ausbildung als meine Arbeit für Fuchs ernst. Dutschke winkte ich in Gedanken zu, als ich mich weiter Richtung Grenze begab. Könnte ich dich als Fluchthelfer anwerben?, überlegte ich im Stillen – und gab mir auch sofort die Antwort: Nein, er wollte die große Politik, ich unmittelbare Hilfe für Einzelne.

«Glaubst du, dass ich observiert werde, wenn ich in Ostberlin bin?», fragte ich Manfred, als ich mit ihm und anderen Fluchthelfern eines Abends in einer Kneipe zusammensaß. Alle Anwesenden hatten beim Tunnel 57 mitgewirkt, alle hatten sich seitdem aber nicht mehr aktiv an derartigen Aktionen beteiligt. Ich hingegen sollte nun richtig einsteigen, da wollte ich mich auch mehr mit der Sache beschäftigen.

«Natürlich können sie dich beobachten, aber das Problem ist, du weißt es nicht. Niemand weiß etwas wirklich Konkretes. Wir fühlten uns jedenfalls immer verhältnismäßig sicher, was die Westmächte und den Westberliner Senat betraf. Sicher kann ich es nicht sagen, ich bin aber überzeugt, dass dem Senat und den westlichen Alliierten recht genau bekannt war, was da passierte, dass sie ihr Wissen aber nicht offiziell offenbarten.»

«Eher ist das Gegenteil der Fall», warf ein anderer ein, Joachim Schreiber. «Nach der frühen Entdeckung des Tunnels gab der Senat zu erkennen, man solle, bitte schön, mit solchen Aktionen zumindest temporär aufhören, man würde sonst den Abschluss der nächsten Passierscheinverhandlungen gefährden. Wir waren stinksauer.» Schreiber stand in einem engeren Kontakt zu Wolfgang Fuchs. Auch er war ein Jurastudent, der beim Bau des Tunnels 23 Jahre alt war. Er war klein und ständig in Bewegung, im wahrsten Sinne des Wortes ein Aktivist. Er empfand – wie alle anderen – die Mauer als ein großes Unrecht und hatte das Ziel, befreundete Kommilitonen im Osten, die nicht im Westen studieren durften (was vor dem Mauerbau noch möglich war), rüberzuholen. Nach den Vorlesungen und Seminaren an der FU hatte er stundenlang gegraben und dafür gesorgt, dass die Abstützbalken für den Tunnel unbemerkt in den Keller der Bäckerei kamen und entsprechend angebracht wurden. Eine immense Leistung. In den Gesprächen mit ihm gewann ich den Eindruck, dass auch er es nicht getan hatte, um finanziell davon zu profitieren.

«Und wegen der Aufforderung des Berliner Senats habt ihr Abstand von den äußerst mühsamen Tunnelbauten genommen, von wenigen eher unbedeutenden Ausnahmen einmal abgesehen?», fragte ich.

«So ist es. Einige von uns machen Pause, dazu gehöre ich, andere suchen nach Alternativen.»

«Doch um beim Thema zu bleiben – Senat und westliche Alliierte, deren Standpunkt ist verständlich, aber wie sieht es aus der Sicht der DDR und der Sowjetunion aus?»

«Für die sind wir Kriminelle», sagte Manfred. Alle lachten.

«Das ist mir klar, aber ich will noch mal aufs Observieren hinaus.»

Ulrich Bahnsen, ein weiterer Exfluchthelfer, antwortete mir: «Alles, was ihnen verdächtig vorkommt, werden sie selbstverständlich registrieren und sofort für ihre Propagandazwecke nutzen, siehe den erschossenen NVA-Mann in der Strelitzer Straße, das konnten nur die bösen Westler gewesen sein, eine andere Möglichkeit wurde gar nicht erst in Betracht gezogen. Doch bleibt es still, kann man davon ausgehen, dass die NVA- oder Stasi-Leute nichts wissen.»

Bahnsen gehörte auch zum inneren Zirkel und war wie Schreiber ein Student der Rechtswissenschaften an der FU, also Kommilitone. Bislang hatte ich Bahnsen nicht persönlich kennengelernt, weil er in der DDR in Haft gesessen hatte, anfangs in Untersuchungshaft in Berlin-Hohenschönhausen und dann, nach seiner Verurteilung, eine vergleichsweise kurze Zeit im Vollzug in Bautzen. Sein Verschulden: «Anschläge gegen die Staatsgrenze der DDR». Insgesamt hatte er fünf oder sechs Jahre bekommen, war aber nur ungefähr ein Jahr lang inhaftiert gewesen. Jetzt, im Januar 1966, war er gerade entlassen worden. Wolfgang, Manfred und andere handhabten die Entlassung sehr geheimnisvoll, und ich fühlte mich ausgeschlossen, denn eigentlich sah ich mich inzwischen als Teil des Ganzen. Aber wahrscheinlich wollte die Gruppe ihren Freund nach dieser Erfahrung nur schützen. Bevor wir uns an diesem Abend alle beim Dicken trafen, waren Fuchs und Manfred mit ihm nach Mallorca geflogen, um dort Urlaub zu machen, doch als die drei wieder zurückkamen und die ganze Geheimniskrämerei vorbei war, wurde auch Ulrich einer meiner Freunde. Ein aufrechter, klardenkender Mann, humorvoll und sensibel, mit dunklen, dichten Haaren und einem schmalgeschnittenen, fast aristokratischen Gesicht. Vom ersten Moment an schätzte ich ihn sehr.

«Oder sie warten auf den geeigneten Moment, um zuzuschlagen», mischte sich Manfred ein. «Es gibt nur diese beiden Möglichkeiten.»

Jürgen fügte noch hinzu: «Was die westlichen Geheimdienste und die westlichen Alliierten denken, ist von uns nicht verlässlich einzuschätzen. Soweit mir bekannt ist, haben Amerikaner, Franzosen oder Engländer aber bislang niemals offiziell gegen die Fluchthilfe interveniert.»

Das klang ganz so, wie ich es mir beinahe gedacht hatte. Vieles schien klar zu sein, am Ende war aber doch alles unklar.

Im Verlauf des Abends konnte ich mich am Tisch noch etwas allein mit Ulrich unterhalten.

«Du warst Tunnelbauer und auch Kurier?», fragte ich.

Er nickte, sagte aber nichts weiter, wollte erst einmal herausfinden, mit wem er es da eigentlich zu tun hatte.

«War das nicht ein bisschen schwierig?»

Er zuckte nur mit den Schultern.

«Aber du bist festgenommen worden, als du in Ostberlin als Kurier tätig warst?»

Endlich sprach er, vielleicht hatte er sich inzwischen ein eigenes Bild von mir gemacht und mir instinktiv vertraut – vielleicht hatte ihm auch Fuchs gesagt, dass man mir vertrauen könne: «Ja. Man konnte mir zum Glück nicht nachweisen, dass ich auch als Tunnelbauer tätig war, sonst hätte ich mit Sicherheit eine längere Haftstrafe bekommen.»

«Aber du bist trotzdem ziemlich rasch rausgekommen. Wieso?» Ich fragte nicht genauer nach, weshalb er verurteilt worden war, wahrscheinlich aus Selbstschutz. Hätte ich von zu vielen unangenehmen Konsequenzen gewusst, hätte ich meine eigenen Kurierdienste vielleicht nicht mehr so unbelastet ausführen können.

«Wolfgang Vogel hat dafür gesorgt», erklärte Ulrich knapp und wischte sich Bierschaum von seinem Mund.

«Und wer ist das?», wollte ich wissen.

«Ein DDR-Anwalt. 1962 hat er nicht nur den ersten Agentenaustausch zwischen den USA und der Sowjetunion organisiert, sondern sich als Unterhändler darum gekümmert, übrigens gemeinsam mit dem Westberliner Anwalt Jürgen Stange, inhaftierte Bürger der DDR und der BRD freizukaufen.»

«Was bei dir der Fall gewesen ist?», hakte ich nach.

«Na ja ...» Ulrich stockte etwas, bevor er sich dann doch entschloss, mit der Wahrheit herauszurücken. «Von mir hat man als Gegenleistung keinen Geldbetrag verlangt, sondern die Freilassung eines DDR-Bürgers, der bei uns in der Bundesrepublik in einem Gefängnis einsaß.»

Was ich da hörte, fand ich unglaublich spannend. Ich war durstig und bestellte mir und Ulrich kurzerhand ein weiteres Glas Bier. «Lief das wie in einem echten Spionage-Thriller ab? In so einer Nacht-und-Nebel-Aktion auf einer Brücke?»

Ulrich lachte. «Du hast wohl zu viele Filme gesehen. Bei mir war es ganz profan. Aber auf eine gewisse Weise hast du schon recht. Vogel hat damals den ersten Agententausch initiiert, in Potsdam auf der Glienicker Brücke, das war, soweit ich mich erinnere, im Februar 1962.»

«Und wer wurde da von der einen Seite auf die andere geschickt?»

«Erst einmal Prost!» Wir stießen auf unsere neue Freundschaft an, und Ulrich erzählte mir, dass die Amerikaner einen KGB-Spion gefasst hatten, den Oberst Rudolf Iwanowitsch Abel, und die Russen ihrerseits einen über dem Ural abgeschossenen US-Piloten. Francis Gary Powers hatte dort in großer Höhe einen Aufklärungsflug unternommen. Abel war einer der erfolgreichsten Spione der UdSSR, er hatte atomare Geheimnisse der Amerikaner verraten und noch so einige Dinge mehr. So einen Mann durfte man nicht hängenlassen, sonst würde keiner mehr sein Leben riskieren wollen. Mit diesem Tausch hat Vogel sich dann in einschlägigen Kreisen einen Namen gemacht. Wie hätte ich ahnen sollen, dass ich ihn tatsächlich noch selbst kennenlernen sollte?

«So jemand wie dieser Vogel muss starke Nerven haben, sonst kannst du solche Deals nicht aushandeln», sagte ich, nachdem Ulrich seinen Bericht beendet hatte. Mich faszinierte der Mann schon aus der Erzählung heraus.

«Starke Nerven sicher, aber man braucht auch gute Beziehungen. Und muss natürlich loyal dem Staat gegenüber sein. Ohne diese Voraussetzungen kannst du einen solchen Job als Anwalt in der DDR vergessen. Wenn es Vogel nicht gäbe, hätte man ihn erfinden müssen.»

Es stimmte. Der Jurist schien eine schillernde Figur zu sein. «Wenn er dir geholfen hat, macht er anscheinend nicht nur Geschäfte mit den Amerikanern und den Russen, sondern auch mit unserer Regierung, oder?»

«So ist es. Aber diese Austauschgeschäfte sind noch nicht öffentlich bekannt, und deshalb möchte ich auch nicht mehr dazu sagen, so gern ich das täte.»

«Alles klar, das verstehe ich. Aber erzähl doch mal, wie du die Haft erlebt hast, das war für dich bestimmt nicht die angenehmste Zeit. Was läuft so in einem DDR-Gefängnis ab? Wie unterscheidet es sich von unserem System, falls du da überhaupt Vergleiche anstellen kannst?»

Ulrich berichtete ausführlich vom Essen, den ewig gleichen Eintöpfen, den Schlafenszeiten, von der Gefängniskleidung, den wöchentlichen Duschen, den ständigen Verhören. Als ich später selbst in Haft kam und sich alles bestätigte, was Ulrich erzählt hatte, war der Schock seltsamerweise begrenzt. Als ob mich dieses Gespräch in gewisser Weise schon etwas vorbereitet hätte.

Einige Tage später diskutierte ich mit Wolfgang wieder einmal darüber, warum Tunnel keine Zukunft mehr haben – für mich ein wichtiges Thema, denn ich wollte ja etwas Anspruchsvolleres tun und so bald wie möglich mit den Kurierdiensten aufhören. Das Gerücht lief um, dass die DDR inzwischen seismographische Geräte nutzte oder gar entwickelt hatte, mit denen sich unterirdische Bewegungen feststellen ließen. Wenn das stimmte, war es viel zu gefährlich, weiterhin mit großem zeitlichem und finanziellem Aufwand Tunnel zu bauen. Doch nichts mehr zu tun, das kam auch nicht in Frage.

Wie so oft standen wir auf einer der hölzernen Aussichtsplattformen in Kreuzberg, eingehüllt in dicke Mäntel und Schals, auf dem Kopf Mützen, und verfolgten alle Bewegungen auf der anderen Seite, in unmittelbarem Blickkontakt mit den Ostberliner Grenzsoldaten. Hin und wieder starrten sie uns durch überdimensionierte Ferngläser an, dann wollten wir am liebsten in Deckung gehen, so unheimlich war das. Aber die geniale Idee, vergleichbar mit den Tunnelaktionen, wollte Wolfgang einfach nicht einfallen.

«Eine sinnvolle Möglichkeit wäre vielleicht die Flucht über das sozialistische Ausland», überlegte ich laut, während ich den Fernsehturm am Alexanderplatz im Visier hatte.

Wolfgang hatte sofort ein Gegenargument parat: «Wenn wir in Rumänien, Ungarn oder Bulgarien operieren sollen, ist das enorm aufwendig und viel zu unsicher. Und vergiss nicht, keiner von uns spricht nur ansatzweise die Sprache in diesen Ländern.»

«Und was schlägst du dann vor?» Langsam wurde ich ungeduldig, ich wollte endlich etwas tun.

«Die alten Methoden: gefälschte Pässe und umgebaute Autos. Ist doch immer gut gelaufen.»

«Schon», konterte ich, «aber von den Zahlen her ist das eher beschränkt. Und es sollte etwas sein, was schnell und ortsnah funktioniert. Jedes Auto, das mehrmals die Grenze passiert, ist viel zu auffällig.»

«Hast du einen besseren Vorschlag?» Wolfgang zog an seiner Zigarette, was mich dazu brachte, mir auch eine anzuzünden. Der erste Zug war immer der schönste.

Ja, ich hatte eine Idee, zumindest ich glaubte es in diesem Moment, denn gerade sah ich amerikanische Soldaten in einem Jeep über die Grenze fahren. «Mensch, warum versuchen wir es nicht einmal bei unseren alliierten Freunden? Die werden doch nie kontrolliert, wenn sie in den russischen Sektor fahren. Einige ihrer Jeeps haben Planen, da könnten sie doch glatt ein paar Leute mitnehmen.» Die Abschottung der Sowjetischen Zone Deutschlands einschließlich Ostberlins war nicht von den drei Westalliierten ausgegangen, sondern eine einseitige Maßnahme der DDR mit ausdrücklicher Genehmigung der UdSSR. Die jeweiligen Verbindungswege blieben für alle alliierten Streitkräfte offen, insbesondere die Briten und Amerikaner machten Gebrauch davon und fuhren wiederholt demonstrativ in den russischen Sektor. Die Idee war einfach blendend. Fand ich jedenfalls.

Erwartungsvoll schaute ich Wolfgang durch den Zigarettendunst an, der sah mit seiner durch die Kälte geröteten Nase wenig begeistert aus. Ich hatte etwas mehr Euphorie erwartet.

«Was ist das Problem?», fragte ich nach, weil ich seine verhaltene Reaktion nicht verstehen konnte.

«Na ja», meinte er gedehnt, «um den Alliierten die ganze Sache zu erklären, müsste man die Sprache gut können, also Englisch oder Französisch. Ich persönlich hatte in der Schule nur Russisch. Da werde ich nicht viel beitragen können.»

«Okay», sagte ich. «Wenn du willst, kann ich das für dich übernehmen.» Mein Vater hatte mich und meine Geschwister in den Schul- und Semesterferien regelmäßig ins Ausland geschickt, um Sprachen zu lernen, erst vor etwa einem Jahr war ich von einem längeren Aufenthalt aus Paris zurückgekehrt. Englisch und Französisch sprach ich recht passabel.

Wolfgang zögerte noch, doch dann rang er sich zu einem Entschluss durch. «Gut. Einen Versuch ist es wert.»

Ich lächelte zufrieden. «Dann werde ich mal in die alliierten Kasernen marschieren.» Die Militäraktion war damit beschlossene Sache. Schweigend rauchten wir eine nächste Zigarette, während ein Fernglas auf uns gerichtet war.

Kasernen und Teppichhändler

Verdammt. Es musste doch einen günstigen Augenblick geben. In Krimis gab es in solchen Situationen immer einen. Aber bislang zeigte er sich mir nicht. Vielleicht, weil ich nicht der Held in einer Detektivgeschichte war, sondern mitten in der Realität des Kalten Krieges steckte. Vor der französischen Kaserne in Wedding stand ein Wachmann, der seine Aufgabe sehr ernst nahm. Nichts entging seinen wachsamen Blicken. So konnte ich unmöglich ins Gelände hineinhuschen. Ich hatte mir für meinen ersten «Anwerbungsversuch» die französische Kaserne ausgesucht, die in der Nähe des heutigen Flughafens Tegel lag. Die Engländer waren im Spandauer Ortsteil Gatow stationiert, das lag etwas ungünstiger, weiter weg von der Mauer, das konnte ich immer noch probieren, wenn es bei den Franzosen nicht klappte. Als letzte Anlaufstelle hatte ich mir die Amerikaner vorgenommen.

Der militärische Komplex war riesig. In der Nazizeit war hier das Infanterie-Regiment «General Göring» untergebracht gewesen, nach Kriegsende zogen die Franzosen ein und benannten die Kasernen um in «Quartier Napoléon». 1995 wurde das Gelände nach dem Widerstandskämpfer Julius Leber in «Julius-Leber-Kaserne» umbenannt.

Jetzt oder nie! Gerade kam ein Lieferantenauto vor dem Eingang an, und der Fahrer unterhielt sich kurz mit dem wachhabenden Soldaten. Eine günstige Gelegenheit, im Blickschatten des

Wagens einfach mitzulaufen. Und schon war ich drin, der Wachmann hatte nichts bemerkt. Schnell versuchte ich, mir einen Überblick über das Gelände zu verschaffen. Mein Ziel war die Kantine, weil ich dachte: Jetzt, um die Mittagszeit, sind die Soldaten hungrig, und sie werden in Scharen zur Kantine strömen. Ein Ort, an dem man leicht ins Gespräch kommen kann. Bald hatte ich auch schon herausgefunden, wo sie lag: Ich brauchte nur dem Geruch von gebratener Leber und Linsen nachzugehen.

Doch als ich die Kantine betrat, wurde mir klar, dass ich einen törichten Fehler begangen hatte, den ich nun aber nicht mehr korrigieren konnte. Hätte ich mich doch bloß kundig gemacht, was die einzelnen Uniformen zu bedeuten hatten. Welches Abzeichen stand für welchen Rang? An wen musste ich mich wenden, um unser Anliegen anzusprechen? Warum war mir das nicht vorher eingefallen? Vielleicht deshalb, weil ich absolut keine Ahnung vom Militär hatte. Geschweige denn von französischen Uniformen. Die Musterung im November 1963 in Karlsruhe hatte zwar mit der Feststellung meiner Tauglichkeit geendet, doch da ich bereits studierte, wurde ich zu meiner Zufriedenheit zurückgestellt. Mein Einschleichen in die Kaserne war vielleicht mutig, aber vor allem reichlich naiv. Das fiel mir aber leider erst jetzt auf.

Die Kantine war rappelvoll. Ich stellte mich einfach mit in die Schlange und holte mir einen Teller ab – und obwohl ich keine Uniform trug, schaute mich niemand komisch an. Französische Soldaten und die deutschen Zivilisten, die als Angestellte der französischen Armee arbeiteten, benutzten dieselbe Kantine, deshalb gab es auch keine merkwürdigen Blicke. Ich suchte mir einen freien Platz neben einem Franzosen, der eine recht stattliche Uniform trug. Mein Plan war, ihm eine mitleiderregende Geschichte zu erzählen. Meine Familie sei im Osten, die Trennung sei durch den Bau der Mauer verursacht worden und absolut furchtbar für uns alle, wir würden alles dafür tun, wieder zusammenzukommen, und ob er uns dabei nicht helfen könne.

Der Franzose, der mit mir am Tisch saß, war leider ein Offizier. Ich kam erst gar nicht dazu, ihm meine tränenreiche Geschichte weiter auszubreiten, er hatte sofort erkannt, dass ich nicht hierhergehörte.

«Lassen Sie Ihr Essen stehen, und verlassen Sie sofort die Kaserne», fuhr er mich scharf auf Französisch an, «sonst muss ich die Militärpolizei einschalten. Sie haben hier nichts zu suchen.»

Erschrocken und wie ein begossener Pudel eilte ich hinaus. Ich war enttäuscht, aber noch längst nicht entmutigt, der Offizier hatte schließlich nur seine Pflicht getan. Und es gab ja noch die amerikanischen und britischen Kasernen. Beim ersten Mal klappt es nur selten, versuchte ich mich selbst zu beruhigen, als ich mich davonstahl.

Doch trotz besserer Vorbereitung hatte ich auch bei den nächsten Versuchen kein Glück. Bei den Engländern kam ich gar nicht erst aufs Gelände, sie fingen mich vorher ab.

«Ich … ich möchte …», rang ich nach Worten.

Der wachestehende Soldat unterbrach mich sofort. «Zeigen Sie Ihren Ausweis», forderte er mich barsch auf.

«Ich …»

Ein vernichtender Blick ließ mich augenblicklich davonschleichen. Die Amerikaner hielten mich gleich ein paar Stunden in ihrem Hauptquartier in der Clayallee in Dahlem fest. Zwei Offiziere stellten mir Fragen.

«Was hat Sie dazu bewogen, in unsere Kaserne zu kommen?»

Ich entschied mich für die Wahrheit.

«Ich möchte gerne mit Ihrer Hilfe Menschen aus dem Osten

in den Westen holen – in die Freiheit.» Das mit der Freiheit, so meine Erfahrung, kam bei Amerikanern eigentlich immer gut an.

«Ist das wirklich Ihre Motivation?» Die Amerikaner sahen mich erstaunt an.

«Ja», erwiderte ich schlicht und versuchte, dabei so überzeugend wie möglich auszusehen.

«Das können Sie sich aus dem Kopf schlagen», war die ernüchternde Antwort. Was sie aber eigentlich sagen wollten, das konnte ich an ihren Gesichtern ablesen, war: Meint der Kerl das ernst?! Der ist ja vollkommen naiv!

Und sie hatten ja recht. Ich hatte vielleicht eine gute Idee gehabt, aber anstatt vorsichtig vorzugehen, die Soldaten zum Beispiel privat anzusprechen, in einer Kneipe etwa, in der sie gern ihren Feierabend verbrachten, war ich schnurstracks in die Höhle des Löwen marschiert. Durchdacht war anders.

Später überlegte ich, ob jemand anderes zu dieser Zeit ein ähnlicher Gedanke gekommen war. Denn ich konnte mir schon vorstellen, dass die Amerikaner prinzipiell Hilfe leisteten, etwa wenn ein Spion aus ihren eigenen Reihen um Unterstützung bat. Aber Spione waren ein anderes Thema. Und vielleicht half man ja auch dabei, den einen oder anderen Wissenschaftler aus dem Osten herauszuschleusen? Aber auch das war ein anderes Thema. Wie konnte ich als deutscher Fluchthelfer ernsthaft eine solche Hilfestellung erwarten?

Wolfgang und ich waren über das Scheitern meiner Kontaktversuche natürlich enttäuscht, und ich fühlte mich auch schuldig. Immer wieder suchte ich die Grenze auf, dieses Mal allein, ging auf Tuchfühlung mit dem «Feind», in der Hoffnung, dass mir vielleicht doch noch etwas Bahnbrechendes einfallen würde. Über 90 Prozent der Tunnel waren gescheitert, der Prozentsatz gescheiterter Fluchten lag weitaus höher – ich brauchte also eine wirklich gute Idee. Und der Phantasie waren dabei keine Grenzen gesetzt. Die Sache mit dem Militär war nicht schlecht gewesen, doch das hatte ich ja nun vermasselt. Es musste dringend ein neuer Plan her. Aufgeben war für mich keine Alternative: Ich hatte ja noch gar nicht richtig angefangen. Ganz im Gegenteil, der Wunsch, etwas zu bewegen, war in den vergangenen Wochen durch mein eigenes Versagen nur noch stärker geworden.

Fuchs ließ sich sowieso nicht dauerhaft von Niederlagen beeindrucken, er strahlte schon bald wieder Optimismus aus, ganz, wie es seine Art war. Und weil wir nicht den Mut verloren, hatten wir nicht lange nach dem Kasernenmissgeschick eine zündende Idee, plötzlich stand sie im Raum, ohne dass ich sagen kann, wer sie von uns zuerst formuliert hatte: «Ein Diplomat! Das ist es doch! Wir müssen einen vor Kontrolle und Verhaftung geschützten Diplomaten in Ostberlin finden!»

Wir hatten oft darüber diskutiert, welche Personen in welchen Fahrzeugen von den Grenzposten nicht kontrolliert wurden. Neben den alliierten Soldaten waren es nur noch die Diplomaten. Ein Auto mit Diplomatenkennzeichen, das war die Lösung!

Aber wie sollten wir an einen Diplomaten herankommen? Die Optionen waren nicht gerade zahlreich. Die DDR war diplomatisch weitgehend isoliert und nur von den Mitgliedern der kommunistischen Wirtschaftszone COMECON unter Führung der Sowjetunion anerkannt. Dazu kam noch eine Reihe linksgerichteter afrikanischer und arabischer Staaten. Aber weitere diplomatische Beziehungen gab es nicht.

Diese Situation war im Wesentlichen das Ergebnis der von der Bundesrepublik zur Isolierung der DDR verfolgten sogenannten Hallstein-Doktrin, einer außenpolitischen Leitlinie von 1955.

Nahm ein Land diplomatische Beziehungen zur Deutschen Demokratischen Republik auf, so wurde das als «unfreundlicher Akt» gegenüber der BRD bewertet und mit dem Abbruch diplomatischer Beziehungen geahndet. Erst in der sozialliberalen Koalition unter Willy Brandt wurde die Hallstein-Doktrin aufgegeben, doch zuvor verhinderte sie sehr erfolgreich, dass sich die DDR – im Gegensatz zur Bundesrepublik – zu einem international anerkannten Land mit vielen Wirtschaftsbeziehungen entwickelte. Vieles, was die DDR industriell anzubieten hatte, raubte ihr ohnehin die Sowjetunion, sodass es für viele Länder in Asien, Afrika oder Amerika deutlich attraktiver war, dieser Doktrin zu folgen und mit der BRD offizielle Beziehungen aufzunehmen. Hinzu kam, dass das Wirtschaftswunderland Bundesrepublik Entwicklungs- und Wirtschaftshilfe leisten konnte, die DDR jedoch nur in einem begrenzten Umfang und nur in Absprache mit der UdSSR.

«Es reicht schon, wenn ein Land mitmacht», sagte Wolfgang, der bei der Vorstellung, einen akkreditierten Diplomaten zu gewinnen, sofort Feuer und Flamme war. «Ich höre mich mal um. Ich könnte mir vorstellen, dass sich der eine oder andere locken lässt.»

Ich vergaß zu fragen: «Und womit?»

Dann war es so weit. An einem kalten Tag Anfang Februar 1966 führte mich Fuchs zu einem syrischen Teppichhändler, der auf der nördlichen Seite des Kurfürstendamms, nicht weit vom Olivaer Platz, ein Geschäft mit Orientwaren betrieb. Auf dem großen Boulevard eilten die Frauen in Mänteln mit Pelzbesatz umher, wahrscheinlich strebten sie das nächste Café an, womöglich das weiter östlich gelegene Café Kranzler, sie ignorierten die Theater und Kinos, denn dafür war es noch zu früh. Die Glitzerwelt der Westberliner Boheme begann erst zu späterer Stunde. Ich bewunderte die einzigartigen Vitrinen, die den Ku'damm auf beiden Seiten säumten. Sie gingen auf eine Gestaltungsinitiative im Rahmen der Olympischen Spiele von 1936 zurück, mit der die Nationalsozialisten die Straße «weltstädtisch» herausputzen wollten. Jetzt demonstrierten sie einmal mehr, dass sie Teil des «Schaufensters zum Westen» waren. Am meisten imponierten mir die eleganten und prächtigen Gründerzeitbauten mit den hohen Eingängen. 1963 war John F. Kennedy zusammen mit Willy Brandt und Bundeskanzler Konrad Adenauer durch diese Straße gefahren – für den amerikanischen Präsidenten eine Art Triumphzug.

Wer den Kontakt zu dem Teppichhändler hergestellt hatte, konnte ich nie in Erfahrung bringen, es interessierte mich aber auch nicht wirklich. Fuchs hatte sicher darauf geachtet, dass die Adresse uns auch tatsächlich weiterbringen würde. Effizienz war eine seiner herausragenden Eigenschaften.

«Ich bin der Dicke», stellte sich der Teppichhändler vor. «Sie können mich ruhig so nennen. Meinen arabischen Namen kann sowieso niemand aussprechen. Es ist auch besser, wenn er nicht überall kursiert.»

Noch ein Dicker, dachte ich und dachte an unseren runden Wirt, aber auch dieser Mann trug diese Bezeichnung mit Grund, er war in der Tat recht füllig und dabei recht groß. Ich schätzte ihn auf ungefähr 40, eine schwere Hornbrille bestimmte sein Gesicht, sein Haar war schwarz und wirkte leicht fettig.

«Wir haben gehört, dass Sie Kontakt zu einem Diplomaten haben, der Ihr Land in Ostberlin vertritt?», fragte Wolfgang vorsichtig, nachdem einige belanglose Worte über den Handel mit Teppichen geflossen waren und der Bebrillte uns einen schrecklich süßen Tee serviert hatte. Er war ein starker Raucher. Sobald er eine seiner arabischen Zigaretten aufgeraucht hatte, zündete er sich die nächste an. Dabei konnte man nicht übersehen, dass seine Finger mit teuren Ringen bestückt waren, auf denen Steine in vielen Farben glitzerten.

Der Dicke schüttelte bejahend und ausgiebig seinen Kopf. «Ja, ich habe hervorragende Verbindungen in meine Heimat.» Damit meinte er die Baath-Partei, die 1963 unter Hafiz al-Assad, dem Vater des heutigen Präsidenten Baschar al-Assad, in Syrien die Herrschaft übernommen hatte und die UdSSR und deren Demokratischen Zentralismus als Vorbild betrachtete. Alles war im Sinne der Partei streng hierarchisch organisiert. Syrien war schon damals ein Überwachungsstaat, dessen konkurrierende Geheimdienste die Bevölkerung im Griff hatten.

«Vielleicht haben Sie mich nicht ganz verstanden», meinte Fuchs, der das Gespräch führte. «Wir benötigen einen Diplomaten in Ostberlin, der in seinem Pkw mit diplomatischem DDR-Kennzeichen kontrollfrei die Grenze nach Westberlin über den Checkpoint Charlie passieren darf.»

«Ich hab Sie schon richtig verstanden», bemerkte der Dicke etwas von oben herab und rief irgendetwas auf Arabisch in einen Nebenraum. Kurz darauf trat ein schlanker Mann zu uns, vielleicht Mitte 30, mit ähnlich tiefschwarzem Haar, nur weniger fettig. Er hatte einen dunklen Teint, volle, aufgeworfene Lippen und eine stark ausgeprägte Nase.

«Das ist Kamal Hamdi, Konsul der Syrisch-Arabischen Republik in Ostberlin», stellte der Teppichhändler seinen Landsmann vor.

Was für eine Überraschung! So schnell hatten wir nicht damit gerechnet, einem leibhaftigen Diplomaten vorgestellt zu werden.

Der Konsul sagte kein Wort, er lächelte nur freundlich, das Reden überließ er weiterhin dem Dicken: «Allerdings gibt es ein kleines Problem. Mein Freund hat leider kein Fahrzeug», erklärte der nun. «Unsere Regierung hat ihm keins gestellt. Und sein Gehalt ist so schmal, dass er sich keins leisten kann.»

Damit wurde mir das Motiv des Konsuls klar, sich auf eine so riskante Aktion einzulassen: Als schlechtbezahlter syrischer Diplomat ohne Fahrzeug wollte er seinen Status verbessern. Bis heute weiß ich nicht, wie viel er für seine Dienste bekam. Ich gehe aber davon aus, dass er nicht schlecht verdiente, und das zudem ziemlich regelmäßig. Fuchs hat natürlich gewusst, welche Summen kursierten, aber ich habe ihn nie danach gefragt.

«Dann organisiere ich Ihrem Freund ein Auto», versicherte Fuchs. «Das sollte kein Hindernis sein.»

Ich hörte mit Erstaunen, wie schnell Wolfgang auf das Problem eine Antwort wusste. Besaß er so viel Geld? Aber wie bei der Bezahlung des Diplomaten wollte ich nicht länger darüber nachdenken – vielleicht wären mir sonst doch Zweifel gekommen. Ich war froh, dass alles so rasch geklärt und das Treffen erfolgreich beendet war.

«Na, da können wir ja bald starten», sagte Wolfgang, als wir wieder hinaus auf den Kurfürstendamm traten. Er rieb sich die Hände, als hätte er den Deal seines Lebens ausgehandelt. «Oder glaubst du, dass er einen Rückzieher machen wird?»

«Ich hatte eher den Eindruck», sagte ich, «dass er lieber heute als morgen hinterm Steuer sitzen will.»

Gemeinsam schlenderten wir noch den Ku'damm ein Stück Richtung Gedächtniskirche hinauf, wobei jeder seinen eigenen Gedanken nachhing. Kurz vor der Gedächtniskirche trennten wir uns.

«Du wirst bald von mir hören», rief Fuchs mir zum Abschied nach.

Und so war es auch.

Wolfgang beschaffte dem syrischen Konsul einen weißen Mercedes 220 – wennschon, dennschon. Es war zwar ein Gebrauchtwagen, doch auch der kostete mehr Geld, als Wolfgang meiner Einschätzung nach besaß. Heute glaube ich, dass jene Berliner CDU-Quellen den Mercedes bezahlt haben, auch wenn ich es nicht beweisen kann – Wolfgang erwähnte nur wiederholt seine guten Kontakte zu den hiesigen Christdemokraten. Vielleicht hatten sie auch die Kosten für den Umbau des Wagens übernommen, denn die Hinterradachse musste verstärkt werden, damit das Fahrzeug nach Beladung nicht optisch auffiel. Das Interesse der Berliner CDU schien mir plausibel, da sie die von der Berliner SPD und der Regierung vertretene Annäherungspolitik nicht teilte. Der Kofferraum des Mercedes war nicht dafür ausgelegt, zwei oder gar drei Menschen mit einem Gesamtgewicht von etwa 150 bis 200 Kilogramm aufzunehmen. Damit die Last optisch nicht auffiel, war die Verstärkung der Achse unumgänglich.

Der Umbau erfolgte in der Werkstatt eines Bekannten von Wolfgang. Anschließend musste das Fahrzeug in Ostberlin ein diplomatisches Nummernschild erhalten. Das übernahm im Auftrag des Konsuls nach meiner Erinnerung Kamal Hamdis Stellvertreter, der in das Vorhaben eingeweiht war. Er erreichte schließlich die Zulassung als Dienstfahrzeug für den Daimler in Ostberlin. Am Wagen wurde ein CD-Schild befestigt, das Immunität garantierte, die CD-Registriernummer lautete 1471, das polizeiliche Kennzeichen: IU 02-36. Nach der Registrierung trafen Wolfgang und ich uns mit Kamal Hamdi, um alles zu begutachten, wobei mir auffiel, dass er nur gebrochen Deutsch sprach. Vielleicht war das nicht das Schlechteste, sollte er in eine Situation geraten, in der NVA-Grenzer ihn etwas fragten.

Langsam wurde es ernst. Wolfgang hatte klipp und klar gesagt: «Du machst die Sache mit dem Diplomaten.»

«Ist das sinnvoll?», fragte ich etwas skeptisch nach.

«Das ist mehr als sehr sinnvoll», bekräftigte Wolfgang. «Du bist bei dieser Sache von Anfang an dabei gewesen, du kennst alle Leute, und ich kenne keinen, der geeigneter ist als du.»

Fuchs hatte schon ein gewisses Talent, einen mitzureißen. «Außerdem», fuhr er fort, «hast du bereits ein bisschen Erfahrung, die ich bei vielen anderen nicht voraussetzen kann.»

Eindringlich sah ich mein Gegenüber an. «Liegt es vielleicht nicht eher daran, dass du im Moment einfach keine weiteren Kandidaten zur Hand hast?»

Irgendwie hatte ich damit den Nagel auf den Kopf getroffen. Viele ehemalige Helfer waren mittlerweile ausgestiegen.

Er hob die Augenbrauen. «Na gut, das stimmt schon ein wenig.»

«Du bist ganz schön unter Druck, stimmt's?», hakte ich nach.

«Und wie», seufzte Wolfgang. «Und die Liste von Personen, die rauswollen, wird immer länger.»

Ich sah Wolfgang besorgt an. Er wirkte sehr angestrengt, und dabei hatte ich doch selbst noch so viele offene Fragen mit ihm zu besprechen. Wie und wo treffe ich die Flüchtlinge? Wie übergebe ich sie dem Diplomaten? Wer sucht die Einstiegsorte aus? Wie verstaue ich die Leute schnell im Kofferraum? Wie stelle ich sicher, dass Fahrer und Flüchtlinge sich gegenseitig nicht erkennen? Wie läuft die Fahrt zum Checkpoint ab?

Wolfgang schien meine Gedanken erraten zu haben. «Du musst alles genau vorbereiten», sagte er. «Du hast die Alleinverantwortung für den Osten. Ist es nicht das, was du wolltest? Mehr Eigeninitiative?»

Ich musste schlucken. Alleinverantwortung für den Osten – das klang nicht nach «etwas mehr» Verantwortung, sondern nach verdammt viel Verantwortung.

«Geht das nicht eigentlich gegen dein Credo, dass wir alle möglichst wenig wissen sollen?», fragte ich zaghaft.

«Ja, aber in diesem Fall geht es nicht anders. Die Sache liegt jetzt in deiner Hand.» Wolfgang blickte mich aufmunternd an. «Und vergiss nicht, die Übergabeorte zu klären, und zwar lange, bevor es losgeht.»

«Und wie soll ich die finden?»

«Ganz einfach. Du musst voraussichtlich wiederholt nach Ostberlin einreisen und das Terrain erkundigen, ich kann es ja nicht tun, ich würde sofort verhaftet. Mein Name ist der Stasi bestens bekannt.»

«Kannst du mir nicht trotzdem noch den einen oder anderen Tipp geben? Du kennst dich doch viel besser aus in Ostberlin.» Erwartungsvoll sah ich Wolfgang an.

Nach kurzem Nachdenken sagte er: «Wichtig ist, dass du dich in der Gegend wohlfühlst. Prüfe vorher ganz genau, wie du am besten hin- und wieder zurückkommst. Außerdem solltest du die Flüchtlinge nicht vom ersten bis zum letzten Schritt begleiten, immer nur abschnittsweise. Zwischendurch solltest du sie auch mal wieder allein laufen lassen, um zu sehen, ob sie beobachtet werden oder ob du beobachtest wirst. Und denk daran, dass du die Orte, die du dir aussuchst, bei jeder Flucht wechselst. Es darf keine Routine in deinen Ablauf kommen, du darfst kein Muster entstehen lassen, sonst hat die Stasi leichtes Spiel.»

All das hatte ich mir auch schon überlegt. Wolfgang hatte recht, es war wichtig, dass ich den Anschein erweckte, ich sei in Ostberlin zu Hause. Und das galt nicht nur für mich, sondern auch für die Flüchtlinge. Vielleicht waren sie noch nie in der Stadt gewesen, vielleicht kamen sie aus Jena, Dresden oder Leipzig. Keine leichte Aufgabe, für alle Beteiligten.

Gleich nach dem Gespräch mit Wolfgang kaufte ich mir einen Stadtplan und schaute mir einige Randgebiete an, die meiner Einschätzung nach in Frage kamen. Im Nordosten bot sich Marzahn an, im Südosten das Areal um den Müggelsee. Das waren Gegenden, die auch Kamal Hamdi verkehrstechnisch leicht finden konnte. Eine Übergabe mitten in der Stadt kam nicht in Frage, dort gab es viel zu viele Fenster, hinter denen viel zu viele Augen beobachten konnten, was wir da trieben. Je weniger Menschen, desto kleiner die Gefahr, entdeckt zu werden. Und das bedeutete: freies Gelände. Doch auch hier gab es einen Haken. Ein unmotiviert geparkter weißer Mercedes mitten im Nirgendwo war natürlich auffällig. Im Grunde musste die ausgesuchte Gegend deshalb so gut wie menschenleer und frei von Autos sein. Und das in einer großen Stadt.

Als Nächstes dachte ich über den konkreten Ablauf der Übergabe nach. Als Kommunikationsmittel fand ich Lichtzeichen sinnvoll, die ich mit einer kleinen Taschenlampe und Kamal Hamdi mit den Scheinwerfern abgeben konnten. Ich erarbeitete ein System: Dreimal kurz hintereinander blinken sollte der jeweils anderen Partei signalisieren, dass höchste Gefahr bestand. Einmal kurz, einmal lang und dann wieder kurz bedeutete, dass alles okay war, und dreimal lang, und das im Abstand von fünf Sekunden, dass die Aktion gestoppt werden musste. Die ausgearbeiteten Lichtzeichen gab ich an Wolfgang weiter. War es bei der Übergabe noch nicht dunkel genug, hatte ich vorsorglich entsprechende Armgesten verabredet.

«Versuch, möglichst im Dunkeln zu arbeiten», hatte Wolfgang mir noch geraten.

Jetzt im Frühling war das keine Schwierigkeit. Aber im Sommer wurde es erst spät dunkel, und spätestens um Mitternacht musste ich zurück im Westen sein, weil dann das Tagesvisum auslief.

Fuchs hatte auch dafür einen Rat parat. «Wenn es zu knapp werden sollte, setzt du dich einfach ins Auto neben den Syrer. Der kann dich dann an der nächsten öffentlichen Haltestelle absetzen.»

Das klang nach einem brauchbaren Vorschlag. Aber noch ein weiteres Problem musste gelöst werden: die Nummernschilder vorne und hinten am Wagen. Die Flüchtlinge durften sie nicht erkennen, damit sie sie im Fall einer Befragung auch nicht preisgeben konnten. Hamdi sollte deshalb nach dem «Okay»-Signal vorne das Blendlicht einschalten. Für das rückwärtige Nummernschild war ich zuständig. Ich musste kurz vor dem «Einladen» ein wenig Distanz zwischen mir und den Flüchtlingen aufbauen. Beim Heranfahren des Wagens bat ich sie, sich umzudrehen, damit ich unbeobachtet den Kofferraumdeckel öffnen konnte. War er geöffnet, konnte niemand mehr das Nummernschild lesen. Nach dem Aufblenden zog auch der Fahrer einen Schal oder einen Hut ins Gesicht, sodass er ebenfalls nicht von den Flüchtlingen gesehen wurde.

Ich hatte mich dazu entschieden, die Flüchtlinge im Zentrum der Stadt zu treffen und einzig die Übergabe an den Rändern durchzuführen. Das erschien mir am sichersten. Friedrichstraße oder Alexanderplatz waren in meinen Augen geeignete Orte, belebt und nicht zu verfehlen. Wie bei den Kurierdiensten musste ich mir nun für jedes Treffen eine Botschaft ausdenken, ein Erkennungszeichen. Es boten sich unverfängliche Sätze an wie: «Ich freue mich, Sie wiederzusehen.» Jede dieser Floskeln durfte aber nur einmal benutzt werden, ich musste mir also eine ganze Liste überlegen. Wolfgang, so hatte ich es mir überlegt, musste die

Botschaften dann über Kuriere losschicken. Jetzt wusste ich, was «Rufen Sie Ihre Großmutter an» bedeuten konnte.

«Wir müssen noch etwas besprechen», sagte ich zu Wolfgang, als wir uns wieder einmal im Dicken trafen. «Ich will und muss zurück nach Bonn. Und von dort aus alles machen – der ganze Zeitaufwand, die Kosten –, ist das nicht ein wenig verrückt?»

«Vergiss es, falls du aussteigen möchtest. Du hast schon so viel vorbereitet, du kannst mich jetzt nicht hängenlassen.»

Das stimmte. Ich konnte Fuchs nicht im Stich lassen. Jemand anderes hätte es vielleicht gekonnt, aber ich war dazu nicht in der Lage. Vor allem wollte ich nicht «kurz vor dem Ziel» aussteigen. Nur waren meine beiden Berliner Gastsemester eben bald um. Und ich wollte in Bonn endlich mein Jura-Studium zu Ende bringen. In Berlin war ich gerade dabei, mein Vordiplom in Volkswirtschaft abzulegen, in einer kleinen Gewaltanstrengung. Das hatte besondere Gründe. Mein Vater, tief enttäuscht, dass ich nicht in seine Ingenieur-Fußstapfen treten wollte, hatte mir vorgeworfen, mich vor einem schwierigen Fach wie Mathematik einfach nur zu drücken. Ich fand das unfair und wollte ihm mit dem Examen in einem Fach wie Volkswirtschaft, das viel mathematisches Wissen erforderte, beweisen, dass er sich geirrt hatte. Was mir dann auch gelang. In Bonn wiederum hatte ich mich bei einem bundesweit bekannten Repetitor eingeschrieben, Dr. Schneider. Er war ein begabter Praktiker, der das unübersehbare juristische Wissen aufs Wesentliche zu reduzieren wusste. Wer seinen Kurs besuchte, konnte kaum durchs Examen fallen.

«Na, dann mach halt am Rhein dein Examen», sagte Wolfgang, nachdem ich ihm erklärt hatte, dass ich trotzdem dabeibleiben wollte. «Das kriegen wir schon hin.»

«Und die Flugkosten?»

«Bekommst du natürlich erstattet.»

Mit Ausnahme dieses Satzes habe ich mit Wolfgang nie über Geld gesprochen. Aber natürlich musste er es von irgendwoher haben. Ich konnte mir nicht vorstellen, dass nur der Konsul eine attraktive Summe für seinen Fluchtbeitrag bekam. Fuchs hielt ich weiterhin für grundlegend selbstlos, und selbst wenn er von Freunden oder Angehörigen der Fluchtwilligen etwas Geld bekam, schien mir das fair zu sein, denn er dürfte bei seinem Engagement kaum Zeit gehabt haben, einer normalen Erwerbstätigkeit nachzugehen; er musste allein von diesen Zuwendungen leben und seine Familie ernähren.

«Trotzdem solltest du einen Vertreter für mich auftreiben. Es kann immer mal sein, dass ich es nicht rechtzeitig nach Berlin schaffe.» Schon mehrmals hatte ich darauf gedrängt.

«Ja. Ja.» Wolfgang machte eine wegwerfende Handbewegung. «Ich hab da auch schon einen in petto. Aber ich möchte, dass du ihn dir vorher mit mir ansiehst.»

«Widerspricht das nicht wieder einmal deinen konspirativen Regeln? Sollte ich nicht lieber nicht wissen, wer noch bei dir mitmacht? Wäre das nicht auch für den Neuen besser, mich nicht zu kennen?

Fuchs zuckte mit den Achseln. «Bitte, Volker. Ich möchte, dass du mir dabei hilfst, die richtige Wahl zu treffen.»

Ich widersprach nicht mehr. Irgendwie war es auch ein beeindruckendes Gefühl, dass Fuchs unbedingt meine Meinung einholen wollte. Ich konnte mich nicht entziehen.

Wir trafen Heiko Neumann abends in einer Kneipe, aber nicht im Dicken, sondern in einer Gaststätte am Bahnhof Zoo, in der sonst nur Durchreisende saßen. Jeder von uns verspeiste eine Currywurst, dazu tranken wir Bier. Heiko war von mittelgroßer, eher schmaler Figur, hatte braune Haare und war in meinen Augen eher blass. Ein unauffälliger Typ.

«Du bist Student?», fragte Wolfgang, der ein abgeschnittenes Stück Currywurst durch die rote Soße zog. «Du hast es mir, glaub ich, schon mal gesagt, aber ich will mich noch mal rückversichern.» Fuchs rekrutierte alle seine Leute aus dem universitären Umfeld. Das leuchtete auch ein, denn wer Beruf und Familie hatte, konnte es einfach nicht riskieren, bei der Fluchthilfe aufzufliegen.

«Ja», bestätigte Heiko Neumann. «Philosophie im achten Semester.»

«Und warum möchtest du hier mitmachen?» Die Frage kam von mir.

Neumann sah uns ernst an. Dann sagte er: «Hilft man anderen Menschen nicht, die in einem System leben, das sie nicht akzeptieren können, dann setzt die Menschlichkeit aus, dann lässt man das Menschsein hinter sich und wird zum Tier.» So konnte das nur ein Philosophiestudent formulieren. Neumann redete noch eine ganze Weile über seine humanitäre Pflicht, zu helfen. Geld schien auch für ihn keine Rolle zu spielen, jedenfalls fragte er nicht, was für ihn dabei herausspringen würde.

Nachdem er gegangen war, saßen Fuchs und ich noch bei einem zweiten Glas Bier zusammen.

«Was hältst du von unserem jungen Humanisten?», fragte Fuchs und griente. Ich wiegelte ab. «Ja, vielleicht würde es gehen. Aber ich kenne ihn zu wenig. Versuch doch einfach, mehr über sein Umfeld zu erfahren. Diese Entscheidung liegt bei dir!»

«So richtig überzeugt klingt das nicht. Warum so skeptisch?»

«Schwer zu sagen. Er hat irgendwie einen ziemlich unsicheren Eindruck auf mich gemacht. Und das mit dem Tier- und Menschsein, na ja, das war mir viel zu abstrakt.»

«Geht mir auch so, aber Leute wie dich oder Manfred gibt es eben nicht jeden Tag.»

Manfred hätte ich gern an meiner Seite gewusst. Aber er wollte nicht mehr weitermachen. Er sagte, er fühle sich ausgelaugt, und zwar so sehr, dass er in Berlin nicht mehr mit seinem Studium vorankomme. Das war es auch gewesen, was ihn bei meinem Besuch, als ich ihn im *Stern* entdeckte, bedrückt hatte. Ich riet ihm: «Geh nach Heidelberg, geh zu meinem Corps, da findest du vielleicht neue Freunde, aber vor allem findest du da Ruhe. Heidelberg ist überschaubar, nicht so anstrengend wie Berlin.» Und tatsächlich hatte er sein Medizinstudium nach einigem Zureden nach Heidelberg verlegt. Nicht lange danach bestand er das Examen.

«Lass uns einfach hoffen, dass Heiko eine gute Wahl ist», sagte ich zu Fuchs, etwas gedankenverloren.

Wenig später fuhr ich mit meinem treuen Käfer, wieder beladen bis unter das Dach, nach Bonn – ohne mich zu verfahren.

Die erste Flucht

Endlich. Da kam er, der langersehnte und zugleich befürchtete Anruf. «Volker, morgen steigst du in den Flieger. Es geht los.» Genauere Angaben machte Wolfgang nicht. Es hieß zwar, dass Gespräche zwischen Westdeutschland und Westberlin von der DDR aus nicht abgehört werden konnten oder dort nur zerhackt ankämen, aber darauf verließen wir uns nicht. Es war besser, Sicherheitsvorkehrungen zu treffen.

Ich legte den Hörer auf, nachdem ich das Telefonat mit einem schlichten «Ja» bestätigt hatte. Augenblicklich stieg mein Puls an, das Herz hämmerte laut in meiner Brust. Es war mein erster richtiger Einsatz, und ich war unglaublich nervös. Diese Aufregung sollte sich auch in Zukunft nie gänzlich legen, wenngleich ich insgesamt routinierter wurde.

Morgen früh ging es also nach Westberlin. Ich würde die Stunden bei Dr. Schneider versäumen, ebenso die anderen Vorlesungen. Auf einmal wurde mir bewusst, was ich mir da zugemutet hatte. Examen und Fluchthilfe unter einen Hut zu kriegen, das würde nicht einfach sein. Dennoch war meine Abenteuerlust ungebremst. Auch mein Gerechtigkeitsempfinden war ungetrübt, mehr noch: Der Aufenthalt in Berlin hatte es noch verstärkt.

Am nächsten Vormittag machte ich mich auf den Weg zum Flugplatz Köln-Wahn. Es gab damals nur die drei Fluggesellschaften der Alliierten, die in Westberlin landen durften und von denen ich Tickets kaufen konnte: Air France, PAN AM sowie British European Airways. Es war nicht möglich, etwa in eine Lufthansa-Maschine zu steigen, die durften erst nach der Wiedervereinigung wieder nach Berlin fliegen. Am Tag meiner ersten Flucht flog ich mit den Briten.

Etwa eine Stunde später, gegen Mittag, landete ich auf dem Flughafen Tempelhof. Zuerst nahm ich in einem grenznahen Lokal eine Mahlzeit ein, denn ich rechnete nicht damit, schnell wieder etwas zu essen zu bekommen. Außerdem hätte mich Hunger nur abgelenkt, und ich konnte mir keinerlei Konzentrationsschwäche erlauben.

Fuchs leistete mir beim Essen Gesellschaft, aber der eigentliche Sinn des Treffens bestand darin, mir weitere Instruktionen zu geben.

«Also: Die Leute wissen Bescheid», sagte er. «Es sind zwei Personen. Treffpunkt ist neben dem Ganymed.» Das Lokal am Schiffbauerdamm, nah der Friedrichstraße, war eine Gaststätte, die bei der Stasi ebenso beliebt war wie einige Zeit zuvor bei Bertolt Brecht und Helene Weigel. Das berühmte Berliner Ensemble, an dem die beiden Künstler gearbeitet hatten, lag direkt dahinter.

«Und woran erkennen sie mich?» Ich stocherte nervös in meinen Bratkartoffeln herum, die Aufregung hatte mir doch den Magen etwas zugeschnürt, ein Phänomen, das ich von mir kaum kannte.

«Der Kurier hat ihnen beschrieben, wie du aussiehst. Bei deiner Größe wirst du nicht übersehen.» Wolfgang aß mit großem Appetit seine Buletten mit viel Senf, dazu hatte er sich ebenfalls noch eine gehörige Portion Bratkartoffeln bestellt.

«Und wie erkenne ich sie? Auf dem Schiffbauerdamm ist viel los.»

«Einer von beiden hält so ein technisches Standardwerk unter dem Arm. Er ist Ingenieur. Das Erkennungsmerkmal muss ja aus der Sicht der Flüchtlinge akzeptabel sein. Sie müssen sich wohlfühlen. Es wird deshalb auch jedes Mal ein anderes sein. Ein Stadtplan, eine Blume oder was weiß ich.»

Wolfgang tupfte sich den Mund mit der weißen Papierserviette ab und lehnte sich sichtlich zufrieden zurück. Sein Teller war völlig leer – bis auf einige Senfkleckse. Ich hingegen hatte nur die Hälfte des Koteletts und der Bratkartoffeln geschafft.

«Volker, hör mir zu: Flexibilität ist das Wichtigste bei unserem Tun. Sind wir nicht flexibel, kann man uns ganz schnell auf die Schliche kommen.»

«Muss ich noch etwas über die beiden wissen?», fragte ich bemüht ruhig.

«Je weniger du weißt, desto besser. Aber die andere Person ist eine junge Frau. Die beiden sind jedoch kein Paar.» Diesen letzten Satz betonte er auffällig. Nach einer kleinen Pause fügte er noch hinzu: «Viel Glück!» Er klopfte mir über den Tisch hinweg auf die Schulter. «Die Rechnung übernehme ich.»

Ich erhob mich von meinem Platz, zog meinen Mantel an und knöpfte ihn bis zum Kragen zu – es war ein recht kühler Apriltag. Vor der Tür des Restaurants blieb ich noch kurz stehen, um einmal tief durchzuatmen. Zwei Personen, dachte ich. Na, dann los. Auf dem Weg sann ich noch darüber nach, dass Wolfgang etwas unruhig gewirkt hatte, als er die junge Frau erwähnt hatte. Kannte er sie vielleicht? Erst Jahre später erfuhr ich, dass diese junge Frau Wolfgangs zweite Ehefrau werden sollte. Kein Wunder, dass Wolfgang bei dieser Flucht besonders aufgeregt war.

Da mir der Grenzübergang Friedrichstraße mittlerweile recht vertraut war, hatte ich ihn für meine erste Aktion gewählt, und das Ganymed war ebenfalls nur wenige Fußminuten davon entfernt. Westdeutschen standen noch drei weitere Grenzübertritte zur Verfügung: Heinrich-Heine-Straße, Bornholmer Straße und Invalidenstraße. Gemäß der Devise, flexibel zu bleiben, wurden alle vier von mir in den nächsten Wochen und Monaten benutzt, wobei die Invalidenstraße geographisch am ungünstigsten lag und ich dort nicht oft über die Grenze ging. Im Mai 1963 war dort ein dramatischer Fluchtversuch gescheitert. In einem Autobus hatten zwölf Männer und Frauen versucht, die Grenzbarrieren zu durchbrechen, was aber nicht gelang. Die Grenzposten schossen, und der Bus blieb in einem engen Mauerdurchlass kurz vor dem Ziel stecken. Der Fahrer und mehrere Flüchtlinge wurden schwer verletzt – und natürlich sofort verhaftet.

Die Grenzbaracke kam nun immer deutlicher in mein Blickfeld. Ich wusste, was mich dort erwartete: ein muffiger Geruch und ernst blickende Grenzer, die einen auf eine Weise musterten, als wollten sie einen gleich verhaften. Das war Show, ich musste mir keine Sorgen machen, noch hatte ich nicht einen einzigen Flüchtling zum Mercedes begleitet. Zum Glück konnten sie keine Gedanken lesen, wenngleich einige von ihnen es sicher nur zu gern getan hätten. Es lief alles glatt: Mein Tagesvisum wurde mit einer Ordnungsnummer und einem Stempel versehen, wie jedes Mal leuchteten mir Hammer und Sichel in kräftigem Tomatenrot entgegen. Nachdem ich den dicken, dunklen Filz beiseitegeschoben hatte, der die geöffnete Tür vor dem kalten Wind schützte, atmete ich auch schon Ostberliner Luft.

So unauffällig wie möglich schlenderte ich den Schiffbauerdamm hoch und erkannte schon bald das Paar an dem riesigen Technikwälzer, den der Endzwanziger unter seinen Arm geklemmt hatte. Aufmerksam schienen beide die neben der Tür des Lokals angebrachte Speisekarte zu studieren. Man nahm ihnen ab, dass sie sich genau überlegten, ob ihnen gefiel, was im Angebot war.

Zwischendurch drehte sich die Frau einmal um, es war eine hübsche Dunkelhaarige, mit Lippenstift und Puder zurechtgemacht, so als freue sie sich auf den Abend mit ihrem Begleiter. Die zwei gaben glaubwürdig ein Liebespaar ab. Das war gut.

«Ein hervorragendes Standardwerk», sagte ich, als ich neben den beiden haltmachte, und wies auf das dicke Buch. Das war das Stichwort, das mir Wolfgang mit auf den Weg gegeben hatte.

Der Mann und die Frau nickten fast gleichzeitig. Ihre Augen zuckten nervös, sie waren mindestens genauso aufgeregt wie ich – mit dem Unterschied, dass ich meine innere Unruhe unter keinen Umständen zeigen durfte. Die Flüchtlinge sollten sich sicher fühlen, eine panische Atmosphäre hätte die Aktion nur gefährdet.

«Alex. Haus des Lehrers. 15 Uhr», sagte ich.

Erneutes Nicken. Wolfgangs Kurier hatte die beiden darüber informiert, dass wir an diesem Tag nicht ständig zusammenbleiben würden, sondern dass sie zu ihrer eigenen Sicherheit einen Teil der Strecke allein bewältigen mussten. Da ich nicht wusste, wie gut sich die beiden in Berlin auskannten, hatte ich den Alex gewählt. Den würde schließlich jeder finden.

Schweigend gingen wir auseinander, ich in die eine, das «Paar» in die andere Richtung. Zum Alex gab es von hier aus mehrere Wege. Das «Haus des Lehrers», das erste Hochhaus auf dem Alexanderplatz, war nicht zu verfehlen. Vom ersten Moment an hatte eine ganz besondere Stimmung zwischen uns dreien geherrscht. Ich versuchte, sie zu fassen, aber das war schwer. Eigentlich waren wir füreinander Fremde, und dennoch waren diese beiden Menschen jetzt abhängig von mir. Eine solche Begegnung hatte nichts Alltägliches an sich. Ich selbst merkte es daran, dass sich meine Hände ganz klamm anfühlten und ich immer wieder schlucken musste, weil ich aus lauter Sorge, etwas falsch zu machen, das Atmen vergessen hatte.

Das Liebespaar, das ja keines war, war ein bisschen eher da als ich, das hatte ich aber auch beabsichtigt. So konnte ich besser beobachten, ob sie wiederum von irgendjemandem beobachtet wurden. Aber ich sah nichts. Nichts, was mich irritiert hätte.

Nachdem die beiden mich bemerkt hatten, gingen wir getrennt voneinander zu einer Straßenbahnhaltestelle, sie stiegen vorne im Waggon ein, ich hinten.

«Wenn ich Ihnen zunicke, steigen Sie aus», hatte ich das Paar zuvor noch flüsternd angewiesen, als wir uns am «Haus des Lehrers» getroffen hatten. «Das wird aber eine Weile dauern, erst kurz vor Endstation. Versuchen Sie, sich ganz normal zu unterhalten. Schauen Sie erst zu mir, wenn die Straßenbahn mindestens 15 Haltestellen angefahren hat.»

Die Fahrt ging durch das stark kriegsbeschädigte Zentrum Ostberlins hinaus Richtung Südosten. Wie verabredet, nickte ich ihnen zu, und wir verließen den eierschalfarbenen Reko-Wagen, wie die Straßenbahn in der DDR genannt wurde. Wir befanden uns nun in der Nähe des Müggelsees, und keiner stieg mit uns aus, obwohl noch einige Passagiere in den Waggons saßen. Mehrmals war ich die Strecke abgefahren und hatte Ähnliches erfahren. Dieser Ort war perfekt für unser Vorhaben.

Wir folgten einem Feldrain. Jetzt hätten wir eigentlich miteinander reden können, uns über unsere gegenseitigen Motive austauschen können, aber wir taten es nicht. Unsere Zungen waren wie gelähmt. Ständig lauerte die Angst. Was, wenn wir doch beobachtet wurden? Die Furcht führte dazu, dass man auch im Feld schon Spione hocken sah. Ich dachte: Der Mann ist Ingenieur, das ist das Einzige, was ich weiß, es sind für dich vollkommen fremde Menschen – und für die nimmst du jetzt all diese Risiken auf dich. Aber die Flüchtlinge nehmen ja auch enorme Risiken auf sich, verlassen all ihre Habe und ihr soziales Umfeld und verlassen sich auf dich! Der Gedanke war seltsam, aber einen gewissen Adrenalinschub vermochte ich nicht abzustreiten. Die beiden konnten sich einzig darauf verlassen, dass ich Verständnis für ihre persönliche Not hatte, die sie dazu bewog, aus ihrer Heimat zu fliehen. Noch einmal wurde mir bewusst, dass sie mir bedingungslos vertrauen mussten, ohne mich zu kennen. Ich stellte mir das sehr schwierig vor, denn es gab keine Grundlage für dieses Vertrauen. Es war wie ein Sprung ins kalte Wasser, für beide Seiten.

Inzwischen war es dunkel geworden, aber das trug nicht dazu bei, dass sich meine Begleiter sicherer fühlten. Je mehr wir uns dem verabredeten Treffpunkt der Übergabe näherten, umso nervöser wurden sie. Ihre Angst war deutlich spürbar, und ich hatte Mühe, mich von ihrer Furcht nicht anstecken zu lassen. Im Stillen ermahnte ich mich: Deine Nerven dürfen nicht versagen! Bleib ruhig, schau nicht zu oft auf die Uhr.

Endlich sah ich in der Ferne den Wagen langsam auf uns zufahren, und auch der Syrer hatte uns bemerkt, denn er gab das vereinbarte Lichtzeichen: Alles okay. Ich ging ein Stück vor, da sagte plötzlich die junge Frau hinter mir: «Ich muss mal.»

Ich sah sie fassungslos an. «Es tut mir leid», erwiderte ich. «Aber das geht jetzt nicht.»

«Es ist sehr dringend», beharrte sie.

«Nicht jetzt. Das müssen Sie aushalten.»

«Das schaffe ich nicht.»

Obwohl es mir ungeheuer leidtat, blieb ich hart. Ich hatte keine andere Wahl, sie konnte doch nicht hier am Wegrand einfach in die Büsche gehen. In dieser Zeit hätte der Mann in aller Seelenruhe den Daimler und dessen Fahrer studieren können. Das musste ich auf jeden Fall verhindern. «Reißen Sie sich zusammen, in ungefähr 30 Minuten sind Sie in Westberlin, mit oder ohne gefüllte Blase.» Keiner hatte mir vorher gesagt, wie ich auf solche Situationen reagieren sollte.

Schnell klappte ich den Kofferraum auf. Der Mann stieg zuerst ein, allein schon wegen der Achslast des Wagens. Die schwerere Person musste immer hinten im Kofferraum liegen, die leichtere vorne. Über ausreichend Sauerstoff hatten wir uns keine konkreten Gedanken gemacht, weil die Fahrt nur kurz war. Ich vermutete allerdings, dass Wolfgang das getestet hatte. Bei Komplikationen konnten die Flüchtlinge auch klopfen. All diese Dinge erschienen mir plausibel, und ich vertraute Wolfgangs Umsicht. Doch vorbereitet fühlte ich mich plötzlich nicht mehr. Zahllose Fragen schossen mir durch den Kopf: Hat der Syrer überhaupt einen Wagenheber dabei?, überlegte ich, als ich den Kofferraum schloss. Und ein Reserverad? Ich hatte den Kofferraum nicht näher inspiziert. Klar, jeder Mercedes war entsprechend ausgestattet, sollte man mal einen Platten haben, aber wüsste Kamal Hamdi, damit umzugehen? Ich kann nur sagen: Zum Glück gab es nie Ärger mit dem Auto, kein einziges Mal.

Ich nickte dem Syrer zu, der daraufhin den Motor anließ. Und dann rollte der Wagen davon in Richtung Checkpoint Charlie, dem Grenzübergang für Militär, Ausländer und Diplomaten. Ich selbst kehrte zurück zur Friedrichstraße, aufgewühlt, aber um Fassung bemüht. Am Grenzübergang Friedrichstraße zeigte ich meinen Personalausweis vor und gab mein Tagesvisum zurück. Alles ohne Probleme.

Geschafft. Ich war wieder im Westen. Im ersten Moment konnte ich gar nicht glauben, dass alles so glimpflich abgelaufen war. Ich stand unter Strom. Wohin nun? Richtig, zum Dicken, da wollte Wolfgang auf mich warten. Als ich eintrat, konnte ich schon an seinem Gesicht erkennen, dass die Flucht geklappt haben musste.

«Die beiden sind total glücklich», sagte er und schlug mir auf die Schulter. «Gut gemacht, Volker!»

Eine unglaubliche Erleichterung machte sich in mir breit. Alle Mühen hatten sich also gelohnt. Kein NVA-Grenzer hatte Verdacht geschöpft, sie hatten Kamal einfach durchgewinkt. Darauf musste angestoßen werden! Ja, das war schon was, oder? Ich war mächtig stolz auf mich. Prost, Rudi Dutschke, du hältst sicher immer noch dein Megaphon in der Hand!

Ich weiß gar nicht mehr, wo ich nach diesem Abend übernachtete. In den nächsten Monaten wechselte ich meine Unterkünfte oft, mal schlief ich bei Joachim oder Ulrich, mal bei Wolfgang, mal auf einem Corpshaus, mal bei Gudrun. Routine sollte auch in dieser Hinsicht gar nicht erst aufkommen. Hatte ich mich nicht mit Fuchs verabredet, rief ich ihn an, sobald ich wieder in Westberlin war, um zu erfahren, ob alles gutgegangen war. Wolfgang und seine Leute wussten darüber sehr viel eher Bescheid als ich. Schließlich setzte er die Flüchtlinge nach geglückter Überquerung der Grenze in Steglitz in einem gewerblichen Hinterhof ab. Ich war nie zugegen.

Am folgenden Morgen nahm ich das erste Flugzeug zurück nach Köln-Wahn, überwiegend gefüllt mit Beamten mit mageren Aktentaschen und grauen Mänteln, die regelmäßig zwischen Bonn und Berlin pendelten. Nach der Landung stieg ich in meinen kleinen blauen VW, gab ordentlich Gas – und tauchte mit einer halben Stunde Verspätung in der Vorlesung von Dr. Schneider auf. Die ganze Zeit über hatte ich nicht gemerkt, wie sehr mich die gesamte Aktion nervlich angestrengt hatte, erst als ich auf meinem Stuhl im Vorlesungsraum saß, stellte ich fest, dass ich mich kaum konzentrieren konnte. Ich saß da und wollte mit aller Kraft den Worten des Repetitors folgen, doch in meinem Kopf spielten sich ganz andere, sehr dramatische Szenen ab. NVA-Grenzer, die den Kofferraum hochklappten und darin zwei Tote entdeckten … Mein Puls wurde flach und schnell, kalter Schweiß brach aus. Das Kopfkino ließ mit der Zeit etwas nach, aber sich nach einer aufregenden Fluchtaktion auf eine Vorlesung an einem ganz anderen Ort des Landes zu konzentrieren, das war eine große Herausforderung, die ich offensichtlich unterschätzt hatte.

Einer muss es wissen

«Ich habe dich letzten Freitag den ganzen Tag nicht erreicht, wir waren doch verabredet!» Barbara sah mich vorwurfsvoll an, ihre Augen funkelten. Ich konnte gut verstehen, dass sie sauer war – Fuchs hatte mich kurzfristig nach Berlin gebeten, und es war mir nicht mehr gelungen, meiner Freundin rechtzeitig Bescheid zu sagen, dass der Freitagabend flachfallen würde. Barbara war Lehramtsstudentin aus Hamburg, wir waren seit einigen Wochen zusammen. Ich hatte ihr kein Sterbenswörtchen von meiner Berliner Existenz erzählt. Wolfgang hatte mir eingeschärft: «Niemand, verstehst du, niemand darf davon erfahren. Das ist dir doch klar, oder?» Hoch und heilig hatte ich versprochen, wie ein Grab zu schweigen. Für mich war das Ehrensache. Was war das für eine Frage? Geheimhaltung war das oberste Gebot. Zumal ich auch niemanden mit in die Sache hineinziehen wollte.

Ich sah Barbara reumütig an und nahm ihre Hand. «Es tut mir sehr leid, wirklich. Ich musste zu meinen Eltern, eine Familiensache, meine Mutter hat mich ganz aufgeregt angerufen», log ich. Irgendwelche Uni-Verpflichtungen hätte ich kaum vorschieben können, das hätte Barbara mir nie geglaubt, geschweige denn als Erklärung akzeptiert, aber dass ich dringend nach Hause musste, wenn meine Mutter mich brauchte – dagegen konnte sie keine Einwände haben.

«Verstehe. Ist jemand krank? Ich meine, es war nichts Schlimmes?», fragte sie erschrocken und einfühlsam zugleich.

«Nein, gar nicht, aber es ging mal wieder um mein Studium, mein Vater musste seinen Ärger an mir auslassen.» Mir fiel das Lügen nicht leicht, ich schämte mich. Aber ich hatte keine andere Wahl. Hätte ich Barbara von meinen Abenteuern erzählt, sie wäre sicher kreidebleich geworden. Sie war eine Tochter aus gutem Haus, eine Reederstochter. Es war ihr sehr ernst mit uns, und obwohl ich sie sehr mochte, war ich noch nicht reif genug für eine ernsthafte Beziehung. Zudem wäre ich mir ohne abgeschlossene Ausbildung und eigenes Einkommen wie ein Heiratsschwindler vorgekommen. Auch deshalb bewohnte jeder von uns sein eigenes Zimmer, ich in der Nähe der juristischen Fakultät, sie im Souterrain einer Villa auf einer Rheinwiese.

Auch meine Familie durfte nichts von meinem Geheimnis erfahren. Meine Mutter hätte aus Angst um mich keine ruhige Minute mehr gehabt. Ich war von uns vier Kindern ihr «Günstling», wie meine Geschwister manchmal neidvoll-ironisch sagten, sie machte mich zu einem starken Menschen und schenkte mir großes Selbstvertrauen. Ihre große Liebe und ihre Aufopferungsbereitschaft für uns Kinder waren für mich sehr prägend. Mein Vater hätte sich wahrscheinlich in erster Linie in seinem Verdacht bestätigt gesehen, dass ich nie erwachsen werden wollte. Meine Abenteuerlust war ihm ohnehin schon zutiefst suspekt

«Der Ärger mit deinem Vater hört wohl nie auf?», sagte Barbara seufzend und zog mich an sich. Dass ich sie sitzengelassen hatte, war vergessen. Innerlich rechtfertigte ich mich vor mir selbst: Ich darf die Fluchtaktionen auf keine Weise gefährden. Und ich kann meine Freunde und Familie doch nicht zu Mitwissern machen. Als ich mich von Barbara am nächsten Morgen verabschiedete, sagte sie noch mit einem Augenzwinkern: «Vielleicht schaffst du es ja beim nächsten Mal, mir doch noch rechtzeitig Bescheid zu geben.»

«Ich werd's versuchen.»

Aber im Stillen wusste ich, dass sich das Dilemma leicht wiederholen konnte.

Zunehmend spürte ich den ungeheuren Druck, der auf mir lastete. Je mehr Menschen ich über die Grenze brachte, umso größer wurde das Bedürfnis, mich jemandem anzuvertrauen. Aber wem? Es musste eine Person sein, die nicht emotional involviert, die mir aber wohlgesinnt war und im Notfall helfen könnte. Ich grübelte lange darüber nach. Dann fiel mir jemand ein. Ein Corpsbruder, ein sogenannter «Alter Herr». Sein Name: Hanns Martin Schleyer. Seit 1963 war Schleyer im Vorstand von Daimler-Benz. Er besaß großes Stehvermögen, beruflich und privat. Außerdem beherrschte er die Kunst der Verschwiegenheit – als industrieller Verhandlungsführer bei Tarifstreitigkeiten eine unverzichtbare Eigenschaft. Und er war eben ein Corpsbruder. Wir mochten uns. Sein Sohn Hanns-Eberhard, ebenfalls Mitglied der Suevia zu Heidelberg, studierte wie ich Jura. Wir waren miteinander befreundet. Hinzu kam, dass die Eltern meiner ersten großen Liebe mit dem Ehepaar Schleyer befreundet waren. Schleyer wusste vermutlich mehr über mich als über die anderen Jüngeren aus unserer Verbindung. Mein Gedanke: Sollte etwas schieflaufen, hatte er aufgrund seiner Position wohl als Einziger die Chance, überhaupt etwas zu bewegen. Meine Entscheidung war gefallen. Fuchs wollte ich davon allerdings erst mal nichts erzählen.

Mitte April fand in unserem Corps traditionell die sogenannte «Semesterantrittskneipe» statt, eine günstige Gelegenheit für mich, mit Schleyer ins Gespräch zu kommen. Alle Mitglieder trafen sich im Kneipsaal unseres Hauses, einem großen holzgetäfelten Veranstaltungsraum mit bleiverglasten Fenstern. Die Jüngeren saßen an langen dunklen Holztischen auf der einen Seite, die «Alten Herren» auf der gegenüberliegenden Seite. Nachdem der offizielle Teil nach ungefähr einer Stunde vorbei war, unterbrochen von vielen Trinksprüchen und Liedern, saß man in der Regel noch lange gesellig beisammen. Das war meine Chance. Ich wartete, bis sich eine gute Gelegenheit bot und Schleyer sich nicht mehr im direkten Gespräch befand, und sprach ihn ohne Umschweife an.

«Alter Herr Schleyer», begann ich. Es war Usus, einen berufstätigen Corpsbruder so anzusprechen, auch wenn er biologisch gar kein alter Herr war, sondern erst 51. «Könnten wir kurz draußen sprechen? Allein? Es ist mir sehr wichtig.»

Schleyer musterte mich etwas überrascht, dann sagte er nur: «Gehen wir in den Vorraum», und erhob sich von seinem Stuhl. Ich war erstaunt, dass er gar keine Nachfragen stellte. Wir stellten uns in eine abgelegene Ecke, und ohne groß um den heißen Brei herumzureden, erklärte ich: «Ich möchte, dass du über etwas Bescheid weißt. Du bist der Einzige, dem ich davon erzähle, und ich bitte dich um absolute Verschwiegenheit.» Ich machte eine Pause, atmete einmal tief durch. «Ich bin an Fluchthilfeaktionen beteiligt, die über die Grenze in Berlin erfolgen. Bisher ist alles gutgegangen.» Über die Einzelheiten verlor ich kein Wort.

Mein Gegenüber sah mich eindringlich an. Schleyer war kein ängstlicher Mann, er war eher ein Draufgänger. Als Student hatte er Säbelpartien gefochten und sich mit Pistolen duelliert. Ich konnte davon ausgehen, dass er mich nicht davon abhalten würde, weiterhin als Fluchthelfer tätig zu sein. Erstaunlicherweise sagte er fast gar nichts zu meinem Geständnis. Bis auf: «Gut, ich habe das zur Kenntnis genommen.» Ich war verblüfft. Mit einer so gelassenen Reaktion hatte ich nicht gerechnet. Dann kam aber doch noch eine Nachfrage: «Und läuft da schon was?»

«Ja», sagte ich. «Vierzehn Leute sind schon hier.» Es war mir wichtig, Schleyer eine Erfolgsgeschichte präsentieren zu können.

«Aber dass das nicht ungefährlich ist, ist dir klar, oder?»

«Sicher», sagte ich. «Und wenn tatsächlich etwas schiefgehen sollte, dann bitte ich dich, meine Eltern zu unterrichten und ihnen so weit wie möglich zu helfen.»

«Das ist selbstverständlich.»

Es war ihm anzumerken, dass er noch etwas sagen wollte, dann schien er es sich aber anders zu überlegen. «Es gibt da etwas, was sich vielleicht mit deinen Tätigkeiten verknüpfen lässt, ich werde mich bald bei dir melden.» Und mit diesen Worten kehrte er an seinen Tisch zurück und ich an meinen. Ich fühlte mich sehr erleichtert. Es beruhigte mich, dass jemand, der vertrauenswürdig und einflussreich war, nun eine gewisse Vorstellung von dem besaß, was ich da in Berlin trieb. Damals wusste ich noch nicht, dass er während des Dritten Reichs als junger Bursche aus dem Corps ausgetreten war, weil er es nicht geschafft hatte, die Heidelberger Corps auf die nationalsozialistische Linie und ihre «Kameradschaftshäuser» zu verpflichten. Rund ein Vierteljahrhundert später war ihm der Wiedereintritt gelungen, nicht ohne heftigen Widerstand. Für mich war er damals ein bewundernswerter Mann, dessen Bild sich erst eintrübte, nachdem ich viele Jahre später von seinen Verstrickungen erfuhr.

Einige Tage später rief er mich an.

«Du könntest bei einer Sache behilflich sein», leitete er das Gespräch ohne große Umschweife ein.

«Um was geht es?», fragte ich nach.

«Es geht um einen unserer Corpsbrüder, Horst-Peter Hoffmann. Seine Schwester Marion ist mit einem Ostberliner Arzt verheiratet, er heißt Max Rittersberger. Das Ehepaar hat drei Kinder, und die ganze Familie will die Zone verlassen.»

«Drei Kinder?» Ich schluckte. Fuchs lehnte es kategorisch ab, Kinder im Kofferraum über die Grenze zu transportieren.

«Nun, Kinder sind es im Grunde nicht mehr, die Tochter macht bald ihr Abitur, der ältere Sohn studiert Medizin. Der ist so alt wie du. Und der jüngere Sohn ist irgendwo dazwischen. Aber was für mich jetzt wichtig ist zu wissen: Wie bringt ihr die Menschen raus?

«Mit Hilfe eines Diplomatenwagens», antwortete ich knapp. Mehr wollte ich nicht sagen.

«Aha. Klingt nach einer halbwegs sicheren Sache. Meinst du, du könntest dieser Familie helfen?»

Längst war der Zeitpunkt verpasst, an dem ich hätte nein sagen können. Dabei gefiel mir gar nicht, dass Schleyer schon so viel über die Familie erzählt hatte, wo sie lebten und was sie beruflich machten. Fuchs hatte mir bislang nie etwas über «meine» Flüchtlinge mitgeteilt, nicht einmal ihr Alter. Vor jeder Aktion erhielt ich lediglich eine vage Personenbeschreibung. «Ich kann mich mal erkundigen», sagte ich vorsichtig. «Aber ...»

«Ach, da fällt mir noch ein», unterbrach mich Schleyer, «die Familie hat einen Nachzügler, eine kleine Tochter, ich glaube, sie ist etwa zwei Jahre alt. Doch du wolltest gerade etwas sagen ...»

Oje, dachte ich im Stillen, da werde ich bei Wolfgang eine Menge Überzeugungsarbeit leisten müssen. Laut sagte ich deshalb erst mal: «Bei so vielen Personen wird das sicher einiges kosten.»

«Wie viel?», fragte Schleyer.

«Keine Ahnung», antwortete ich ehrlich. «Ich weiß nur, dass der Diplomat bezahlt werden muss, vielleicht noch andere Helfer oder Kuriere. Ich weiß dazu keine Einzelheiten.»

«Erhältst du Geld dafür?»

«Nein, keinen Pfennig.»

«Du machst das aus purem Idealismus?»

«Ja.»

Nach dem Schlüsselerlebnis mit Manfred und der *Stern*-Geschichte hatte ich eine Entscheidung getroffen. Oft hatte ich mich gefragt: «Kannst du das für dich verantworten?» Denn rein juristisch gesehen war ich natürlich dennoch Mittäter einer kommerziellen Fluchthilfe, selbst wenn ich selbst nie bezahlt wurde. Dieser Zwiespalt beschäftigte mich immer wieder.

«Kannst du die Kosten in Erfahrung bringen?»

«Ich denke schon», erwiderte ich.

Fuchs war alles andere als begeistert. Zwar gelang es mir, ihn davon zu überzeugen, dass Schleyer außerordentlich verschwiegen war, aber dass es bei der Flucht auch um ein Kleinkind ging, irritierte ihn sehr.

«Bist du verrückt?», schimpfte er, nachdem er sich meinen Bericht angehört hatte. «Eine Familie mit drei fast erwachsenen Kindern geht ja noch in Ordnung, aber so ein kleines Mädchen, die ist ja fast noch ein Säugling.» Eigentlich hatte ich erwartet, dass er sich über meinen Kontakt zu Schleyer aufregen würde, doch nichts dergleichen.

«Zwei Jahre ist kein Baby mehr», widersprach ich.

«Werde jetzt bitte nicht spitzfindig.»

«Es ist ein Risiko, das gebe ich ja gerne zu.»

«Es ist sogar ein sehr großes Risiko, und auf meiner Liste stehen genug Namen. Außerdem warten da einige schon lange.»

«Hör mal», sagte ich. «So viele deiner studentischen Helfer sind in einer schlagenden Verbindung. Ich weiß, dass dir das fremd ist, aber du würdest mir wirklich einen großen Gefallen tun, wenn du diese Familie auf deine Liste setzt, und bitte nicht ganz unten.»

Wolfgang schwieg lange, dann sagte er: «Aber nur, weil du so gute Arbeit machst. Und wir müssen uns gut überlegen, wie wir das mit dem Kind machen.»

Das Schwierigste war geschafft, nun musste ich nur noch die Kosten für die Flucht in Erfahrung bringen.

«Was zahlen die Leute denn, die aus dem Osten flüchten wollen?»

Fuchs verzog keine Miene. «15 000 D-Mark.»

«Für die sechsköpfige Familie?»

Er schüttelte den Kopf. Meine Augen weiteten sich.

«Pro Person? Egal wie alt?» Ich fand das überraschend viel Geld.

«Richtig. Pro Person. Es gibt auch keinen Kinderrabatt, falls du es wissen willst. Alle kosten gleich viel. Aber das Baby ist umsonst.»

«Es ist kein Baby.»

«Egal. Mit der Kleinen will ich kein Geld verdienen.»

«Klingt ganz so, als könntest du großzügig sein.»

«Die Preise sind eng kalkuliert, wir haben einfach eine Menge Ausgaben.» Fuchs hatte einen ernsten Ton angeschlagen.

«Ich will das gar nicht näher wissen. Ich glaube dir.»

75 000 Mark – das war damals wahnsinnig viel Geld –, und ich war mir auf einmal sicher, dass bei einer solch hohen Summe ein beachtlicher Gewinn erzielt wurde. Für wen auch immer. Zum ersten Mal fiel ein leichter Schatten auf mein Verhältnis zu Wolfgang Fuchs, den ich aber sofort wieder verdrängte.

Noch am Abend telefonierte ich mit Schleyer: «Es kostet insgesamt 75 000 Mark», sagte ich mit einem gewissen Zögern in der Stimme.

Die Antwort kam prompt. «Gut, du wirst das Geld bekommen.»

Damit war das Telefonat beendet. Schleyer verlor keinen Ton über die in meinen Augen exorbitant hohe Summe.

Kurz vor der Aktion wurde mir der Fluchtpreis in einem dicken verschlossenen Kuvert in meine Bonner Studentenwohnung in der Bachstraße 35 gebracht. Nicht von Schleyer persönlich, aber von seinem Chauffeur in seinem Dienstwagen, einer schwarzen 600er-Limousine. Ich vermute, dass er einiges davon aus privater Tasche bezahlt hatte, aber ich weiß es nicht. Vielleicht hat auch das eine oder andere Corpsmitglied etwas beigesteuert. Wir sprachen jedenfalls nie darüber.

Parallel dazu hatte ich meinem Pfälzer Corpsbruder, der darauf hoffte, dass ich seine Schwester und ihre Familie in den Westen bringen würde, ein Telegramm geschickt. In ihm bat ich ihn, mich an einem bestimmten Tag zu einer bestimmten Uhrzeit unter einer angegebenen Telefonnummer anzurufen. Als er das tat, fragte ich nur: «Besteht noch Interesse?»

«Unbedingt.»

Es gab allerdings ein Problem. Es lag auf der Hand, dass nicht alle sechs in den Kofferraum passten. Bislang hatten wir zwei Menschen pro Fahrt zugelassen, aber bei einer sechsköpfigen Familie musste eine Ausnahme gemacht werden: zwei Fahrten à drei Personen.

«Wollen wir für die Rittersbergers nicht zweimal an einem Tag fahren?», fragte mich Fuchs, nachdem wir die Aufteilung besprochen hatten. «Dann sind sie schnell wieder vereint und müssen keine schreckliche Nacht verbringen.»

«Halte ich für zu gefährlich. Dann müssten wir die erste Tour am helllichten Tag unternehmen. Allein die ganzen Wege mit den öffentlichen Verkehrsmitteln, das ist kaum zu bewältigen. Und was ist, wenn wir beobachtet werden?»

«Glaubst du, dass das der Fall ist?»

«Nein.»

«Na also, warum dann die Schwarzmalerei?»

«Ich will nicht schwarzmalen, ich will nur möglichst sichergehen. Was denken die Grenzer am Checkpoint Charlie, wenn dasselbe Fahrzeug gleich zweimal am Tag nach Westberlin fährt?»

«Okay, okay. Bei dieser Sache bist du der Chef.» Wolfgang versuchte zu beschwichtigen. «Was schlägst du vor? Wie sollen wir es anpacken?»

«Erst die drei älteren Kinder, dann die Eltern mit der Kleinen am darauffolgenden Tag.»

Auf keinen Fall wollte ich, dass die Eltern zuerst flüchten, denn wenn etwas schiefging, würden die Kinder, die noch nicht volljährig waren, mit Sicherheit ins Heim kommen. Ein schrecklicher Gedanke. Das Risiko musste so gering wie möglich gehalten werden.

Zum Glück ging alles gut. Die drei Jugendlichen passten ohne größere Probleme in den engen Kofferraum, und auch die Kleine gab am darauffolgenden Tag die ganze Fahrt über keinen verdächtigen Ton von sich. Es war ein wunderbares Gefühl, meinem Corpsbruder am nächsten Tag die gute Nachricht übermitteln zu können. Ich wählte die private Nummer von Schleyer. Es tat unendlich gut, ihm zu berichten, dass alles geklappt hatte. Und es tat auch gut zu wissen, dass er nun wusste, was ich tat. Und mir vielleicht helfen würde, wenn es mal nicht klappen sollte.

Den Lederjacken entkommen

Die Liste meiner Ein- und Ausreisen wurde immer länger. Woche für Woche holten wir Flüchtlinge aus Ostberlin. Ich stellte mir vor, wie die Grenzer an den Übergängen Strichlisten führten und dann mit hochgezogenen Augenbrauen fragten: Warum sucht eigentlich dieser Volker Heinz so oft Ostberlin auf?

Aber damals gab es noch keine Computer, man konnte keine Namen über Suchfunktionen herausfiltern. Natürlich waren die Beamten darauf gedrillt, sofort zu melden, wenn ihnen etwas auffiel. Aber selten sah ich bei Ausstellung des Tagesvisums ein bekanntes Gesicht. Und was für eine Gefahr konnte von einer einzelnen Person schon ausgehen? Fahrzeuge, die als Fluchtautos genutzt werden könnten, das war wesentlich interessanter, weshalb man sich mehr auf sie konzentrierte, mit Hilfe von kleinen zweirädrigen Wägelchen, geführt von Hand an langer Eisenstange, über den Rädern ausgerüstet mit einem Spiegel, der Einblick auf die Unterseite des Pkws erlaubte. Auch Koffer- und Fahrgasträume wurden sorgfältig untersucht. Als Fußgänger konnte ich höchstens Bücher in einer Tasche transportieren, aber keinen Menschen.

Also wischte ich meine Bedenken beiseite. Nein, man war mir nicht auf der Spur. Es gab keinen erkennbaren Zusammenhang zwischen meinem Tun und den – zugegebenermaßen häufigen – Fahrten des syrischen Diplomaten in dem weißen Mercedes. Er hatte eben viele Freunde im Westen, wie den Teppichhändler am Ku'damm. Keine große Sache!

Doch dann passierte etwas, womit wir überhaupt nicht gerechnet hatten. Einer der Männer, denen ich zur Flucht verholfen hatte, ging kurz darauf wieder zurück in die DDR. Dahinter steckte eine Liebesgeschichte, wie ich im Nachhinein aus Stasi-Akten erfuhr. Stundenlang wurde er nach seiner Rückkehr befragt, doch er konnte wenig sagen. Nachträglich war ich stolz darauf, dass wir so vorsichtig vorgegangen waren. Dass er noch nicht einmal die Marke des Fluchtautos zu benennen vermochte!

Doch es gab weitere Komplikationen. Zweimal brach ich Fluchtversuche ab, weil ich fürchtete, beschattet zu werden. Rational konnte ich mir und Wolfgang nicht erklären, warum ich mir plötzlich so sicher war, abbrechen zu müssen. Aber mein Instinkt für Gefahrensituationen befahl es mir. Für die Flüchtlinge war das natürlich schlimm, weil ich sie vorher nicht mehr informieren konnte. Ich überließ sie einer schrecklichen Ungewissheit. Tauchte einfach nicht auf, ohne jegliche Erklärung, während der Syrer vergeblich auf uns wartete.

An einem dieser Tage war ich felsenfest davon überzeugt, dass zwei Männer hinter mir her waren und dass sie ihre Schritte beschleunigten, wenn ich meine beschleunigte. Ich begann immer schneller zu gehen, bis ich irgendwann rannte. Ich lief meinen Verfolgern davon. Und ließ damit Menschen im Stich, die auf mich zählten. Ich spürte eine große Ohnmacht, fühlte mich vollkommen ausgeliefert. Und ich besaß keine Möglichkeit, die Flüchtlinge, Wolfgang oder den Syrer zu informieren.

Ich sah mich selbst wie den Hauptdarsteller in einem Agentenfilm. Meine einzige Chance bestand darin, so schnell wie möglich in eine anfahrende Bahn zu springen, um meinen Verfolgern zu entkommen. Zum Glück war gerade eine U-Bahn-Station in der Nähe, mit der ich, ohne umsteigen zu müssen, bis zur Friedrichstraße durchfahren konnte.

Völlig außer Atem kam ich auf dem Bahnsteig an und drehte mich hektisch um. Hinter mir, ich war mir ganz sicher, beobachtete ich zwei Männer in Lederjacken, die die Treppe zum Gleis herunterrannten. Eine U-Bahn war eingetroffen, die Menschen stiegen aus und ein. Noch waren die Türen offen. Schnell hinein. Geschafft. Im nächsten Moment schlossen sich die Türen. Meinen beiden Verfolgern gelang es nicht mehr, in den Zug zu springen. Die Bahn fuhr los. Mein Herz raste und hämmerte zugleich. An jeder Station rechnete ich damit, dass die zwei Männer plötzlich wiederauftauchten. Das war zwar kaum möglich – wie sollten sie das bewerkstelligen? –, aber die Angst ließ unrealistische Szenarien plötzlich ganz real erscheinen. Und was, wenn sie ihre Kollegen benachrichtigt hatten?

Auf dem Bahnhof Friedrichstraße herrschte wie immer ein einziges Gewimmel. Es ist dort, egal, zu welcher Uhrzeit, immer überlaufen von Menschen. Selbst wenn meine Verfolger mir auf den Fersen waren, in dieser Menschenmasse würden sich mich nicht so leicht ausfindig machen können. Falls sie mich überhaupt an dieser Haltestelle vermuteten. Wussten sie, was ich vorhatte?

Unter all den Menschen im Bahnhof fühlte ich mich geborgen und wurde ruhiger. Ohne mich ein einziges Mal umzublicken, begab ich mich zur Grenzstelle. Die Beamten überprüften meine Papiere, alles lief komplikationslos ab. Ohne Hindernisse konnte ich meine Reise fortsetzen, bis ich am Bahnhof Lehrter Straße den S-Bahn-Bereich verließ.

Alles in allem hatte die Schrecksituation im Ostteil der Stadt nicht länger als 20 Minuten gedauert, doch mir war sie wie eine

Ewigkeit vorgekommen. Ich hatte die ganze Zeit über damit gerechnet, umgehend verhaftet zu werden. Aber jetzt war ich mir auf einmal gar nicht mehr sicher, dass ich überhaupt verfolgt worden war. Vielleicht waren es schlicht Halluzinationen gewesen, und ich hatte mir alles nur eingebildet. Vielleicht.

Die beiden Männer waren meiner Erinnerung nach zwischen 30 und 40 Jahre alt, beide schlank und durchtrainiert, mithin keine Schreibtischtäter. Der eine hatte dunkelblonde Haare, der andere schwarze. Ihre Kleidung war unauffällig: Unter ihren Lederjacken trugen sie helle Hemden, dazu dunkle Hosen und Schuhe, die für damalige Verhältnisse recht flott aussahen. Wieder und wieder redete ich mir ein, dass ich mir alles nur eingebildet hatte, dass man mich nicht beschattete, dass in Wahrheit keine Verhaftungsgefahr bestand. Wie sollte ich auch die Richtigkeit meiner Empfindungen überprüfen?

So rasch wie möglich begab ich mich zu Wolfgang nach Friedenau. Ich war ziemlich deprimiert, ich musste mit jemandem über die Sache reden.

«Was ist denn mit dir los?», fragte Wolfgang, nachdem er die Tür zu seiner Wohnung in der Fregestraße geöffnet hatte. Aus Sicherheitsgründen hätten wir uns natürlich nie einfach in seiner Wohnung treffen dürfen. Aber wie gesagt, wir waren eigentlich Amateure.

Immer noch ziemlich aufgelöst, erzählte ich ihm die ganze Geschichte. Als ich meinen Bericht beendet hatte, sagte Wolfgang: «Da sie dich nicht an der Grenze abgefangen haben, ist es unwahrscheinlich, dass du von ihnen identifiziert worden bist.»

«Aber dennoch können wir nicht einfach ignorieren, dass zwei Männer hinter mir her waren», warf ich ein. «Bin ich jetzt tot für die Fluchthilfe? Haben die mich auf dem Schirm?»

«Es gibt zwei Möglichkeiten», sagte Wolfgang. «Entweder du steigst aus, oder du machst eine Testreise.»

«Du meinst, ich soll mich als Versuchskaninchen zur Verfügung stellen?»

«Gegenfrage: Wie willst du sonst herausfinden, ob du beobachtet wurdest oder nicht?»

Ich starrte Wolfgang an. «Und was ist, wenn sie mich verhaften?»

«Ich kann dir nicht garantieren, dass das nicht passieren wird. Aber wenn du es nicht ausprobierst, wirst du es nie wissen. Und es wäre wirklich schade, wenn wir auf dich verzichten müssten.»

«Darüber muss ich nachdenken.»

«Tu das. Du wirst schon die richtige Entscheidung treffen.»

Tatsächlich dachte ich lange über die Situation nach und traf dann, aus heutiger Sicht, die falsche Entscheidung. Ich musste einfach herausfinden, ob man in Ostberlin tatsächlich darauf aus war, mich zu verhaften. Erklären konnte ich meinen Entschluss nicht, aber etwas im Ungewissen zu lassen war einfach nicht mein Stil.

«Ich reise wieder ein», sagte ich zu Wolfgang. «Plausibel ist das nicht, ein normaler Mensch kann das kaum nachvollziehen.»

«Du bist eben kein normaler Bürger, du hast von Anfang an ein hohes Risiko in Kauf genommen. Aber mal ehrlich, was können sie dir schon nachweisen? Gar nichts.»

Ich nickte nachdenklich. Ihm war es auch dieses Mal gelungen, mich wieder aufzurichten.

«Dennoch müssen wir uns Gedanken machen, was passiert, wenn sie dich doch festsetzen sollten. Man weiß nie …»

«Na ja», überlegte ich. «Auf frischer Tat werden sie mich kaum erwischen, es ist ja nur ein Test. Sie können mich höchstens dabei beobachten, wie ich auf der Straße umhergehe. Und das ist ja wohl kein Verbrechen.»

«Stimmt», bestätigte Wolfgang und fasste sich ans Kinn. «Einen konkreten Verhaftungsgrund hätten sie nur, wenn sie dich dabei bespitzeln, wie du Menschen in den Kofferraum verstaust. Sie können nur nachweisen, dass du öfter in die DDR ein- und wieder ausreist ...»

«Kann es nicht sein», unterbrach ich Wolfgang hektisch, ein Gedanke war mir gerade durch den Kopf geschossen, «dass mich jemand verraten hat?»

«Das kann man nie wissen. Leider.»

Wir wägten noch eine Weile sämtliche Wahrscheinlichkeiten ab, schließlich sagte Fuchs: «Wir könnten noch ewig herumdiskutieren – Fakt ist: Am Ende ist es deine Entscheidung. Es geht um deine Freiheit.»

Ich nickte erneut mit dem Kopf, bat Fuchs dann aber um eine längere Pause. Es muss wie ein Urlaubsgesuch geklungen haben. Ich konnte nicht mehr.

Nach der realen oder imaginären Konfrontation mit den «Lederjacken», wie ich sie der Einfachheit halber nannte, fuhr ich zu meinen Eltern nach Wuppertal, legte mich gleich nach meiner Ankunft ins Bett meines früheren Kinderzimmers – und wollte es tagelang nicht wieder verlassen.

«Was ist los mit dir?», fragte meine Mutter besorgt.

«Nichts», erwiderte ich eintönig.

«Hast du Liebeskummer?»

«Nein.»

«Gibt es etwas, was du deinem Vater nicht sagen kannst?»

«Nein.»

«Dann hole ich einen Arzt.»

«Nein», wehrte ich mich.

«Keine Widerrede.» So fürsorglich meine Mutter war, in bestimmten Situationen konnte sie sehr resolut sein.

Der herbeigerufene Arzt vermochte nichts Konkretes zu diagnostizieren, und ich hatte auch nichts anderes erwartet.

«Es gibt keine erkennbare Erklärung für den Erschöpfungszustand Ihres Sohnes», sagte er zu meiner Mutter, als er sich an der Tür verabschiedete.

«Und du kannst mir sicher auch keine geben», sagte meine Mutter mit einem großen Seufzer.

Natürlich hätte ich ihr eine geben können, aber es ging nicht. Sie hätte dann alles meinem Vater berichten müssen, es handelte sich bei meinen Aktionen ja nicht nur um kleine Geheimnisse, die zwischen Mutter und Sohn gut verwahrt waren. Es ging um viel mehr.

Ich hatte immer geglaubt, ich sei einigermaßen gut im Organisieren. Eigentlich keine schlechte Voraussetzung für einen Fluchthelfer. Aber je mehr ich als solcher im Einsatz war, umso mehr begriff ich, dass «organisieren können» in diesem Zusammenhang nur begrenzt wichtig war. Vieles konnte man nur intuitiv entscheiden, schnell kam man an die Grenzen der Planbarkeit. Intuitives Vorgehen zählte vielleicht nicht zu meinen größten Stärken. Außerdem zehrte die abstrakte Gefahr an meinen Nerven. Ich hatte mir unzählige Male vorgestellt, dass ich einfach verhaftet wurde, aber nun hatte ich es mit einer lauernden Gefahr zu tun, überall vermutete ich Verfolger, weitere «Lederjacken».

Ich war von Anfang an Feuer und Flamme gewesen. Ich hatte es so gewollt. Aber war ich gerade dabei, mich zu verbiegen? Mich vollkommen auszulaugen? Zähneknirschend im Bett liegend, musste ich mir eingestehen, dass das Doppelleben mich extrem mitnahm. Die Lügen, die Ausreden, die fadenscheinigen Erklärungen für die Tage, an denen Barbara oder meine Eltern mich nicht erreichten. Ich musste höllisch aufpassen, mir nicht in meinen eigenen Aussagen zu widersprechen. Und weil ich etwas verbarg, fühlte ich mich den anderen auch nicht mehr nah. Umgekehrt war es nicht anders, aus Enttäuschung über meine Geheimniskrämerei und vielleicht auch infolge eines bisschen Misstrauens, distanzierten sie sich von mir. Nicht bewusst, sondern vielmehr als Reaktion auf mein merkwürdiges Verhalten. Eine große Einsamkeit umgab mich, und ich vergrub mich traurig und verunsichert nur noch tiefer in meine Kissen.

Es war die pure Erschöpfung, die mich ans Bett fesselte. In den nächsten Tagen ließ ich alle bisherigen Fluchten in meinem Kopf Revue passieren. Sie dominierten mein ganzes Denken. Ich konnte die vielen chaotischen Eindrücke und Empfindungen nicht so einfach verarbeiten und wegstecken. Was ich an Stress während der Aktionen zu verdrängen versuchte, blieb im Gehirn gespeichert und kehrte nun an die Oberfläche zurück. In meinen Träumen wurde ich von ihnen überrollt, es waren oft Albträume, Verhaftungsträume. Doch trotz der Angst vor den Lederjacken, die mir womöglich immer noch im Nacken saßen, trotz der physischen und psychischen Ermattung, verließ ich nach einigen Tagen wieder das Bett. Es brachte nichts, sich in Grübeleien zu verlieren.

Mein Wille war ungebrochen. Das überraschte mich nach den Tagen in Wuppertal selbst. Ich wollte so schnell wie möglich zurück nach Berlin, Albträume hin oder her. Was mich antrieb, war Solidarität. Wie gegenüber meinen Corpsbrüdern empfand ich auch Wolfgang gegenüber eine große Solidarität. Von außen konnte man unsere Beziehung natürlich auch anders sehen, nämlich dass er ziemlich viel Druck auf mich ausübte, damit ich weiterhin *seine* Sache vertrat, die er aber als *unsere* Sache ausgab. Einige meiner Freunde meinten später, ich sei ein blinder Verehrer von Wolfgang Fuchs gewesen. Das sehe ich anders. Ich war weder ein blinder Verehrer von Fuchs noch von Schleyer.

Niemals in meinem Leben bin ich jemandem blind gefolgt. In meinen Augen hat ein solches Verhalten dazu geführt, dass es dieses geteilte Deutschland überhaupt gab. Im Nationalsozialismus hat die große Mehrheit der Deutschen geschwiegen und ist Hitlers Politik blind und willig gefolgt. Obwohl jeder gesehen hat, wie die Juden auf die Straße gejagt wurden, zumindest in den größeren Städten. Es war das komplette Versagen zivilen Anstands, eine Tatsache, die mir noch heute die Tränen in die Augen treibt.

Blind folgte ich also niemandem, sondern versuchte, Menschen nach ihrem Handeln zu beurteilen und danach, wie sie über dieses Handeln sprachen. Und von dieser Warte aus gesehen, gab es ein solidarisches Empfinden gegenüber Fuchs. Natürlich hatte er ein gezieltes Interesse daran, mich zum Einsatz zu bringen. Das lag auf der Hand. Doch in den Tagen in Wuppertal hatte ich so vieles ausgeschwitzt, dass ich nun fest davon überzeugt war, dass die Welt in Ordnung war und mir nichts geschehen konnte.

Dabei war die Welt längst nicht mehr in Ordnung. Denn was ich nicht wusste: Die Stasi hatte mittlerweile über Rainer Hildebrandt, den Gründer des Museums Checkpoint Charlie, Wolfgang Fuchs unterwandert. Hildebrandt hatte Fuchs einen Mann ans Herz gelegt, der sich später als Maulwurf entpuppte. Seine Aufgabe bestand unter anderem auch darin, über mich zu ermitteln und mich zu verraten. In den Ermittlungsakten fand ich später einen Bericht über das letzte Gespräch, dass «IM Manfred» mit Wolfgang führte. Darin hieß es, er habe Fuchs bedrängt, ihm zu helfen. Er wolle seine Verlobte so schnell wie möglich in den Westen schleusen, sie sei Krankenschwester in Ostberlin und seine große Liebe. In der Aktensprache der DDR nannte man das einen «Plan zur Liquidierung eines Schleuserwegs durch Festnahme aller Beteiligten auf frischer Tat».

Den Akten konnte ich auch entnehmen, was zu diesem erfolgversprechenden Plan geführt hatte: «Entsprechend der Tatsache, dass der Kurier Heinz im Wesentlichen nur in die Hauptstadt der DDR einreist, wenn Schleusungen durchgeführt werden, ist Selbiger bei seiner nächsten Einreise unter Beobachtung zu stellen.»

Und dann las ich diese fatale Bemerkung Wolfgangs, die mich wie ein Donnerschlag traf: «Na ja, dann muss ich wohl doch meinen besten Mann aus Bonn holen.» Warum um Himmels willen hatte er das gesagt? Unabhängig von der Schmeichelei, dass er mich für seinen «besten Mann» hielt, verstieß er mit der Nennung von «Bonn» gegen die simpelsten konspirativen Regeln. Meine größte Sicherheit lag ja gerade darin, dass ich nicht in Berlin lebte. In diesem Kontext die Hauptstadt der Bundesrepublik zu nennen war schlicht eine Dummheit, eine riesige Nachlässigkeit. Und für mich bedeutete es, dass am Ende auch Wolfgang kein Profi war in dem, was er da tat. Letztlich war auch er ein Amateur in diesem Business, sonst wären ihm diese Worte nie über die Lippen gekommen. Ich weiß sicher, dass Fuchs mich niemals absichtlich durch eine Äußerung in Gefahr bringen wollte und sich der Brisanz seiner Worte einfach nicht bewusst war, aber etwas mehr Vorsicht wäre doch schön gewesen.

Mitte August stand die Testreise an. Ich fuhr nach Ostberlin und kehrte an den Ort zurück, wo ich beim letzten Mal abgebrochen hatte.

Meine Gedanken waren nur auf eine Frage gerichtet: Wurde ich beschattet? Mich dauernd umzusehen war viel zu auffällig. Es ärgerte mich, dass ich keinen kleinen Spiegel mitgenommen hatte. Aber wäre das weniger auffällig gewesen? Ein Mann, der dauernd in einen Spiegel schaut? Nun, es gab natürlich sehr eitle Männer, die dauernd ihre Frisur überprüfen mussten. Vielleicht hätte ich das hinbekommen. Mir schien es aber am sichersten zu sein, einfach geradeaus zu laufen und mich gelegentlich beim Überqueren einer Straße umzuschauen. Eine völlig normale, unauffällige Geste.

Auch Schaufenster hätten von Nutzen sein können, aber für meine Begriffe gab es in der DDR keine richtige Schaufensterkultur. Selbst in der Stalinallee (der heutigen Karl-Marx-Allee), gesäumt von den großen Zuckerbäckerbauten für privilegierte Genossen, gab es nur wenige Schaufenster, und wenn es Geschäfte gab, dann waren sie nicht wirklich dazu geeignet, sich glaubhaft die Nase daran platt zu drücken. Dafür war das Warenangebot für meine Begriffe einfach zu begrenzt.

Schritt für Schritt näherte ich mich nun der Friedrichstraße. Ich hatte nichts Ungewöhnliches bemerkt, auch an der Grenze fiel mir nichts auf, was mich in Unruhe hätte versetzen können. Große Erleichterung machte sich breit.

«Lief alles ohne Komplikationen», berichtete ich Wolfgang. «Da war die ganze Aufregung wohl umsonst.»

«Du meinst, du hast dich einfach getäuscht?» Fuchs wollte es genau wissen.

«Ich glaube schon. Die Lederjacken existierten gar nicht. Ein

Trugschluss. Wenn es sie aber gab, dann habe ich sie abgeschüttelt.»

«Bist du dir sicher?»

«Sonst wäre das doch heute anders verlaufen», sagte ich.

«Du willst also wieder rein?»

Ich nickte.

«Das ist eine gute Nachricht.»

Doch die Zweifel tief in meinem Innern waren nicht verschwunden. Ich hätte darüber mit jemandem sprechen müssen, konnte es aber nicht. Vielleicht hätte ich Manfred oder einen anderen der ehemaligen Tunnelbauer um Rat fragen können, aber richtig eng war mein Verhältnis zu ihnen nie geworden, und um von ihnen eine faire Einschätzung zu bekommen, hätte ich zu viele Einzelheiten preisgeben müssen. Außerdem hätte ich das mit Fuchs absprechen müssen. Es wäre nicht gut gewesen, hinter seinem Rücken zu agieren und ihm dann mitzuteilen: «Weil der und der mir das und jenes geraten hat, habe ich mich anders entschlossen.» Wolfgang selbst war natürlich auch der falsche Gesprächspartner. Er, der ewige Anpacker, hätte garantiert nur überzeugende Gegenargumente gebracht. Mein Zögern, mich jemandem aus der Gruppe anzuvertrauen, zeigte auch, dass ich mehr ein Einzelkämpfer war und kein «Rudeltier». Heute bin ich mir sicher: Bei einer nüchternen Auseinandersetzung mit meinen Erlebnissen und Zweifeln hätte ich mich anders entschieden. Darauf hatte ich mich aber nicht eingelassen. Ich hatte eingewilligt – und jetzt gab es kein Zurück mehr.

«Wir haben freie Bahn!» Das war das optimistische Motto unserer nächsten Aktionen. Bis heute weiß ich nicht, ob ich tatsächlich schon eine ganze Weile beschattet wurde. Darüber Vermutungen anzustellen wäre reine Spekulation.

Nach einigen weiteren erfolgreichen Fluchten, darunter dem «Doppelschlag», den zwei Fahrten mit jener Arztfamilie, die mir Schleyer ans Herz gelegt hatte, war es inzwischen August geworden. Bei der nächsten Fluchtaktion wurden wir bereits beobachtet, das ist der Operationsakte der Stasi zu entnehmen. Aber sie wollten einfach hundertprozentig sicher sein, bevor sie einen Diplomaten verhafteten. Nur zu verständlich. Die ganze Geschichte war ja ein heißes Eisen. Die DDR wollte internationale Anerkennung, und einen Diplomaten festzunehmen sorgte meistens eher für diplomatische Turbulenzen. Aber gerade weil das Eisen so heiß war und weil man sich hundertprozentig sicher sein wollte, ließen sie uns unter ihren Augen die Flucht durchziehen – und ich hatte davon rein gar nichts bemerkt.

In der Falle

Es klingelte an der Haustür. Es war schon spät, gegen 23 Uhr. Noch eine Stunde, dann würde der 9. September beginnen. Wer kann das sein, dachte ich, über meinen juristischen Büchern brütend. Meine Freundin erwartete ich nicht. Als ich die Tür öffnete, stand vor mir ein Bote.

«Ein Telegramm für Sie», sagte er und händigte mir das Fernschreiben aus. Ich schloss die Tür und las. Es kam von Fuchs und enthielt nur zwei Worte: «Anruf erbeten». Dazu eine Berliner Telefonnummer. Es handelte sich nicht um seine private Nummer. Wo er wohl steckte?

«Ich sollte dich anrufen», sagte ich, als sich Wolfgang am anderen Ende der Leitung meldete.

«Kannst du morgen kommen?», sagte er nur. «Ich brauche dich am Abend.»

«Ich kann aber erst am Nachmittag fliegen.»

«Das geht in Ordnung. Doch ich kann dich nicht von Tempelhof abholen.»

«Von wem bekomme ich dann die Informationen?»

«Furrer, auf den ist Verlass.»

Das stimmte. Reinhard Furrer war zuverlässig. Der blondgelockte, bärtige, spätere Astronaut war ein wichtiger Helfer beim Tunnel 57. Wir kannten uns gut. Für seine Dienste hatte er sich extra einen speziellen Namen ausgedacht, der wie der Protagonist aus einem Agententhriller klang: Nikolajew. Ich mochte Furrer sehr. Oft saßen wir gemeinsam beim Dicken. Ich fand ihn tatkräftig und loyal. Eine einnehmende, imposante Person. Er war bei der Schießerei dabei gewesen, bei der der Unteroffizier Egon Schultz getötet wurde. Er trug eine Waffe, machte aber, so erzählte er mir, davon keinen Gebrauch. Schütze war ein Fluchthelfer-Freund, allerdings war der Schuss nicht tödlich. Da die DDR bis zur Wiedervereinigung eine Einsicht in die Obduktionsakten verweigerte, konnte lange nicht geklärt werden, wer den tödlichen Schuss abgegeben hatte. Später stellte sich heraus, dass der Unteroffizier im nächtlichen Kreuzfeuer von seinen eigenen Leuten versehentlich getötet worden war.

Furrer war der Erste, der zuerst aus dem Tunnel auf der Ostseite ausgestiegen war und komplettes Niemandsland betreten hatte. Er war ein mutiger Mann, sowohl unter der Erde als auch im Weltraum. 1995 starb er auf dem Berliner Flugplatz Johannisthal, bei einer Flugshow stürzte er mit einer einmotorigen Messerschmitt ab und war sofort tot. Auf den Tag genau 29 Jahre nach unserem Treffen in Tempelhof.

«Hallo, Volker», begrüßte mich Reinhard gegen 16:30 Uhr. Während wir zu seinem Auto gingen, sagte er: «Es ist zeitlich alles ziemlich knapp. Wir fahren gleich Richtung Mauer, in der Zimmerstraße gibt es das Café City, da gebe ich dir dann die Personenbeschreibungen.»

«Ist mir recht», erwiderte ich. «Hoffentlich haben die dort einen anständigen Kaffee.»

«Jedenfalls keinen Muckefuck», lachte Furrer.

Das Café war gut besucht, in der hintersten Ecke fanden wir noch zwei freie Plätze. Der Lärmpegel war perfekt, und niemand achtete auf unser Gespräch.

«Und?», fragte ich erwartungsvoll, nachdem die Kellnerin zwei Tassen Kaffee bei uns abgestellt hatte.

«Na, du kannst es ja gar nicht erwarten, dich wieder ins Abenteuer zu stürzen.» Furrer lächelte mich verschmitzt an.

«Es ist eher so, dass ich es schnell hinter mich bringen will. Bin grad ein bisschen müde.»

«Pass bloß auf dich auf.»

«Mache ich schon. Keine Sorge. Also: Wen soll ich heute treffen?»

«Einen Mann und eine Frau», erklärte Furrer, während er einen Schluck Kaffee trank. «Ein Ehepaar, beide um die 30. Er trägt einen leichten grauen Sommeranzug, sie hat ein schmales Gesicht, blonde, hochgesteckte Haare, trägt einen weißen Sommermantel und eine weiße Tasche. Es sollte kein Problem sein, sie zu erkennen.»

«Okay. Und wie lautet das Zauberwort?»

«*Wie weit ist es von hier bis zur Greifswalder Straße?* Die beiden müssen dann antworten: *Drei Minuten von hier.* Behalten?»

«Noch funktioniert mein Gehirn», sagte ich. «Und wo ist der Treffpunkt? Gestern ging alles so schnell.»

«Dimitroffstraße, zwischen Greifswalder und Prenzlauer Allee.»

«Dann macht die Losung ja richtig Sinn», sagte ich und schmunzelte.

«Das nennt man gute Planung. Aber jetzt sollten wir aufbrechen», ermahnte mich Furrer. «Trink deinen Kaffee aus, der geht auf mich.»

Während Reinhard bezahlte, ging ich nach draußen und beobachtete, wie die Sonne langsam unterging. Dann fuhren wir zur Heinrich-Heine-Straße.

Der Übergang war ein größerer Kontrollpunkt in einem Gewerbegebiet in der Nähe der U-Bahn-Station Moritzplatz. Hier konnten nicht nur BRD-Bürger nach Ostberlin rüber, die Schlagbäume wurden insbesondere von Postautos und Lkws mit Waren passiert. Im April 1962 versuchten Klaus Brüske und Heinz Schöneberger, in einem Laster die Schlagbäume zu durchbrechen. Die Grenzposten schossen, sie trafen Brüske tödlich, Schöneberger wurde schwer verletzt.

«Viel Glück», wünschte mir Reinhard noch, nachdem er mich abgesetzt hatte. Danach fuhr er mit seinem Wagen davon, seltsamerweise sah ich ihm noch lange nach, bis er an einer Kreuzung abbog.

Gegen 17:30 Uhr beantragte ich zum ich weiß nicht wievielten Mal ein Tagesvisum. Ich hatte schon vielen Dutzend Menschen erfolgreich zur Flucht verholfen, keine schlechte Bilanz für eine Zeitspanne von gut fünf Monaten. Heute Abend würde sich die Zahl erhöhen.

Nachdem die Grenzformalitäten erledigt waren, lief ich gut einen Kilometer die Spree entlang bis zum S-Bahnhof Jannowitzbrücke. Dabei schlug ich meinen Falk-Stadtplan auf und suchte nach der Dimitroffstraße. Eigentlich wusste ich, wo sie war, aber ich wollte mir die Lage noch einmal genau einprägen. Obwohl ich Ostberlin durch die vielen Touren langsam ziemlich gut kannte, war der Faltplan für mich lebensnotwendig, etwa wenn sich plötzlich unvorhergesehene Dinge ereigneten und ich mir schnell einen anderen Weg zurück zu meinem Ausgangspunkt suchen musste.

Die Flucht verlief wie immer. Ganz nach Plan. Von der Jannowitzbrücke fuhr ich zum Alexanderplatz. Von dort aus nahm ich mir ein Taxi zum vereinbarten Treffpunkt in der Dimitroffstraße (heute: Danziger Straße) im Prenzlauer Berg, wo ich gegen 18:35 Uhr ankam. Die Ehefrau im weißen Mantel war schnell erkannt, sie und ihr Mann gingen die Straße, die nach dem bulgarischen Widerstandskämpfer und späteren Ministerpräsidenten Georgi Michailowitsch Dimitroff benannt war, auf und ab, als würden sie auf Bekannte warten, mit denen sie gemeinsam den Sommerabend verbringen wollten.

«Entschuldigung, wie weit ist es von hier bis zur Greifswalder Straße?», fragte ich sie, als ich mich ihnen genähert hatte.

«Drei Minuten», antworteten sie unisono. Man merkte ihnen an, dass sie den Satz mehrmals geübt hatten, denn er kam wie aus der Pistole geschossen.

Leise gab ich ihnen zu verstehen, dass wir die Straßenbahn der Linie 74 Richtung Müggelsee nehmen würden. Getrennt. «Und bis zur Straßenbahn halten Sie bitte einen Abstand von ungefähr 20 Metern», flüsterte ich.

Immer wieder drehte ich mich auf dem Weg zur Haltestelle um. Folgte uns jemand? Aber nichts erregte meinen Verdacht. Nirgendwo war eine Lederjacke zu erkennen. Das Ehepaar verhielt sich ebenfalls unauffällig. Sie wirkten zwar etwas verspannt, aber im Gegensatz zu vielen anderen hatten sie ihre Nervosität unter Kontrolle.

Wir wechselten in eine Buslinie, und gegen 19 Uhr stiegen wir an der Haltestelle in Wartenburg aus, einem Ortsteil im Bezirk Lichtenberg. Nach einigen Fußminuten, so wusste ich, würden wir den Einsteigeort erreichen. Den Treffpunkt hatte ich Wolfgang gestern noch durchgeben können, weil ich mir diese Route zwischenzeitlich schon angesehen hatte und für geeignet hielt.

Plötzlich sah ich, wie in der Ferne ein Auto auf uns zufuhr. Ich reagierte sofort.

«Schnell, ins Maisfeld», rief ich den Flüchtlingen zu, und sofort stürmten wir in die hoch- und dichtgewachsenen Maisstauden. Ein ideales Versteck.

«Was machen wir jetzt?», fragte die Ehefrau, die mit angstgeweiteten Augen ihren weißen Mantel betrachtete, der einige Schmutzflecken abbekommen hatte.

«Abwarten», erwiderte ich. «Wir können nicht gleich wieder auf die Straße. Wer weiß, ob wir beobachtet werden.»

«Aber wenn der Fahrer des Fluchtautos heiße Füße bekommt?» Der Ehemann klang sehr beängstigt.

«Keine Sorge», beschwichtigte ich die beiden. «Er wird schon noch da sein. Wir bleiben hier nicht länger als fünf Minuten. Ich will nur sichergehen, dass alles wieder ruhig ist.» Innerlich schwitzte ich. Das Ehepaar hatte recht. Zu lange durfte der Syrer tatsächlich nicht auf der verabredeten Straße warten, das würde in dieser abgeschiedenen und einsamen Gegend, in der nur wenige Autos unterwegs waren, auffallen.

Nach ein paar Minuten gab ich Entwarnung. Das von mir als verdächtig eingestufte Fahrzeug war nicht erneut die Strecke abgefahren oder hatte plötzlich geparkt. Noch konnte ich nicht einmal ahnen, dass man allein den weißen Mercedes im Blick hatte, den man unauffällig bis zur Grenze «begleiten» wollte.

«Steigen Sie rasch ein», sagte ich zu dem Paar, als wir den Wagen erreicht hatten und ich den Kofferraumdeckel nach oben klappte. «Und verhalten Sie sich bis zur Öffnung des Kofferraumdeckels in Westberlin ganz still.» Ich starrte in Gesichter, die nur eines zum Ausdruck brachten: «Wir haben alles riskiert, jetzt können wir nichts mehr tun.» Dieser Moment war jedes Mal unglaublich intensiv. Ich musste schlucken. Der Mut dieser Menschen beeindruckte mich zutiefst. Wagemut. Hätte ich mich so etwas getraut, wenn es um meine Freiheit gegangen wäre? Ich glaube es schon, aber wissen kann man es nicht.

Ich drückte den Deckel des Kofferraums herunter. Hamdi Kamal startete den Motor. «Kann ich ein Stück mitfahren?», fragte ich den syrischen Diplomaten. «Ich bin schon spät dran.»

«Klar», sagte Kamal. «An der nächsten S- oder U-Bahn-Station lasse ich Sie raus.»

«Das hilft mir sehr, danke.»

Während der Fahrt schwiegen wir. Hamdi drehte das Radio an, die leise klassische Musik wirkte beruhigend auf uns. Ich richtete mich im Beifahrersitz auf. Die Gefahr, nicht mehr rechtzeitig zur Grenze zu kommen, war gebannt.

Hamdi setzte mich an einer S-Bahn-Station ab, und ich fuhr zurück zur Jannowitzbrücke. Glimpflich gelaufen, dachte ich, als ich, die Brücke im Rücken, an der Spree entlang zurückspazierte. Dass bei der Ausreise an der Heinrich-Heine-Straße direkt neben dem Grenzübergangshäuschen ein dunkles Auto parkte, fiel mir nicht auf, als ich die Grenzbaracke betrat.

Gegen halb neun schob ich zum hundertsten Mal den schweren Filzvorhang beiseite, der sich für mich wie Teppichware anfühlte. Plötzlich fassten mich zwei Männer links und rechts am Handgelenk, wie aus dem Nichts waren sie plötzlich aufgetaucht. Innerhalb von Sekunden legten sie mir Handschellen an.

«Sie sind verhaftet!», hörte ich eine Stimme sagen. Dann wurde ich nach draußen geführt und auf den Rücksitz des Autos gedrückt. Die Männer, die mich verhaftet hatten, nahmen neben mir Platz und wiesen den Fahrer an, loszufahren. Ich leistete keinerlei Widerstand.

Ja, es war ein Schock, allerdings ein Schock, der mich nicht lähmte. Im Gegenteil. Fieberhaft überlegte ich, was wohl als

Nächstes geschehen würde. Ich hatte mit diesem Moment immer gerechnet, doch als er jetzt Realität wurde, fühlte sich alles ganz anders an. Ich konnte nicht glauben, dass es wirklich passiert war. Aber es war passiert, und ich war nicht im Westen, empfing nicht von Fuchs die frohe Botschaft, dass alles glatt verlaufen war. Gar nichts war glatt verlaufen, das lag auf der Hand, als das Auto langsam durch die Nacht fuhr.

Es war ein größeres Fahrzeug sowjetischer Bauart, sonderlich bequem war es dennoch nicht. Eingeklemmt zwischen den beiden Männern, war eine Flucht mehr als aussichtslos. Selbst wenn es mir gelungen wäre, aus dem Wagen zu entkommen – wohin hätte ich denn laufen können?

«Wohin bringen Sie mich?», fragte ich stattdessen. Ich konnte draußen nicht viel erkennen.

Keine Antwort.

«Was soll denn das? Wohin fahren wir?»

Erneutes Schweigen. Es hatte keinen Zweck. Ich sah aus dem Fenster. Nach etwa einer Viertelstunde konnte ich mir die Antwort selbst geben: Wir hielten vor der Untersuchungshaftanstalt der Stasi in der Magdalenenstraße, heute eine JVA für Frauen, einem grauen, nichtssagenden Gebäude. Von diesem Gefängnis in Berlin-Lichtenberg hatte ich schon von Ulrich gehört. Ich war mir sicher, dass man auch Kamal Hamdi verhaftet hatte und mich umgehend verhören würde: Schließlich handelte es sich bei ihm um einen Diplomaten. Was sollte ich sagen? Leugnen, alles leugnen. Wer sollte mir schon etwas nachweisen können? Oder würde mich Kamal verraten?

Ich wurde in einen Innenhof geführt, aber viel konnte ich nicht erkennen, alles war in Finsternis gehüllt.

«Ausziehen!», befahl mir ein Uniformierter, als ich in einen ziemlich trostlosen Raum innerhalb der Baracke geschoben wurde, nur ein Tisch und ein Stuhl waren erkennbar.

«Vollkommen nackt?», fragte ich.

«Ja.»

Es war demütigend. Völlig entblößt stand ich da, nachdem ich mich Stück für Stück vor den anwesenden Uniformierten entkleidet hatte. Im nächsten Moment wurden sämtliche Öffnungen inspiziert. Das war internationaler Brauch, und die DDR war stolz darauf, nach Weltmaßstab zu verfahren.

Nach dieser unangenehmen und ergebnislosen Prozedur durfte ich mich wieder anziehen. Und dann begannen auch schon die Verhöre in einem trostlosen, schlechtbeleuchteten Raum. Der Weg dorthin führte durch nicht weniger trostlose Flure. Alle Räume rochen nach Schweiß und Lysol.

«Darf ich rauchen?», fragte ich.

«Nein», lautete die Antwort. «Und die Fragen stellen wir hier. Wir wissen, wer Sie sind und was Sie hier machen.»

«Ich mache hier gar nichts», erwiderte ich.

«Wozu brauchen Sie dann einen Stadtplan?», fragte mich jetzt einer der Vernehmer. Der Faltplan von Ostberlin war das einzige Schriftstück, das sie bei mir gefunden hatten.

«Ich kenne mich in Ostberlin nicht so richtig aus. Ich wollte mir nur mal das Nachtleben hier anschauen. Studenten sind neugierig.»

«Sie sind kein normaler Student, das wissen Sie ganz genau. Sie haben Bürgern der DDR zur Flucht verholfen ...»

«Nein, das habe ich nicht. Ich bin als Tourist hier.»

Ich leugnete alles, räumte nichts ein, und es fiel mir auch nicht schwer. Solange sie mir keine Beweise für mein Verbrechen vorlegten, wieso sollte ich es dann – selbst wenn es stimmte – zugeben?

Das erste Verhör zog sich über Stunden hin. Meine Vernehmer standen unter immensem Druck, das war deutlich zu spüren. Ein Diplomat war verhaftet worden, sie brauchten also schnelle Ergebnisse, wenn außenpolitische Beziehungen nicht belastet werden sollten. Doch schnelle Ergebnisse lieferte ich ihnen nicht.

Stattdessen fragte ich mich die ganze Zeit über, was für ein Fehler zu meiner Verhaftung geführt hatte. Woher wussten sie, dass in dem Mercedes Flüchtlinge waren? Vor allem aber konnte ich mir keinen Reim darauf machen, wie sie einen Zusammenhang zwischen dem syrischen Diplomaten und mir hatten herstellen können.

Was ich erst im Nachhinein erfuhr: Auch wenn es an den Grenzkontrollen noch keine Computer gab, war die DDR technisch auf einem anderen Gebiet schon sehr weit fortgeschritten. Da die Grenzer Checkpoint Charlie wegen der Diplomaten nicht vollständig unter Kontrolle hatten, operierte die Stasi dort mit einem optischen Gerät, mit dessen Hilfe der Abstand zwischen dem Unterboden des Fahrzeugs und der Straße einerseits und dem Winkel der Hinterräder zur Senkrechten andererseits gemessen werden konnte. Trotz verstärkter Hinterachse registrierte das technische Auge geringe Lastenunterschiede, die im Vergleich der Messungen bei der Ein- und Ausreise besonders deutlich wurden. Handschriftlich und fein säuberlich wurde nun in langen Listen jedes, aber auch wirklich jedes ein- und ausfahrende Auto notiert, samt Nummernschild und Messergebnis, und das über eine Periode von drei Monaten. Was für ein zeitlicher und personeller Aufwand!

Doch mit Erfolg. Auf diese Weise filterte die Stasi mehrere verdächtige Fahrzeuge heraus, und der Zugriff war dadurch ein leichtes Spiel. Zugleich verglichen sie die Ein- und Ausreisefotos des Mercedes von Kamal Hamdi mit den Visa-Listen eingereister Bundesbürger, darunter die mich betreffenden Einträge – das Resultat war überzeugend. Es war eine geniale Methode.

Dazu kam der über Rainer Hildebrandt von der Stasi eingeschleuste Maulwurf, der entsprechende Hinweise zu meiner Person gegeben hatte. Von Fuchs wusste er ja, dass ich «sein bester Mann aus Bonn» war. Keiner von uns hatte mit dem Verrat des Mannes gerechnet, der angeblich seine Verlobte in den Westen bringen wollte.

Nach zwei oder drei Stunden änderten die Vernehmer ihre Taktik. Es fehlte immer noch mein Geständnis. Ich wusste nicht, dass sie erdrückende Beweise hatten. Aber nun offenbarten sie zumindest einen Teil davon. Inzwischen war es fünf Uhr morgens. Mit einem Ausdruck des Triumphes erhoben sich die beiden Uniformierten. Einer von ihnen, ein Mittvierziger mit milchigem Gesicht und langen Koteletten, verließ den Raum und kam kurz darauf mit einem weiteren Mann im Schlepptau zurück. Es war Kamal Hamdi, von der offenen Tür eingerahmt wie ein Bild. Der Syrer sagte nichts. Er war aschfahl im Gesicht. Nach etwa einer Minute wurde er wieder abgeführt. Ein kurzer Blickkontakt gab mir zu verstehen, dass wir uns beide in einer hoffnungslosen Situation befanden. Das aber wollte ich gegenüber den Uniformierten und auch mir nicht zugeben.

«Und?», sagte der Vernehmer, der im Raum geblieben war. Mit seinen wachen graublauen Augen sah er mich listig an.

«Ich kenne diesen Mann nicht», sagte ich mit möglichst fester Stimme. Noch immer versuchte ich es mit der Touristennummer. Leugnen schien mir weiterhin die klügste Strategie zu sein. Aber ich hatte nun die Gewissheit, dass der Diplomatenwagen durchsucht und folglich das Paar im Kofferraum entdeckt worden war.

Nach meiner Freilassung erfuhr ich noch, dass sich Hamdi seiner Verhaftung widersetzt haben soll, Einzelheiten bekam ich aber nicht heraus.

Nach etwa einer halben Stunde folgte eine weitere Gegenüberstellung. Das junge Ehepaar erschien im Türrahmen. Auch sie waren kreideweiß. Erneut wurde kein Wort gewechselt. Die Strategie der Vernehmer war klar, sie demonstrierten auf diese Weise: «Schau, wir haben deine Leute festgenommen. Wir glauben ganz und gar nicht, dass du ein harmloser Student bist.»

Die Beweislage war in der Tat erdrückend. Und von dieser Sekunde an war mir klar, dass es keinen Sinn mehr hatte, den Touristen zu spielen. Ich war davon ausgegangen, dass die Stasi keine Beweise hatte, dass ich nicht länger als eine Nacht in der Magdalenenstraße zubringen würde. Darauf hatte ich mich innerlich vorbereitet, aber nun zeigte sich, dass ich die Vernehmer und deren Wissen unterschätzt hatte. Gegen sechs Uhr morgens hatte ich akzeptiert, dass weiteres Dementieren zwecklos war. «Ja», gab ich schließlich zu, «ich habe bei dem Fluchtversuch geholfen.»

Die beiden Vernehmer blickten sich triumphierend, aber vor allem erleichtert an. Sie waren nicht weniger übermüdet als ich selbst.

Nachdem ich gestanden hatte, führte man mich in eine hässliche, vielleicht drei oder vier Quadratmeter große Zelle, schmal und hoch, mit einem offenen, stinkenden Kübel, einer Pritsche und einer winzigen Fensteröffnung unterhalb der Decke. Mehr als ein erstes Geständnis wollten die Vernehmer in dieser Nacht gar nicht, die Einzelheiten konnten auch später in Erfahrung gebracht werden. Ich vermutete, dass sie einen kurzen Bericht an ihren Chef Mielke zu schreiben hatten, damit die DDR-Regierung eine Grundlage für ihr nächstes Gespräch mit der syrischen Regierung hatte. Todmüde legte ich mich auf die schmale Pritsche. Ich konnte keinen weiteren klaren Gedanken fassen, sondern schlief einfach ein. Als ich von einem Wärter nach etwa drei Stunden wieder geweckt wurde, lag ich immer noch in derselben Position. Ich musste geschlafen haben wie ein Stein.

Nachdem ich eine Tasse mit dünnem Kaffee und zwei Scheiben Brot mit einem Hauch Margarine verzehrt hatte, wurde ich in einem getarnten fensterlosen Lieferwagen nach Hohenschönhausen gebracht, in die zentrale Untersuchungshaftanstalt des DDR-Staatssicherheitsdiensts. Sie lag im Berliner Nordosten, im «verbotenen Stadtteil» – verboten deshalb, weil der gesamte Komplex auf keinem DDR-Stadtplan verzeichnet werden durfte (auf Westberliner Stadtplänen war er ebenfalls nicht markiert, nur die Straßenzüge waren eingezeichnet). Einst war Hohenschönhausen ein sowjetisches Speziallager gewesen, wurde aber 1951 vom Ministerium für Staatssicherheit (MfS) übernommen und 1961 durch einen Neubau erweitert. Dort befanden sich die Verhörzimmer und die Gefangenenzellen.

Dass wir in die Genslerstraße fuhren, wusste ich damals jedoch nicht. Es war eng in dem Lieferwagen, und ich konnte nicht nach draußen schauen. Ich konzentrierte mich auf die Geräusche von der Straße, das Brummen des Motors, das Surren der Reifen. Mir fiel auf, dass wir nach einigen Minuten nur noch geradeaus fuhren. Ich tippte auf die Landsberger Allee, mit ihren elf Kilometern eine der längsten Straßen Berlins. Meine Vermutung erwies sich im Nachhinein als richtig.

Der Gefangenentransporter stoppte. Eine schwere Stahlschiebetür wurde elektrisch geschlossen. Ich durfte aussteigen. Ich befand mich in einer Art Schleuse, genauer in einem Raum, der aussah wie eine geräumige Garage mit hoher Decke. Wände und

Decke waren weiß gestrichen, gleißendes Neonlicht war eingeschaltet. Das hatte System. Ich war gerade aus einer dunklen Kabine gekommen und trat nun völlig abrupt in schmerzende Helligkeit. Eine Form der Einschüchterung. Nachdem sich meine Augen ein wenig an das grelle Licht gewöhnt hatten, konnte ich noch einen kurzen Blick auf die Schleuse werfen, in die der Transporter gefahren war. Über ein paar Stufen ging es hoch in einen langen Gang mit Zellen auf beiden Seiten. Die Wände und Decken waren in schmutzigem Gelb oder Grün gekalkt. In den Zellen gab es Fenster nur in Form von Glasbausteinen, die keinen Durchblick erlaubten.

Ich war also doch noch im Gefängnis gelandet, und zwar aus dem einzigen Grund, dass ich anderen dabei geholfen hatte, aus einem noch viel größeren Gefängnis, der DDR, zu entkommen.

Geständig ohne Verrat

Packen Sie Ihre Taschen aus.» Ich saß in einem kahlen Raum, durch das Fenster sah man auf einen Werkstatthof.

Zum Vorschein kamen: mein Personalausweis, mein Falk-Stadtplan, ein Taschentuch, eine Krawatte, zwei Streichholzschachteln, ein Kugelschreiber, eine Sonnenbrille, eine braune Ledergeldbörse mit sieben Ostmark und 25 Westmark. Sämtliche Habseligkeiten wurden preußisch präzise notiert.

Es folgte die sogenannte erkennungsdienstliche Behandlung. Ich wurde vermessen, meine Haarfarbe als «hellblond» definiert, dazu vermerkte man unter «Frisur»: «Scheitel, links». Augenfarbe: hellbraun. Besondere Merkmale: «über beiden Augenbrauen Narben». Die hatte ich mir als Kind bei diversen Stürzen zugezogen. Anschließend nahm man mir Fingerabdrücke ab, dann musste ich mich auf einen drehbaren Holzhocker setzen, sodass man mich von vorn und von beiden Seiten fotografieren konnte.

Am Schluss übergab man mir die Anstaltskleidung: ein blauweiß gestreiftes Hemd, eine labberige Unterhose, eine dunkelblaue Hose und eine Jacke in einer ähnlichen Farbe. Zu guter Letzt durfte ich noch in wunderschöne, braun-gelb gemusterte Filzpantoffeln schlüpfen. Außerdem bekam ich Zahnbürste und Zahnpasta, einen Nassrasierer sowie eine größere Plastikschüssel. Erst wusste ich nicht, wofür sie gedacht war, bis ich begriff, dass sie elementar wichtig war. Kurz nach dem Wecken um fünf Uhr morgens wurde durch die verschließbare Klappe in der Eisentür, durch die auch kommuniziert und das Essen gereicht wurde, mit viel Lärm ein langer Schlauch geschoben, an dessen Ende ein Eisenrohr mit Wasserhahn befestigt war. Wenn man nicht schnell genug mit der Schüssel nach vorne eilte, ließ der Wärter das Wasser ungerührt in die Zelle laufen. Das Wasser diente zum Trinken und Waschen, die Reihenfolge der Nutzung blieb einem selbst überlassen. Ein Waschbecken gab es nicht, dafür eine Toilette mit Brille und Spülung, aber ohne Deckel.

Meine Zelle hatte statt eines Fensters die üblichen, mit Glasbausteinen gefüllten Fensterrahmen, die Tageslicht nur erahnen ließen. Die Steine waren in der oberen Hälfte bündig mit der Innenwand angebracht, die untere Hälfte bündig mit der Außenwand. Die dadurch entstandene waagerechte Luftöffnung konnte mit einer Holzklappe geschlossen werden. Ansonsten zeichnete sich die Zelle eher durch das aus, was es alles nicht gab: kein privates Schränkchen, nicht einmal ein Regal. Licht existierte nur in Form einer schwachen Funzel über der Zellentür, die einzig von außen per Schalter oder Druckknopf bedient werden konnte. In der Nacht wurde sie regelmäßig etwa alle fünf Minuten angeschaltet. Auf diese Weise wollte man sichergehen, dass die Insassen keinen Suizidversuch unternahmen. Die Frage war nur: Womit hätten sie es überhaupt versuchen können? Selbst den Nassrasierer konnte man mangels Werkzeugs nicht aufschrauben, um die Klinge zu entnehmen.

Zum Mobiliar gehörten außerdem noch ein schmaler Holztisch und zwei Stühle. Den meisten Platz nahmen die Pritschen ein. Als Betten konnte man die Holzgestelle kaum bezeichnen. Auf ihnen lagen dünne Matratzen, darüber ein Bezug und eine Decke, auf Kopfkissen wurde verzichtet. Die Pritschen liefen im

Kopfteil mit leichter Neigung nach oben aus. Tagsüber durfte man sich jedoch nicht auf sie legen.

Ich teilte meine Zelle mit einem etwa gleichaltrigen DDR-Bürger. Er saß auf einem der Hocker und betrachtete mich interessiert, als sich die Tür hinter mir schloss. Im ersten Moment dachte ich: Der ist bestimmt hier, um bei den Ermittlungen zu helfen. Ein Spitzel, der mich dazu bringen soll, ihm mein Herz auszuschütten. Aber darauf kann er lange warten, dachte ich trotzig.

Richards hervorstechendstes Merkmal war seine Hautblässe. Sein Haar war schwarz, aber recht matt. Er war eher scheu und nicht sonderlich gesprächig. Er wirkte ein bisschen antriebslos, was daran lag, dass er für seine Zukunft nicht mehr die geringste Perspektive sah. Seinen Job hatte er bereits verloren, und nach seiner Entlassung aus dem Gefängnis würde er eine Gesellschaft vorfinden, die ihn wegen seiner Haft isolieren würde. Den Namen Richard gab ich ihm erst nachträglich. Wir brauchten keine Namen in der Zelle. Es gab keine anderen Häftlinge. Er war einfach nur «Du», so wie ich auch für ihn nur «Du» war.

Mit der Zeit gewann ich den Eindruck, dass er doch kein Spitzel war. Er fragte einfach zu wenig, wollte kaum etwas wissen. Ich erfuhr nie genau, warum er in Hohenschönhausen einsaß.

Als Manfred hörte, dass ich verhaftet worden war, informierte er sofort die Anwälte Wolfgang Vogel (DDR) und Jürgen Stange (Westberlin). Fuchs hatte ihn darum gebeten, meinen Eltern und auch Schleyer Bescheid zu sagen. Zusammen mit Joachim fuhr er nach Wuppertal, um meinen Eltern persönlich von meiner Verhaftung zu erzählen.

Die beiden jungen Männer meldeten sich im Büro meines Vaters in Wuppertal-Elberfeld an und stellten sich bei ihm als

«Freunde aus Berlin» vor. Mein Vater konnte durchaus etwas raubeinig sein.

«Kann ich etwas für Sie tun?»

«Danke nein.»

«Und was führt Sie zu mir?», fragte er frostig.

«Sie haben keine Ahnung, worum es gehen könnte?» Das war natürlich eine rhetorische Frage. Mein Vater wirkte irritiert und jetzt auch etwas besorgt.

«Von was habe ich keine Ahnung? Meine Herren, nun mal raus mit der Sprache.»

Erst druckste Joachim ein wenig herum, dann riss er sich aber zusammen: «Volker sitzt in Ostberlin in Untersuchungshaft. Es tut uns sehr leid.» Mein Vater sagte eine Weile gar nichts, aber sein Gesicht verriet seine Sorge. Schließlich sagte er: «Sind Sie ganz sicher, dass Sie meinen Sohn meinen?»

«Ganz sicher. Leider», erwiderte Manfred.

Und dann erzählten sie ihm, was sie über mich und meine Verhaftung in Erfahrung gebracht hatten. Als die beiden mit ihrem Bericht fertig waren, sagte mein Vater nur: «Nun, da werde ich wohl rasch einen Anwalt einschalten müssen.»

«Entschuldigen Sie, Herr Heinz», sagte Manfred höflich, aber bestimmt, «wir haben schon die beiden Rechtsanwälte informiert, die dafür am besten geeignet sind. Da es eine so heikle Angelegenheit ist, bitten wir Sie um Vertraulichkeit.»

«Na hören Sie mal! Wer sind denn bitte diese Anwälte?» Mein Vater reagierte ärgerlich, es gefiel ihm ganz und gar nicht, dass da einfach zwei junge Männer vor ihm standen, die ihm das Heft des Handelns aus der Hand genommen hatten. Ihm, dem Direktor eines großen Unternehmens, hatte man mal eben so zu verstehen gegeben, was er zu tun und zu unterlassen hatte.

«Und übrigens: Hanns Martin Schleyer haben wir auch über die Verhaftung unterrichtet.»

«Wieso denn gerade ihn?» Die Miene meines Vaters verdunkelte sich weiter.

«Volker hat ihn schon vor Monaten eingeweiht.»

Finster blickte mein Vater drein, schließlich sagte er etwas gepresst: «Na schön. Dann habe ich ja nichts mehr zu tun. Sie können gehen.»

Als Manfred mir diese Szene später schilderte, gestand er mir: «Ich glaube, dein Vater hat sich ziemlich übergangen gefühlt. Ich war etwas überrascht von seiner Reaktion.»

Ich musste ein wenig schmunzeln.

«Das kann ich mir gut vorstellen. Aber ich kann ihn, ehrlich gesagt, auch ein bisschen verstehen. Er ärgerte und sorgte sich zugleich und fühlte sich wahrscheinlich hilflos.»

Ich kannte meinen Vater lange genug und wusste, wie schwer es für ihn war, Verständnis für meine «Abenteuer» aufzubringen. Meine Verhaftung hat unser ohnehin kompliziertes Verhältnis sicherlich nicht verbessert.

Dr. Schleyer hatte Wort gehalten. Gleich nachdem man ihn benachrichtigt hatte, war er von Stuttgart nach Bonn zu Werner Knieper gefahren, dem damaligen Chef des Bundeskanzleramts, auch er Mitglied der Suevia. Er erzählte ihm meine Geschichte und bat ihn, mir zu helfen. Außerdem schrieb er am 21. November 1966 an den Persönlichen Referenten des damaligen Bundeskanzlers, an Ministerialdirigent Dankmar Seibt. Den Brief habe ich, darin heißt es:

Lieber Herr Seibt!
Wenn ich mich trotz Ihrer vielfältigen Belastungen heute mit einer Bitte an Sie wende, so kann ich nur hoffen, daß die Art meines Anliegens eine Bitte zu diesem Zeitpunkt entschuldigt. Ich bin sehr besorgt über das Schicksal eines Freundes meines Sohnes, der zugleich unser gemeinsamer Corpsbruder ist und der bei der Hilfe für Flüchtlinge aus der Zone in Ostberlin verhaftet und festgesetzt wurde. Ich war mit dem jungen Mann, Volker Heinz aus Wuppertal, in den letzten Monaten in ständigem Kontakt und gehörte zu den wenigen, die wußten, daß er aus rein idealistischen Motiven und unter Hinnahme des damit verbundenen Risikos vielen Menschen helfen konnte …
Es wäre von großer Wichtigkeit, wenn das Ministerium für gesamtdeutsche Fragen und / oder der Beauftragte des Bundeskanzlers in Berlin, Herr Minister Lemmer, für diesen Fall interessiert werden könnten, damit sie die bestehenden Möglichkeiten mit Nachdruck und vielleicht sogar mit Vorrang in diesem Fall einsetzen. Vielleicht sind Sie, lieber Herr Seibt, so nett, die zuständigen Herren durch ein paar befürwortende Zeilen an diesem Fall, der mir sehr am Herzen liegt, zu interessieren …
Mit verbindlichen Grüßen bin ich
stets Ihr ergebener
H Sch

Das Schreiben verfehlte seine Wirkung nicht. Das Kanzleramt stellte tatsächlich einen Antrag, und mein Name wurde dann vom «Ministerium für gesamtdeutsche Fragen» auf die Liste gesetzt, auf der schon die Namen anderer auszutauschender Gefangenen standen. Schleyer hatte genau das für mich getan, was ich mir erhofft hatte. Vermutlich sah er sich nicht nur allgemein als Corpsbruder, sondern auch dadurch ein wenig in meiner «Schuld», dass ich die Flucht der Familie Rittersberger organisiert hatte. Doch auch ohne diesen Gefallen hätte er sich für mich eingesetzt, da bin ich mir sicher. Ich hatte ihn immer als einen verantwortungsvollen Mann erlebt. Durch seine Intervention wurde ich zum privilegierten Gefangenen. Kein DDR-Häftling konnte auf eine solche Unterstützung bauen. Vogel erkannte vermutlich deshalb schnell, dass ich mich ausgezeichnet als Pfand in einem Ost-West-Geschäft über Austausch von mit hohen Strafen belegten Gefangenen eignen würde. Damit erhielt ich einen Status, der mich in eine Liga mit den Spionen hineinkatapultierte – ich war zwar kein Agent, aber immerhin ein «Spezialfall».

Mein Vater, dem es nicht gefallen hatte, dass er untätig abwarten sollte, aktivierte auf eigene Faust seine eigenen Kontakte in der Politik, darunter den Wuppertaler CDU-Bundestagsabgeordneten Otto Schmidt. Seine Bemühungen stellte dieser jedoch ein, nachdem das Kanzleramt ihn auf das bereits laufende Verfahren hingewiesen hatte.

«Kommen Sie mit!» Schon stand das nächste Verhör an. Mir blieb kaum Zeit, mich erst mal ein wenig an mein neues «Zuhause» zu gewöhnen. Ein sogenannter Läufer oder Schließer schloss die Zelle auf. Seine Aufgabe bestand darin, mich zum Verhör abzuholen und wieder zurückzubringen. Die Macht über uns Gefangene verlieh ihm sein Schlüsselbund, mit dem er gern klapperte und kunstvolle Dreh- und Schließbewegungen übte, erst in der Luft, danach im Schloss. Die allermeisten Schließer schwiegen ebenso beharrlich wie die Gefangenen. Auch ich unternahm nie den Versuch, sie in ein Gespräch zu verwickeln. Von Ulrich wusste ich, wie sie darauf reagierten – nämlich gar nicht.

Diese Wachmänner trugen keine Waffen, offenkundig fürchteten sie nicht, von einem Gefangenen überwältigt oder verletzt zu werden. Auch konnten sie jederzeit an dem an der Wand verlaufenden Alarmdraht ziehen. Alles in diesem Stasi-Gefängnis war äußerst simpel und pragmatisch und, ich muss schon sagen, effizient organisiert. Preußische Ordnungsliebe auch hier. Jeden Vormittag wurde ich drei bis vier Stunden befragt und nachmittags dann noch einmal – es war wie ein richtiger Arbeitstag. Anfangs kamen noch gelegentlich nächtliche Verhöre dazu. Durch den erzwungenen Schlafentzug erhoffte man sich wohl bereitwilligere Aussagen, was in meinem Fall jedoch gar nicht nötig war.

Es war immer derselbe Stasi-Offizier, der mich befragte. Ein Leutnant – in dieser Funktion hatte er sich jedenfalls vorgestellt. Seinen Namen nannte er nicht. Der Leutnant hatte ein sorgfältig glatt rasiertes Gesicht und hellgraue, wässrige Augen, außerdem kräftige, knochige Hände, die sich ständig nervös bewegten. Er wirkte ehrgeizig, wie jemand, der unbedingt Karriere machen wollte (die er durch mich auch machte). Er führte seine Arbeit akkurat und vollkommen humorlos aus, auf seinem Gesicht sah ich nie den Anflug eines Lächelns. Dafür saß seine graue Uniform tadellos.

Außerdem war da noch der «Herr Major», ein kleiner Mann Mitte oder Ende 40, mit listigen Augen. Er war bei dem ersten Verhör in der Magdalenenstraße dabei gewesen. Einmal sagte er demonstrativ zu mir: «Ich bin in der DDR erwachsen geworden. Ich glaube fest an die Überlegenheit des Sozialismus.» Die DDR existierte damals seit 17 Jahren, lang genug, um als junger Mensch von ihr geprägt zu werden. Gerade in der Frühzeit wurde der neue Staat stark von Idealisten getragen, nicht umsonst zog es Dichter wie Brecht in den Osten. Erst als die Sowjetunion intervenierte und die beinharte stalinistische Linie einführte, verschwanden die Liberalen im Gefängnis oder flohen in den Westen.

Die Verhörräume lagen in einem speziellen Trakt des Gebäudes. Über 120 soll es davon gegeben haben, verteilt über mehrere Stockwerke. Sie sahen alle gleich aus: Fenster mit Gardinen, dahinter Gitter, öde Tapeten, ein Schreibtisch, ein bequemer Stuhl für den Vernehmer, ein unbequemer für den Verhörten. Auf dem hellen Schreibtisch stand eine Lampe, in einer Ecke des Raums befand sich ein grauer Stahlschrank, in den alle relevanten Dokumente zu meinem Fall nach dem Verhör wieder weggeschlossen wurden. Zur Ausstattung gehörte zudem noch ein kleines Schränkchen mit zwei Glasschiebetüren, in dem ich fünf, sechs Bücher erkennen konnte. Ansonsten war der Raum schmucklos, nicht einmal ein Bild von Walter Ulbricht hing an der Wand. Ein liebloseres Büro kann man sich kaum vorstellen. Noch viel schlimmer als in meiner Zelle roch es hier nach scharfen Putzmitteln, zugleich ein wenig muffig und irgendwie auch nach Plastik.

Der Leutnant überschüttete mich mit einer Welle von Fotos. Es waren sicher Hunderte. Für die Stasi war ich ein Serientäter – man hatte mir sehr schnell zu verstehen gegeben, dass man durchaus wisse, dass ich nicht nur dem einen Ehepaar zur Flucht verholfen hatte. Für jede meiner Aktionen sollte ich nun Einzelheiten liefern, wobei sie natürlich wussten, dass sich kaum jemand an *alles* erinnern konnte, insbesondere wenn die einzelnen Taten einander ähnelten.

Die Fotos dienten nun dazu, meinem Gedächtnis auf die Sprünge zu helfen. Es war erstaunlich, wen und was sie alles aufgenommen hatten. So etwa Kamal Hamdis Vertreter, der bei der vorletzten Flucht den Mercedes gefahren hatte. Das zeigte mir, dass ich schon eine Weile observiert worden war. Die Verfolgung durch die Lederjacken war keineswegs der Phantasie eines überanstrengten Gehirns entsprungen, sondern ich hatte alles richtig beobachtet. Zu diesem Zeitpunkt hatten sie schon ausreichend Beweise und hätten mich auch schon festnehmen können, doch sie hatten mich ziehen lassen, um keine diplomatischen Irritationen zu provozieren. Sicher konnten sie sich zwar nicht sein, aber ihrer Einschätzung nach war die Wahrscheinlichkeit groß, dass ich wiederkam. Sie sollten recht behalten. Ich habe nie in Erfahrung bringen können, wann genau sie auf mich aufmerksam wurden. Aber als die Lederjacken mich verfolgten, hatten sie mich aufgrund der Messergebnisse am Checkpoint Charlie und des Maulwurfs wohl längst auf dem Schirm.

«Kennen Sie diese Person?», fragte der Glattrasierte und zeigte auf eines der Fotos, die er vor mir ausgebreitet hatte. «Ist das der Flüchtling, den Sie an diesem Tag rausgeholt haben?»

«Ja», sagte ich, «aber ich kenne den Namen nicht.»

Das stimmte zwar nicht, aber da ich wusste, dass der ehemalige Tunnelbauer wie alle anderen aus unserer Gruppe nun auch nicht mehr in die DDR einreisen würde und damit in Sicherheit war, konnte ich das problemlos aussagen. Außerdem wollte ich mit diesem Entgegenkommen meine eigene Glaubwürdigkeit unterstreichen.

«Und diese Person?»

«Das ist Manfred Baum.»

In unserer Gruppe galt, dass man keinen Komplizen verrät, und daran hielt ich mich auch. Mein Freund Manfred machte aber definitiv nicht mehr mit und hatte mir bei einem unserer vielen Kneipen-Gespräche gesagt, dass er nie wieder DDR-Boden betreten würde. Auch bei Ulrich Bahnsen hatten weder ich noch er etwas zu befürchten, er war ebenfalls «draußen» und hatte nicht vor, jemals wieder in der Fluchthilfe tätig zu sein oder in die DDR einzureisen. Mit meiner Aussage, ihn zu kennen, konnte ich ihm ebenso wenig schaden wie Manfred.

Wiederholt und hartnäckig zeigte man mir auch Fotos von Heiko Neumann, der gelegentlich für mich eingesetzt wurde.

«Und der hier?»

«Diesen Mann kenne ich auch nicht.»

«Sind Sie sicher?»

«Ganz sicher.»

Immer wieder legte man mir Aufnahmen von Heiko Neumann vor, doch ich erklärte beharrlich, ihn nie gesehen zu haben. Der Leutnant seufzte von Mal zu Mal vernehmlicher, er schien mir nicht zu glauben. Damit lag er ja auch nicht falsch, aber Heiko zu verraten kam für mich nicht in Frage. Ebenso wie ich hoffte, dass er mich nicht verrät, sollte er jemals geschnappt werden. Was ich nicht wusste: Man hatte ihn tatsächlich nicht lange nach mir verhaftet.

Für meine Familie muss meine Verhaftung ein großer Schock gewesen sein. Vom einen auf den anderen Tag war ich verschwunden. Niemand hatte etwas geahnt, alle waren jetzt mit vollendeten Tatsachen konfrontiert. Meine Schwester Marianne hat aufgeschrieben, was sich bei uns zu Hause abspielte, als bekannt wurde, dass ich im Gefängnis saß:

Am Anfang gab es nur Stille und Stummheit, eine weinende Mutter und einen verstummten Vater. Man musste alles erahnen. Vatern sprach nicht viel, sicher auch, weil er gar nichts wusste und nicht wissen konnte, wen er irgendetwas fragen sollte. Es gab ja – offenbar nicht nur für uns – keinerlei Erfahrungswerte.

Ebenso wenig wurde über die eigentliche Aktion – Volkers Handeln, warum, mit wem etc. – gesprochen oder dies gar bewertet. Wenn, dann gab es nur Äußerungen der Sorge, vor allem um Volkers Gesundheit.
Für uns in der Familie war das Problem, verlässliche Infos etwa auch über die politische Ebene – z. B. aus den Bonner Ministerien – zu erhalten. Andererseits mussten wir ja auch «den Mund halten». Man konnte sich nicht einbringen und helfen, man blieb ohnmächtig.
Als wir dann allmählich mehr Einblick in den Ablauf, die einzelnen Schritte eines solchen Verfahrens bekamen, sowohl, was die Verhaftung, als auch die angestrebte Freilassung betraf, als wir auch von den offiziellen Namen von Personen oder Ansprechpartnern hörten und Rückmeldungen möglich wurden, entspannte sich der Alltag, blieb aber ohne große Erklärungen und war geprägt von stummem Abwarten.
Abwarten, gezwungen zur Untätigkeit. Ich war kurz vor dem mündlichen Abitur Oktober 1966, ich hatte reichlich Ablenkung.
Erleichterung gab es erst, als die ersten konkreten Kontakte in Gang kamen und man auf Nachfrage Antworten bekam. Und als es hieß, Herr Schleyer könne Informationen zu «wo im Gefängnis und wie lange und wann findet ein möglicher Prozess statt» geben, gab es Hoffnung, und innere Ruhe kehrte zurück.

Während der Haft fürchtete ich am meisten, dass meine Familie stark unter der Ohnmacht und Ungewissheit über mein Schicksal litt. Die Darstellung meiner Schwester hat meine Befürchtungen bestätigt – sie schmerzt mich immer von neuem, wenn ich sie lese.

In den kommenden Wochen und Monaten wurde alles wieder und wieder durchgekaut, damit man den «Klassenfeind», wie der Leutnant die Bundesrepublik und kollektiv ihre Bürger nannte, «unschädlich» machen könne. Schließlich kam er auf Fuchs zu sprechen: «Stand der Terrorist Fuchs bei den Schleuseraktionen mit imperialistischen Geheimdiensten, speziell mit amerikanischen, in Verbindung?»

Ich konnte nicht glauben, dass er Wolfgang tatsächlich als «Terrorist» bezeichnet hatte. Aber eine Diskussion dazu anzufangen wäre aussichtslos gewesen. Meine Antwort hat der Leutnant dann selbst im Protokoll, das ich später einsehen konnte, im schönsten Bürokratendeutsch festgehalten: «Mir ist bekannt geworden, dass Fuchs vor der Durchführung einer Aktion die Personalien der zur Ausschleusung vorgesehenen DDR-Bürger einem mir unbekannten Mitarbeiter oder Mittelsmann der Dienststelle P 9 übergibt. Diese Dienststelle überprüft auf eine mir nicht bekannt gewordene Art und Weise die zu schleusenden Personen auf ihre ‹Zuverlässigkeit›.» «P 9» und «X 10» waren amerikanische Geheimdienststellen, wie ich später erfuhr. Die Pointe dieser Antwort: All das waren Informationen, die mir erst durch den Leutnant bekannt wurden, mir also in den Mund gelegt wurden. Warum ich trotzdem unterschrieb? Ich war fest davon überzeugt, dass die Aussagen im Westen nicht als Geständnis bewertet würden.

Ein anderes Mal wollte er wissen: «In welchem Sinne wurden Sie von Ihren Eltern erzogen?» Meine protokollierte Antwort, festgehalten in fünf Punkten: «Als Erziehungsmaßnahme glaube ich festgestellt zu haben: 1. Überparteiliche, überkonfessionelle, doch christlich orientierte Ausrichtung; 2. Toleranz ohne Abgleiten in Schwächen; 3. Anerkennung des kapitalistischen Eigen-

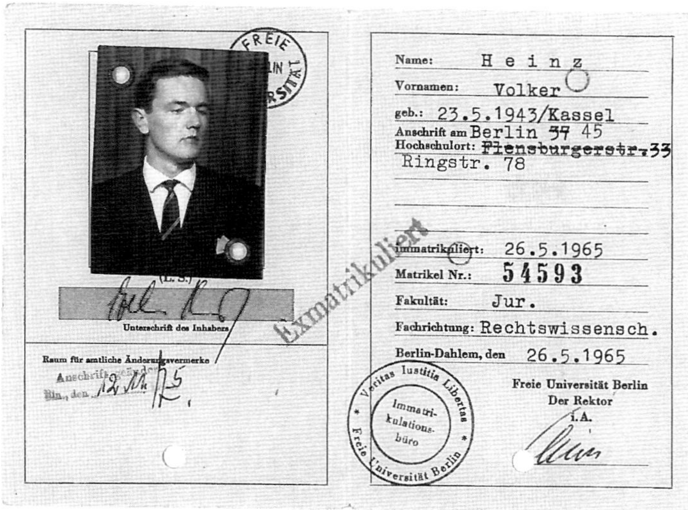

Studentenausweis des Autors, Freie Universität Berlin (1965)

Der Autor als Corpsstudent

Der Fluchthelfer Wolfgang Fuchs mit seiner Frau Selina, November 1964

Westberliner Polizisten kontrollieren am Checkpoint Charlie in der Friedrichstraße ein aus Ostberlin kommendes Auto des diplomatischen Corps, November 1961

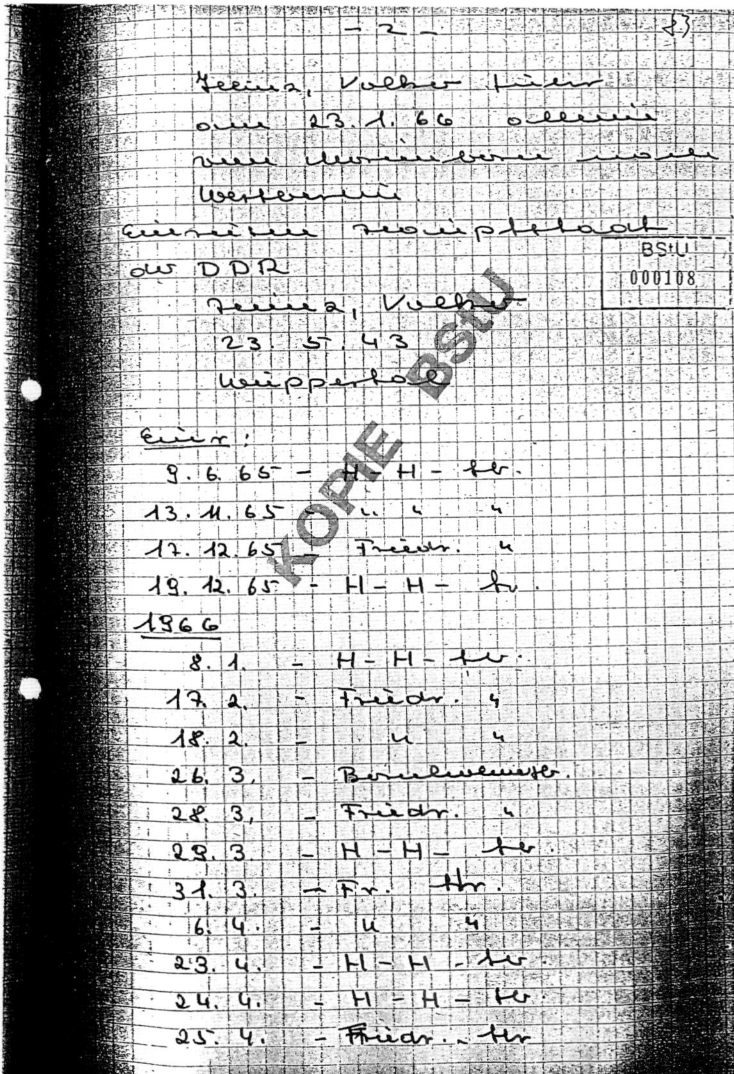

- 2 -

am 23.1.66

der DDR

23.5.43

Wuppertal

BStU 000108

Einr.:

9.6.65 – H-H – Str.

13.11.65 – " " "

17.12.65 – Friedr. "

19.12.65 – H-H – Str.

1966

8.1. – H-H – Str.

17.2. – Friedr. "

18.2. – " "

26.3. – Bornholmer.

28.3. – Friedr. "

29.3. – H-H – Str.

31.3. – Fr. Str.

6.4. – " "

23.4. – H-H – Str.

24.4. – H-H – Str.

25.4. – Friedr. Str.

Liste der Staatssicherheit über die Einreisen des Autors nach Ostberlin (Heinrich-Heine-Straße, Friedrichstraße, Bornholmer Straße, Invalidenstraße), 1965 und 1966 (Auszug)

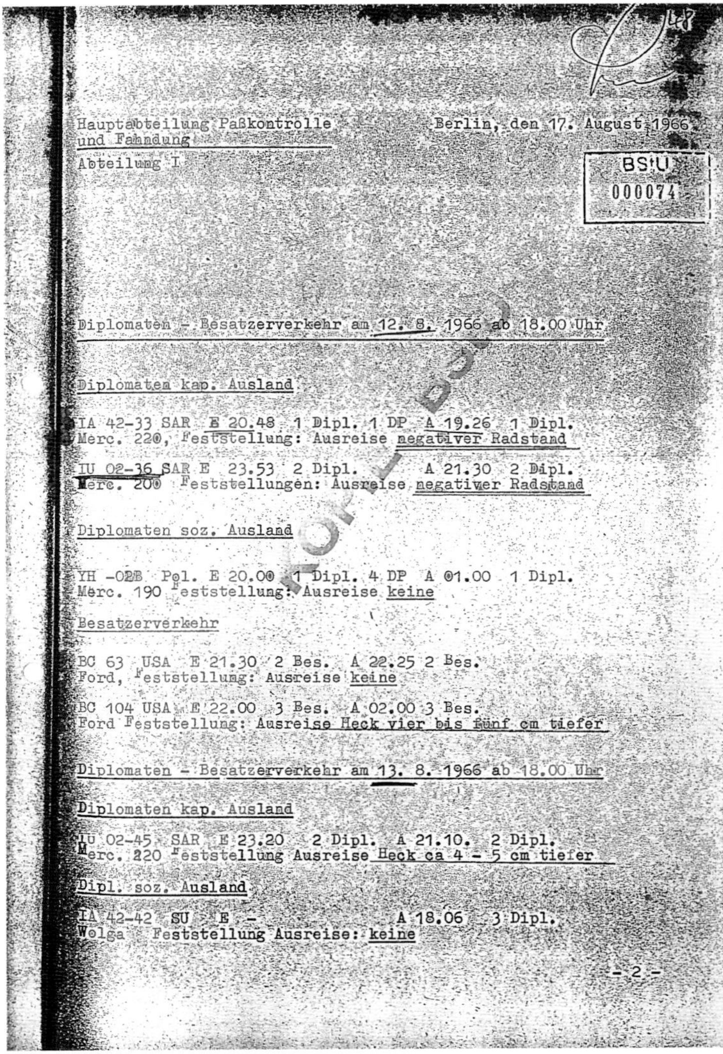

Hauptabteilung Paßkontrolle und Fahndung
Abteilung I

Berlin, den 17. August 1966

BStU
000074

Diplomaten – Besatzerverkehr am 12. 8. 1966 ab 18.00 Uhr

Diplomaten kap. Ausland

IA 42-33 SAR E 20.48 1 Dipl. 1 DP A 19.26 1 Dipl.
Merc. 220, Feststellung: Ausreise negativer Radstand

IU 02-36 SAR E 23.53 2 Dipl. A 21.30 2 Dipl.
Merc. 200 Feststellungen: Ausreise negativer Radstand

Diplomaten soz. Ausland

YH -02B Pol. E 20.00 1 Dipl. 4 DP A 01.00 1 Dipl.
Merc. 190 Feststellung: Ausreise keine

Besatzerverkehr

BC 63 USA E 21.30 2 Bes. A 22.25 2 Bes.
Ford, Feststellung: Ausreise keine

BC 104 USA E 22.00 3 Bes. A 02.00 3 Bes.
Ford Feststellung: Ausreise Heck vier bis fünf cm tiefer

Diplomaten – Besatzerverkehr am 13. 8. 1966 ab 18.00 Uhr

Diplomaten kap. Ausland

IU 02-45 SAR E 23.20 2 Dipl. A 21.10. 2 Dipl.
Merc. 220 Feststellung Ausreise Heck ca 4 – 5 cm tiefer

Dipl. soz. Ausland

IA 42-42 SU E – A 18.06 3 Dipl.
Wolga Feststellung Ausreise: keine

– 2 –

Liste der Diplomaten- und Besatzerfahrzeuge, die am 17. August 1966 den Checkpoint Charlie passiert haben, darunter das Fluchtfahrzeug mit dem Kennzeichen IU 02-36, wobei SAR für «Sozialistische Arabische Republik (Syrien)» steht

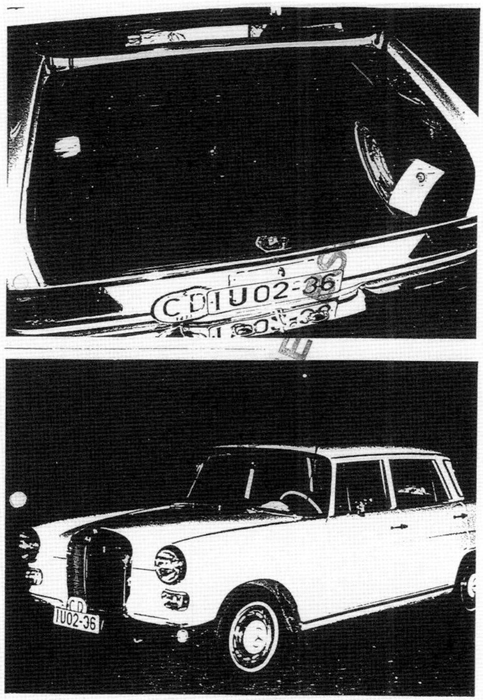

Das Fluchtfahrzeug und sein Kofferraum

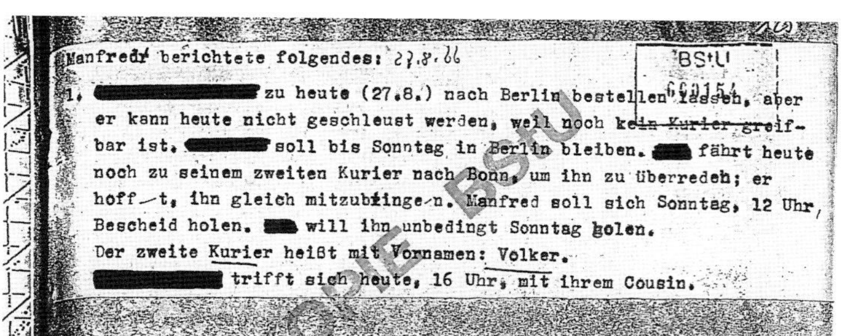
Manfred berichtete folgendes: 27.8.66

1. [redacted] zu heute (27.8.) nach Berlin bestellen lassen, aber
er kann heute nicht geschleust werden, weil noch kein Kurier greif-
bar ist. [redacted] soll bis Sonntag in Berlin bleiben. [redacted] fährt heute
noch zu seinem zweiten Kurier nach Bonn, um ihn zu überreden; er
hofft, ihn gleich mitzubringen. Manfred soll sich Sonntag, 12 Uhr,
Bescheid holen. [redacted] will ihn unbedingt Sonntag holen.
Der zweite Kurier heißt mit Vornamen: Volker.
[redacted] trifft sich heute, 16 Uhr, mit ihrem Cousin.

Ausschnitt aus einem Bericht des «IM Manfred», der bei Wolfgang Fuchs eingeschleust wurde

Dr. Hanns Martin Schleyer, 1970

Rechtsanwalt Wolfgang Vogel vor seinem Flug nach New York am 26. April 1978 zu Verhandlungen über einen Gefangenenaustausch

Die Stasi-Untersuchungshaftanstalt Hohenschönhausen: Außenansicht, 2001

Der Autor vor dem Hauptgebäude, 2015

Zelle, um 1980

Entlassungsschein aus der Strafvollzugsanstalt Hohenschönhausen vom 10. Juli 1967

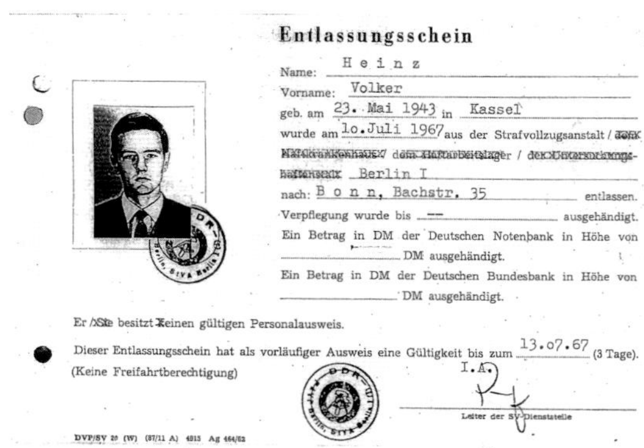

Entlassungsschein

Name: H e i n z

Vorname: Volker

geb. am 23. Mai 1943 in Kassel

wurde am 10. Juli 1967 aus der Strafvollzugsanstalt / ~~dem Haftkrankenhaus~~ / ~~dem Haftarbeitslager~~ / ~~der Untersuchungshaftanstalt~~ Berlin I

nach: B o n n, Bachstr. 35 entlassen.

Verpflegung wurde bis -- ausgehändigt.

Ein Betrag in DM der Deutschen Notenbank in Höhe von ______ DM ausgehändigt.

Ein Betrag in DM der Deutschen Bundesbank in Höhe von ______ DM ausgehändigt.

Er / ~~Sie~~ besitzt ~~k~~einen gültigen Personalausweis.

Dieser Entlassungsschein hat als vorläufiger Ausweis eine Gültigkeit bis zum 13.07.67 (3 Tage).

(Keine Freifahrtberechtigung)

I. A.

Leiter der SV-Dienststelle

DVP/SV 20 (W) (87/11 A) 4015 Ag 464/62

WOLFGANG VOGEL
RECHTSANWALT

1136 BERLIN · ALT FRIEDRICHSFELDE 115 · U- UND S-BAHN LICHTENBERG · TELEFON 52 21 44 u. 52 13 89

Zulassung für Westberlin: Nr. 185[illegible]

Sprechstunden: 16–18 Uhr
außer Mittwoch und Sonnabend
und nach Vereinbarung

Bank: Berliner Stadtkontor, 1130, Frankfurter Allee
Konto-Nr. 6/5405
Postscheckkonto des Berliner Stadtkontors, Berlin 330 37
zur Gutschrift auf Konto-Nr. 6/5405

BERLIN, den 11.VII.1967
Vo/Kra

Betr.: Herrn Volker H e i n z

Herrn Rechtsanwalt
Jürgen S t a n g e
01 B e r l i n 12
[redacted] Schlüterstraße 39

Sehr [redacted]

Diese [redacted] abgeschlossen.
Ich darf Liquidation wie folgt erteilen:

Honorar gem. § 63 RAGO - Vertretung im Vorverfahren vor der Generalstaatsanwaltschaft der DDR, vor der Generalstaatsanwaltschaft Groß-Berlin und in der Hauptverhandlung vor dem Stadtgericht am 27.VI.67 und in der weiteren Verhandlung vor dem Stadtgericht am 29.VI.1967	800,-- DM
Honorar gem. § 69 RAGO - Vertretung im Gnadenverfahren	200,-- DM
Honorar gem. § 68 RAGO - Vertretung vor der Strafvollzugsbehörde	100,-- DM
Pkw-Auslagen gem. § 76 RAGO Berlin-Wartha/Wartha-Berlin 800 km à -,27 DM	216,-- DM
Porto- und Telefonauslagen	16,50 DM
Umsatzsteuer	53,30 DM
insgesamt:	1.385,80 DM

Ich bitte Sie, sehr geehrter Herr Kollege, diesen Betrag auf Konto 88 zu vereinnahmen.

Sachlich richtig u. festgestellt
Rechtsanwalt

Mit kollegialer Hochachtung
Rechtsanwalt

(87) RA 3 3492

Kopie aus dem Bundesarchiv

Rechnung von Rechtsanwalt Wolfgang Vogel an den Autor, ausgestellt am Tag seiner Entlassung tumsbegriffes und der bestehenden gesellschaftlichen Struktur; 4. Das Prinzip harter eigener Arbeit als Voraussetzung einer materiell gesicherten Existenz; 5. Vorsicht im politischen Engagement bestehender Gruppen.»

Es war nicht weiter verwunderlich, dass der Leutnant darauf die Frage anschloss: «Wie ist Ihre Einstellung zu den gesellschaftlichen Verhältnissen der DDR?» Darauf erwiderte ich: «Aus verschiedenen Gesprächen mit Republikflüchtigen und Angehörigen der Westberliner Bevölkerung glaube ich, den Schluss ziehen zu dürfen, dass das gesellschaftliche System in der DDR diktatorischen Charakter trägt ...» Dies wird dem Leutnant wenig gefallen haben. Er ließ sich aber nichts anmerken, sondern notierte einfach stoisch meine Worte, oder besser gesagt: seine Interpretation meiner Worte.

Von jeder Sitzung wurden ausführliche Protokolle erstellt, ziemlich umständlich und trocken im Ton. «Glaube ich den Schluss ziehen zu dürfen ...» – so spreche ich doch gar nicht, dachte ich jedes Mal, wenn ich die vielen Seiten durchlas, um sie am Ende zu unterzeichnen. Auch wenn meine Worte wirklich stark ideologisch «angepasst» wurden, las ich mir alles genau durch, denn ich wollte sichergehen, dass zumindest keine groben Unrichtigkeiten darin standen, dass nichts hinzugedichtet worden war. Doch etwas wirklich Falsches hatte ich nie entdecken können, und der ideologische Überbau störte mich nicht. Mir war klar, dass dies Pflichtübungen des Leutnants waren.

Ohne mit der Wimper zu zucken, unterschrieb ich Blatt für Blatt, Flucht für Flucht. Das war ebenfalls Teil meiner Strategie: Ich war bereit, zu kooperieren, solange ich damit keine dritten Personen gefährdete. Dass ich rein gar nichts wusste, nahm mir ohnehin niemand ab. Und eine «kontrollierte» Kooperation, zu dem Schluss war ich gekommen, konnte sich am Ende ja auch nur positiv auf das auswirken, was mich noch erwartete.

Meistens saß ich auf einem der beiden Hocker in meiner Zelle und dachte: Jetzt bezahlst du für das, was du getan hast. Du bezahlst einen Preis – und zwar einen, den du nicht auf andere abwälzen kannst. Du bezahlst mit deiner eigenen Freiheit, weil du anderen geholfen hast, ihre Freiheit zu erlangen.

Bereute ich mein Handeln? Nein. Ich hatte Menschen geholfen, die in ihrer persönlichen Freiheit stark eingeschränkt worden waren. Mit der Reue hätte ein schlechtes Gewissen einhergehen müssen, und das hatte ich nun wirklich nicht. Sicher, es gab Dinge, die ich rückblickend anders entschieden hätte. Es war zum Beispiel wirklich dumm gewesen, nach der Begegnung mit den Lederjacken wieder nach Ostberlin einzureisen. Aber die grundsätzliche Entscheidung, bei der Fluchthilfe mitgemacht zu haben, nein, die bedauerte ich nie. Ich hatte mich für eine Sache engagiert, von deren Richtigkeit ich absolut überzeugt war, und ich wollte sie so gut wie möglich machen. Dass das mit hohen Risiken verbunden war, war mir zu jedem Zeitpunkt bewusst. Und nun musste ich es eben ausbaden und vor allem lernen, mit den Konsequenzen zu leben. Ich war schon damals ein eher rationaler Mensch und versuchte, mich meiner aktuellen Lage möglichst ruhig und sachlich zu nähern. Trotz aller rationalen Anstrengungen konnte ich meine Gefühle nur bedingt kontrollieren. Besonders in der Nacht überfielen mich Ängste vor der Zukunft.

Es gab ein Thema, das besonders an mir nagte. Der kommerzielle Aspekt der Fluchthilfe. Ich selbst hatte dieses Thema immer weit von mir gewiesen und wollte auch lange nichts über etwaige finanzielle Verstrickungen meiner Mitstreiter erfahren. Außerdem beruhigte ich mich immer mit der Tatsache, dass ich selbst nichts daran verdiente und Geld auch zu keinem Zeitpunkt für mein Engagement ausschlaggebend gewesen war. Dann aber wies ich mich selbst zurecht: Sei nicht so naiv. Je besser die Grenze befestigt ist, umso schwerer ist es, sie zu überwinden, und umso größer ist der Aufwand, der betrieben werden muss, um die Leute rauszukriegen. Und das kostet. Außerdem: Mit Familienangehörigen oder Freunden von 60, 70 Leuten zu verhandeln, die Kuriere auszusuchen und zu instruieren und vieles mehr – das war ein Ganztagsjob. Wolfgang Fuchs hatte nie um fünf «Feierabend» gemacht. Er fuhr auch nie in den Urlaub. Wenn er also einen Anteil der Gelder behielt, behalten musste, fand ich das moralisch nicht verwerflich. Für den Konsul hatte ich etwas weniger Verständnis. Ich wusste, dass er von Wolfgang bezahlt wurde, kenne aber bis heute nicht die Summe. Als der mit «Abstand gravierendste Fall eines echten unbestritten ideellen Fluchthelfers», wie ich später von einem Beamten der Bundesregierung bezeichnet wurde, interessierte es mich aber nicht.

Durch Zufall erfuhr ich übrigens doch noch den Namen des Leutnants. Etwa vier oder fünf Monate später saß ich wieder im Verhörzimmer, mit dem Rücken zur Wand, hinter mir das Holzschränkchen mit den Glasschiebetüren. Bislang hatte ich die Buchtitel darin nie lesen können, es war mir nicht erlaubt, mich umzudrehen. Ich sollte meine Augen immer direkt auf den Leutnant richten. Nicht einmal, wenn mein Gegenüber für ein, zwei Minuten den Raum verließ, verließ ich meinen Platz.

Eines Tages reizte es mich aber doch. Als der Leutnant mal wieder kurz verschwand, drehte ich mich auf meinem Stuhl um, öffnete rasch das Schränkchen dieser sehr überschaubaren Handbibliothek und nahm eines der Bücher in die Hand. Vielleicht kam ich so dem Mann, der nie etwas Persönliches von sich gab, ein wenig näher und konnte ihn mit diesem Wissen überraschen, ihm zeigen, dass ich nicht zu unterschätzen war. Ein Blick zur Tür. Keine Schritte. Schnell schlug ich das Buch auf, und gleich die erste Seite hatte es in sich. Handschriftlich stand dort ein Name: «Bergmann». Um was für ein Buch es sich handelte, konnte ich nicht mehr feststellen, denn in der nächsten Sekunde hörte ich Schritte. Rasch stellte ich das Buch zurück, brachte die Glasscheibe wieder in die richtige Position und mich ebenfalls. Mit Unschuldsmiene sah ich den Leutnant an, als er die Vernehmung fortsetzte. Zurück in meiner Zelle, überlegte ich: Könnte mir diese Information etwa nützen? Ist «Bergmann» überhaupt eine Information? Mehr zu wissen, als man durfte, bedeutete doch eigentlich immer ein gewisses Maß an Macht. Vielleicht war das ja der Nachname des Leutnants, und wenn das stimmte, so hatte ich etwas gegen ihn in der Hand. Andererseits: Dass in einem Buch ein Name stand, ließ nicht darauf schließen, dass dieser Name auch wirklich der des Leutnants war. Aber in meiner Situation klammerte ich mich an jeden Grashalm, und war er noch so dünn.

Ein paar Tage später, ich war wieder einmal auf dem Weg zu einer Vernehmung, hatte ich eine Idee. Normalerweise grüßte ich den Leutnant, gemäß dem Hohenschönhauser Knigge, beim Eintreten mit den Worten: «Guten Morgen, Herr Leutnant.» Doch an diesem Morgen veränderte ich die Grußformel.

«Guten Morgen, Herr Bergmann», sagte ich betont lässig.

Die Wirkung dieses Satzes ließ nicht den geringsten Zweifel an der Richtigkeit meiner Vermutung aufkommen. Bergmann sah aus, als wolle er im Boden versinken. Die Namen der Stasi-Mitarbeiter waren strenggehütete Geheimnisse. Doch die kurze Entgleisung der Gesichtszüge zog keine weitere Reaktion nach sich. Er sagte und fragte sekundenlang nichts. Sondern ging einfach zur Tagesordnung über.

«Ich will von Ihnen noch einmal genau wissen, wie das mit dieser Arztfamilie war. Die Aktion fand ja in der letzten Phase Ihrer Aktivitäten statt.»

Wahrscheinlich war sein Schweigen die denkbar intelligenteste Reaktion, aber während der gesamten Vernehmung nahm sein kreidebleiches Gesicht keine normale Farbe mehr an. Ich war nicht sicher, was ihn so beunruhigte. Ich wusste nur, dass ich mit dem Feuer gespielt hatte. Denn schließlich war *er* dazu verpflichtet, seine Identität zu verbergen, nicht ich. Er hatte einen Fehler begangen, nicht ich.

Nach meiner Haft besorgte ich mir in der Gauck-Behörde die Personalakte von Herrn Bergmann, einem gelernten Werkzeugmacher aus Sachsen. Er brachte es bis zum Oberstleutnant, was ihm aber nicht reichte. Seine weitere Beförderung scheiterte jedoch daran, dass seine Vorgesetzten ihm «mit zunehmendem Alter eine verminderte Belastbarkeit» attestierten. Er wurde als «Referatsleiter auf dem Gebiet des staatsfeindlichen Menschenhandels» in ein weniger anspruchsvolles Referat «umgesetzt». Aus seiner Personalakte ergab sich auch, dass ihm kurz nach meiner Freilassung ein Orden und eine Belohnung verliehen wurden, als Anerkennung für seine aus Sicht der DDR erfolgreiche Arbeit mit mir.

Jahre später, im November 2003, schrieb ich ihm einen Brief, in dem ich um ein Gespräch bat: «... Ich habe keinerlei Ambitionen, Ihre damalige Arbeit zu kritisieren. Ich möchte aber ein Buch über meine Erlebnisse schreiben, und ich würde mich freuen, wenn Sie sich entschließen könnten, die Dinge aus Ihrer Sicht zu schildern.»

Es kam nie eine Antwort. Daraufhin schickte ich den Brief noch einmal als Einschreiben ab. Ich erhielt einen gegengezeichneten Rückschein, aber keine Antwort. Danach gab ich auf. Ich wertete sein Schweigen als Indiz dafür, dass er nicht an unsere gemeinsame Vergangenheit erinnert werden wollte. Das konnte ich nachvollziehen. Bergmann hatte Ansichten vertreten, die von der Geschichte auf den berühmten «Müllhaufen» geworfen worden waren. Selbst wenn er nach der Wende unverändert an die DDR geglaubt hätte, nach den vielen Enthüllungen über die Stasi galt seine Vita klar als gescheitert. Es musste einem solchen Menschen schwerfallen, sich nicht so zu fühlen, als würde er auf der Anklagebank sitzen. Und einen Schritt auf mich zuzumachen hätte wohl ein persönliches Interesse an meinem Schicksal vorausgesetzt.

Bergmann hat mich nie geschlagen oder gezüchtigt. Ich habe ihm nichts vorzuwerfen und hege ihm gegenüber auch keine negativen Gefühle. In meinen Augen war er ein Zahnrad im Getriebe der Stasi, und damals, in den sechziger Jahren, liefen die Verhöre noch recht robust ab. Man wollte die Menschen entweder auf den Pfad der Tugend zurückführen oder zermürben. Und das betrieb die DDR mit psychologischem Terror, den sie bis zur Perfektion beherrschte. Dass dies bei mir nicht gelang, lag sowohl an meinem fehlenden Schuldgefühl als auch daran, dass ich meine Haftsituation schnell akzeptierte. Außerdem war ich gesund und blickte eigentlich immer nach vorn. Trotzdem schützte mich all dies nicht vollständig vor dem Absturz in die Untiefen meiner eigenen Psyche.

In der Zweierzelle

In dunklen Momenten half es, an all die Menschen zu denken, denen ich im letzten Jahr geholfen hatte und die jetzt in Freiheit neu anfangen konnten. Doch wirklich trösten konnte mich das nicht. Die Isolation in unserer Zweimannzelle war bedrückend, meine innere Verfassung wurde von Woche zu Woche schlechter. Nach drei Wochen war ich vollkommen deprimiert. Ich war in Untersuchungshaft. Irgendwann würde man mich vor ein Gericht stellen und eine Strafe verlesen. Und dann? Trotz meiner kontrollierten Kooperation ließ man mich im Ungewissen. Die Strafe konnte hoch ausfallen, das war mir bewusst. Ulrich hatte fünf Jahre bekommen. Ich musste mit dem Doppelten rechnen.

Der mangelnde Schlaf zehrte an mir. In der Nacht knipsten sie in kurzen Intervallen das Licht an und aus, und ich wurde jedes Mal wach. Anfangs versuchte ich noch, mein Gesicht unter der Decke zu verstecken, aber das war verboten, wie mir bedrohlich zu verstehen gegeben wurde. Erst als ich mir angewöhnt hatte, auf dem Rücken zu liegen und mit dem Oberarm über meinen Augen zu schlafen, wurde es langsam besser. Noch mehr als 20 Jahre nach meiner Entlassung schlief ich immer noch in dieser Haltung ein. Eine der Wunden aus meiner Haftzeit, ein tiefverwurzelter Reflex.

Auch mit der hölzernen Pritsche hatte ich so meine Probleme. Sie war viel zu kurz. Da sie zum Kopfende in einem Winkel von etwa 25 Grad anstieg, musste ich nach vorne Richtung Fußende rutschen. Das aber hatte zur Folge, dass meine Beine über das Fußende hinaushingen. Ich konnte kaum schlafen.

Die Monotonie, die Sinnentleertheit eines solchen Daseins, die fehlende Orientierung und die mangelnde freie Sicht nach draußen – all das begann mich zu zermürben. Es gab keine Musik, anfangs auch kein Buch, nichts, was unser Leben annehmbarer gestaltet hätte. Auch das Essen war äußerst dürftig. Morgens gab es eine Stulle ohne Margarine oder gar Butter, das harte, schwarze Brot war nur mit einer künstlichen Marmelade bestrichen. Mittags wurden meist Eintöpfe mit Linsen oder Bohnen verteilt, am Wochenende wurden sie mit einer Fleischeinlage variiert. Abends erhielten wir Wurstbrote. Zum Frühstück schenkte man uns Muckefuck aus, angeblich versetzt mit «Hängolin», einer Substanz, die die Libido der Insassen unterbinden sollte, damit es nicht zu sexuellen Übergriffen kommt. Vor diesem Hintergrund waren die Verhöre fast so etwas wie eine willkommene Abwechslung, so absurd es klingen mag.

Vor allem in der Nacht quälten mich die Gedanken an die Sorgen, die ich meiner Mutter, meinem Vater, meinen Geschwistern, meiner Freundin und all meinen Freunden bereitete. War ich rücksichtslos? Würden sie mein Handeln verstehen? Würde meine Abwesenheit die Beziehungen verändern? Schweißgebadet, oft von Albträumen geplagt, schlief ich irgendwann ermattet ein.

Depressionen sind ein zerstörerisches Phänomen. Man empfindet absolute Hoffnungslosigkeit, ohne sich dagegen wehren zu können. Was auch immer ich sagte oder tat, es kam mir vollkommen egal vor. Aus Sicht der Vernehmer war das gewollt. Es war eine Situation, in der Häftlinge Geständnisse machten, oft genug falsche

Geständnisse, nur um Ruhe zu haben. Es ist nicht mehr wichtig, was man tut oder lässt, weil das Leben nicht mehr wichtig ist. Zum Glück überkamen mich niemals Suizidgedanken. An eine Selbstaufgabe dachte ich zu keinem Zeitpunkt.

Mein «Mitbewohner» Richard verdrängte seine Einsamkeit, indem er mit unseren Zellennachbarn kommunizierte. Dazu benutzten sie eine primitive Klopftechnik: A = einmal klopfen, B = zweimal klopfen, C = dreimal klopfen usw. Ein einziges Wort konnte Minuten dauern, ein längerer Satz Stunden. Daran wollte ich mich nicht beteiligen, es war mir zu mühsam und erschien mir kindisch. Aber es passte zu dem Leben, das wir hier «führten». Da der Code mittlerweile jedem Häftling in den Nachbarzellen bekannt war – und sicher auch den Schließern –, konnte jeder mithören. Es war also völlig unmöglich, auf diese Weise geheime Botschaften auszutauschen. Hätte es sich bei diesen «Unterhaltungen» wenigstens um ausgeklügelte Fluchtversuche gehandelt, wäre ich vermutlich der Erste gewesen, der mitgemacht hätte.

«Das kann nur nach hinten losgehen», sagte ich zu Richard. «Wenn dieses Klopfen überhaupt etwas bringt. Wir sind hier in Absurdistan gelandet.»

«Und wenn schon», sagte er. «Wenigstens fühle ich mich dadurch nicht mehr so allein, erfahre, woher die anderen kommen, was man ihnen vorwirft, manchmal gibt's auch eine Adresse, die man vielleicht gebrauchen kann, wenn man wieder draußen ist.»

Es war nachvollziehbar, was er sagte. Aber ich befand mich in einer Phase bleierner Gleichgültigkeit und lehnte alles rigoros ab. Als ich eines Abends merkte, wie mich eine selbstzerstörerische Gedankenspirale förmlich in den Würgegriff nahm, wurde mir klar, dass ich sie durchbrechen musste. Schluss jetzt, sagte ich mir. Du musst kämpfen, sonst wirst du das Gefängnis als gebrochener

Mann verlassen. Benutze deinen Verstand, er hat dir doch immer geholfen. Und im Corps hast du doch gelernt: Zum Überleben gehört Disziplin. Da durftest du dich am Abend zwar betrinken, aber am nächsten Morgen hattest du um sieben wieder aufzustehen und zum Fechtunterricht zu gehen. Und reiß dich gefälligst zusammen, überwinde deine Lahmheit, rumhängen macht das Ganze auch nicht besser. Lass dir was einfallen, damit du wieder in die Spur kommst!

Mein inneres Ich hatte recht und ich versuchte zu gehorchen. Ich begann mit Liegestützen. 100 Stück jeden Tag, in diesem rundum vergitterten Käfig, der für unseren Freigang gedacht war (in der Zelle war es dazu viel zu eng und muffig). Außerdem begann ich, in der Freigangzelle in einem engen Kreis zu laufen, so gut das in den schrecklichen Pantoffeln ging. Meiner psychischen Labilität wollte ich physische Kraft entgegensetzen. Bald schon fühlte ich mich fitter und nicht mehr so ausgeliefert: Ich hatte angefangen, mich aktiv gegen die Folgen des Gefangenseins zu wehren. Man würde uns nicht verhungern lassen, prügeln würden sie mich auch nicht – aber sie hatten immer noch genügend andere Methoden, um zu erreichen, was sie erreichen wollten.

Ich versuchte angestrengt, meine Lage zu analysieren. Wie sah eine realistische Zukunftsperspektive aus? Angenommen, ich bekam zehn Jahre – wie viele Wochen machte das? 520. Oje. Nein, bloß nicht daran denken. So einen Zeitraum konnte ich gar nicht ermessen, schon gar nicht im Verhältnis zu den wenigen Wochen, die ich bislang überstanden hatte. Weiter, zum nächsten Gedanken. Gab es in der DDR eigentlich eine vorzeitige Entlassung bei guter Führung? Ich wusste es nicht sicher, ging aber davon aus, dass ich wohl 60 bis 70 Prozent meiner Strafe würde verbüßen müssen (reine Spekulation). Das bedeutete, dass ich mit etwa sechs Jahren zu rechnen hatte, im schlimmsten Fall mit sieben. Die Größenordnung war also klar. Ich war 23, und in sieben Jahren würde ich 30 sein. «Volker», fragte ich mich selbst, «kennst du einen 30-jährigen Jura-Studenten?» Tatsächlich fielen mir gleich zwei Namen ein. «Siehst du, dann ist doch alles okay. Das Leben ist mit 30 nicht zu Ende, du kannst dann immer noch dein Studium fertig machen. Alles halb so schlimm.»

Nach dieser Berechnung fühlte ich mich merklich besser. Ich spürte, dass ich den Kampf gegen meine Depressionen in eine erfolgreiche Richtung hatte lenken können. Ich musste nur irgendwie diese sieben Jahre bewältigen und sie vor allem als Teil meines Lebens akzeptieren. Es gab eine Zukunft für mich, zwar nicht in unmittelbarer Nähe, aber doch in absehbarer Zukunft. Durch diese Erkenntnis wuchs auch wieder meine Entschlossenheit. Ich überlegte, wie ich meine reguläre Haftzeit am sinnvollsten nutzen konnte. Wie in jedem anderen zivilisierten Land gab es doch wohl auch in DDR-Gefängnissen Ausbildungsmöglichkeiten. Vielleicht konnte ich ja Koch oder Tischler werden – obwohl: Bei dem Essen, das wir bekamen, war das wirklich von einem gelernten Koch zubereitet worden? Alternativ malte ich mir andere Berufe aus: Elektriker, Installateur, auf jeden Fall etwas Handwerkliches. Zur Humboldt-Universität würden sie mich jedenfalls nicht zulassen – von einem Lehrgang per Fernstudium konnte ich nur träumen.

Träume, vor allem Tagträume, waren ideal, um dem Gefängnisalltag für eine Weile zu entkommen. Ich versuchte mich abzulenken, indem ich mich an Opernaufführungen, Konzerte, Filme oder Gedichte erinnerte. So ging ich abends ins Theater oder ins Konzert (ich erinnerte mich besonders gut an das berühmte Violinkonzert von Felix Mendelssohn Bartholdy in der Berliner Philharmonie), in eine Dichterlesung oder in die Oper. Ich entsann mich deutlich eines Abends mit meiner Mutter, als sie mich als Abiturient zu einer Aufführung von Friedrich von Flotows romantischer Oper *Martha* eingeladen hatte. Ich fand die Oper ziemlich blass, vor allem die Handlung. Lady Harriet, die Protagonistin der Oper, hatte wohl ebenfalls Langeweile und heckte zusammen mit ihrer Dienerin und Vertrauten Nancy einen Plan aus, um der Tristesse ihres Alltags zu entkommen – das kam mir nun mehr als bekannt vor, vielleicht kreiste die Aufführung deshalb ständig in meinem Kopf herum.

«Ich fand das Ganze recht naiv, fast kitschig», hatte ich meiner Mutter auf dem Weg nach Hause erklärt.

«Frauen sind eben etwas spielerischer und emotionaler als Männer», erwiderte meine Mutter lächelnd.

Meine Mutter war eine klassische Nachkriegsmutter ohne eigene berufliche Ambitionen, und ihre Kinder waren ihr das Wichtigste. Obwohl sie nahe am Wasser gebaut war, hatte sie eine ziemlich spitze Zunge – eine Waffe, mit der sie uns oft verteidigte.

Diese Ausflüge in meine Erinnerung waren schön, aber leider war ich kein großer Dirigent, der 20 Partituren auswendig kannte. Bisweilen versuchte ich es mit dem Rezitieren: Schillers «Das Lied von der Glocke» oder den Anfang von Homers *Ilias*, alles Versatzstücke, die ich in der Schule gelernt hatte.

Während ich in meiner Zelle vor mich hin rezitierte und an imaginären Theateraufführungen teilnahm, wurden im Westen der Bundesrepublik die ersten Schritte zu meinen Gunsten getan. Von alldem ahnte ich natürlich nichts. Am 29. Oktober 1966 schrieb mein Vater an Hanns Martin Schleyer:

Sehr geehrter Herr Dr. Schleyer!

Am vergangenen Mittwoch traf ich auf dem Bonn-Wahner Flughafen mit Herrn Min.-Rat Rehlinger zusammen, der die rechte Hand von Herrn Staatssekretär Krautwig in Berlin ist. Gestern erhielt ich daraufhin den Anruf von dem gleichen Herrn aus Berlin und wurde veranlaßt, ein Päckchen an meinen Sohn zu schicken, das über die Verbindung Stange / Vogel übermittelt wird. Es wurde mir außerdem bedeutet, daß die Angelegenheit in bester Bearbeitung sei und daß man sie sehr positiv beurteile.
Ich habe ihm von Ihren Bemühungen berichtet, die er begrüßte, und ist in Erwartung Ihres Schreibens über Bonn.
Meine ausdrückliche Frage, ob ich weitere Personen einschalten sollte, hat er verneint.
Ich teile Ihnen dies zu Ihrer Kenntnis mit und verbinde damit meinen herzlichen Dank und auch den meiner Frau für Ihre vielerlei Bemühungen, die Sie bisher in der Angelegenheit hatten.

Mit freundlichen Grüßen,
Ihr Georg Heinz

Vier Tage später, am 2. November 1966, schrieb Rechtsanwalt Jürgen Stange an meinen Vater:

Sehr geehrter Herr Heinz!

Ihr Schreiben vom 29. v. M. ist gestern in meinen Besitz gelangt …
Der Sachstand ist bisher noch unverändert. Die Ermittlungen laufen und werden vor 6 bis 8 Wochen nicht abgeschlossen sein.

Der Haftbefehl ist nach § 71 Abs. 1 StEG (organisierte Verleitung zur Republikflucht) ergangen.
Es ist gestattet, einmal im Monat zu korrespondieren. Ich bitte deshalb, im November einen Brief an mich abzusenden. Ich werde ihn weiterleiten. Auch können DM 30,– mtl. im Währungsverhältnis 1:1 eingezahlt werden. Auch hier übernehme ich gern die Vermittlung. Um keine Zeit zu verlieren, habe ich zunächst DM 60,– verauslagt.
Ihr Sohn kann sich von diesem Geld zunächst Lebensmittel oder auch Zigaretten kaufen.
Sobald das Paket ankommt, werde ich es weiterleiten.
Hochachtungsvoll
J. Stange
Rechtsanwalt

Währenddessen suchte ich in Hohenschönhausen weiter nach Ablenkungsmöglichkeiten. Eines Tages, als mein Blick auf Richard fiel, schoss mir plötzlich eine Idee durch den Kopf.

«Hattest du nicht Russisch in der Schule?», fragte ich meinen schweigsamen Mitbewohner. Noch immer sprachen wir nicht viel miteinander. Richard war im Gefängnis verzweifelt, er sagte mir einmal, er sei ohne Hoffnung, und alles sei einerlei. Inzwischen hatte ich aber immerhin erfahren, dass er aus Dresden stammte und schon in der Schule nicht in der Lage gewesen war, sich dem System, in dem er lebte, anzupassen. Was mich verwunderte, da ich überhaupt nichts Rebellisches an ihm entdecken konnte.

«Klar, das muss hier jedes Kind», erwiderte mein Zellengenosse.

«Meinst du, du könntest es mir beibringen?»

Richard stutzte.

«Wohl kaum. Das meiste habe ich vergessen. Und wir haben weder eine Grammatik noch ein Wörterbuch. Ich glaub nicht, dass ich dir da eine große Hilfe bin. Ich bin kein Lehrer.»

Ich ließ nicht locker. Weder bei Richard noch bei den Wärtern.

«Kann ich nicht wenigstens ein bisschen Schreibmaterial bekommen?», fragte ich einen der Aufseher. «Papier und einen Bleistift? Und ein deutsch-russisches Wörterbuch?»

«Nichts da», bekam ich lapidar zur Antwort. «Für Sie ist das nicht vorgesehen.»

«Und ab wann könnte es für mich vorgesehen sein?»

«Darüber bestimme nicht ich», brummte der Schließer.

Erst nach vier Monaten gab man mir Papier, Stifte und ein Wörterbuch. Ich weiß es nicht sicher, aber vielleicht hatte dieses «Entgegenkommen» damals schon etwas mit den laufenden Verhandlungen zu tun. Triumphierend setzte ich mich zu Richard.

«Geht doch», sagte ich aufmunternd.

«Wie willst du das denn jetzt bitte anstellen?» Er blickte mich an, als wäre ich nicht ganz klar im Kopf.

«Sag mal ein Wort auf Russisch.»

«*Tschelawjéck.*»

«Das kann ich mir gut merken. Klingt wie ‹Cello weg›.»

«Ja, so kann man natürlich auch eine Sprache lernen», spöttelte Richard. Ich ging gar nicht darauf ein.

«Und nun male mir doch bitte die einzelnen Buchstaben in die Luft, damit ich sie mir vorstellen kann. Ich hab mal in der Schule Altgriechisch gehabt, das Alphabet soll ja dem Russischen recht ähnlich sein.»

«Soll ich dich jetzt bewundern?» Richard sah mich von oben bis unten an.

«Klar doch. Und damit deine Bildung noch weiter aufgemöbelt wird:

Das Wort *kyrillisch* kommt vom bulgarischen Mönch Kyrill, der mit dem christlichen Glauben auch das griechische Alphabet nach Russland gebracht hat.»

«Ich bin beeindruckt.»

«Sollst du auch sein. Nun lass uns aber anfangen.»

Richard konnte sich meiner Hartnäckigkeit nicht entziehen, und in der engen Zelle blieb ihm ja auch keine andere Wahl. Also lehrte er mich von nun an die Grundzüge der russischen Sprache, ja, er entwickelte sogar einen gewissen Ehrgeiz, als er sah, dass ich ihm folgen und das Gelehrte behalten konnte. Ich glaube, diese geistige Beschäftigung tat uns beiden sehr gut.

Nach gut sechs Wochen in Hohenschönhausen wurde mir immerhin wieder erlaubt zu rauchen. Bezahlen konnte ich die Zigaretten von dem Geld, das über Jürgen Stange transferiert wurde. Mir wurde lediglich mitgeteilt, dass mir nun ein kleiner Geldbetrag zur Verfügung stehe. Der Hintergrund war mir zu diesem Zeitpunkt natürlich noch unbekannt. Meinem Vater und meiner Mutter durfte ich auch einen nichtssagenden Brief schreiben, denn es war mir nicht erlaubt, darin die Haftbedingungen zu erwähnen, sonst wäre er sofort konfisziert worden. So schrieb ich nur: «Mir geht es gut, und ich hoffe, euch auch.» Danach erhielt ich noch zwei oder drei Päckchen von ihnen, was Richard und spätere Mithäftlinge mit schweigendem Neid quittierten, obgleich ich natürlich teilte.

Einen Anwalt bekam ich monatelang nicht zu Gesicht, aber ich ahnte, dass irgendwer wie bei Ulrich im Hintergrund wirkte. Sie ließen für mich ein Gefangenenkonto einrichten, auf dem Gelder eingingen. Mit den Gutschriften konnte ich Zigaretten bestellen, die mir in die Zelle gebracht wurden. Wie das genau verrechnet wurde, wusste ich nicht, und es war mir auch egal – Hauptsache, ich hatte wieder Rauchwaren und Streichhölzer. Mit den abgebrannten Enden der Streichhölzer konnte mir Richard die russischen Buchstaben auf unseren hölzernen Zellentisch malen. Auf diese Weise lernte ich eine Vokabel nach der anderen. Bekam ich nach meiner Haftzeit eine russische Zeitung in die Hand, konnte ich diese zumindest so weit lesen, dass ich den groben Inhalt verstand. Richard brachte mir auch russische Volkslieder bei, die er in der Schule gelernt hatte, darunter «Ich lieb dich, Leben». Der lebensbejahende Inhalt war so schmerzhaft und tröstlich zugleich und der Kontrast zu unserem «Leben» so groß, dass dieses Lied uns manchmal Tränen in die Augen trieb.

Aber das Lernen russischer Vokabeln füllte nicht einmal ansatzweise die vielen freien Stunden.

«Wir müssen uns noch mit irgendetwas anderem beschäftigen. Schau dich an, schau mich an. Wir müssen was tun, sonst werden wir hier noch verrückt. Kannst du Schach spielen?»

Mein Zellenmitbewohner nickte, blickte mich aber wieder mal irritiert an.

«Wir brauchen ein Schachbrett.»

«Witzbold», bemerkte Richard.

«Der Tisch!», rief ich.

«Ja. Der Tisch ist ein Tisch», wandte Richard ein.

«Das ist ein Brett!»

«Okay, das ist ein Brett.»

«Wir müssen nur irgendwie Schwarz-Weiß-Felder hinkriegen. Ich habe auch schon eine Idee.»

«Du und deine Ideen.» Richard schüttelte den Kopf.

«Sie sind gelegentlich besser, als du denkst», erklärte ich

selbstbewusst. «Mit den abgebrannten Enden der Streichhölzer ziehen wir nämlich auf dem Tisch Striche. Die Felder müssen ja nicht vollkommen schwarz sein, es reicht eine Andeutung, oder?»

Richard war sichtlich beeindruckt, dann aber kräuselte sich seine Stirn: «Verstehe, aber wir haben keine Spielfiguren. Wir können uns ja schlecht welche schnitzen.»

«Tja», sagte ich, während ich mich in der Zelle umschaute. Mein Blick blieb an unseren Matratzen hängen. Sie wurden mit Kordeln und durchlöcherten Knöpfen zusammengehalten. Die Kordeln, so hofften wir, mussten ausreichen, damit die Matratze nicht auseinanderfiel, die Knöpfe trennten wir durch endloses Drehen einfach ab. Zum Glück gab jede Matratze einen Satz von 16 Figuren her, selbst einige Ersatzfiguren blieben übrig.

«Du hast mutwillig Gefängniseigentum zerstört», bemerkte Richard mit gespieltem Ernst.

Ich grinste. Mit den abgebrannten Streichhölzern markierten wir anschließend die schwarzen Figuren und kennzeichneten sie mit einem entsprechenden Zeichen. K für König, D für Dame, T für Turm usw. Für die weißen Figuren schmierten wir etwas von unserer kalkigen Zahnpasta auf die Knöpfe und markierten sie erneut mit den Streichhölzern. Aufregende Partien waren es ehrlich gesagt nicht, aber darauf kam es auch gar nicht an. Hauptsache, wir waren mit etwas befasst, das uns von dem ablenkte, was an niederschmetternden Gedanken in unseren Köpfen herumgeisterte.

Nachdem man uns zweimal das Spiel konfisziert hatte, war es vorbei mit unserem Hobby. Einkassiert hatten Schließer die Knöpfe immer samstags, dann, wenn Richard und ich wie Herdentiere in die Dusche gejagt wurden. Das Schachspiel war damit gestorben. Ein kleiner Ersatz wurden dann die Bücher, die ich schließlich nach vielen Wochen lesen durfte. Nicht immer waren die Bücher ein großer Gewinn, zumal viele von ihnen sich in einem literarischen Bereich bewegten, den ich in die Rubrik «Kampfbücher» einordnete. In ihnen ging es häufig um den Aufbau des Sozialismus oder die glorreiche Kollektivierung der Landwirtschaft in Kolchosen und LPGs. Die geneigten Leser sollten davon überzeugt werden, dass in der DDR selbstverständlich alles viel besser war als im Westen. Da ich keine Alternativen hatte, verschlang ich nichtsdestotrotz gierig jede Zeile.

Es gab aber auch Perlen unter dem zufällig ausgesuchten Viererpaket, das einem der «Bibliothekar» – meist ein Soldat und seltsamerweise immer mit einem starken sächsischen Akzent – von einem hölzernen Handwagen aus lieblos auf die geöffnete Versorgungsklappe schmiss, von der es gelegentlich auf den Boden fiel. Einmal traute ich meinen Augen kaum, als ich plötzlich Max Frischs *Mein Name sei Gantenbein* in den Händen hielt. Durfte Max Frisch überhaupt in der DDR gelesen werden? Ich wusste es nicht. In dem Roman ging es in meinen Augen vor allem um wechselnde Identitäten. Na, das passt doch zu mir, dachte ich beim Lesen.

Geschäfte im Hintergrund

Heute geht's woandershin», knurrte der diensthabende Wachmann eines Morgens Anfang November, als er mich aus der Zelle holte. Wie üblich liefen wir über den hell erleuchteten Flur Richtung Verhörtrakt.

«Wohin denn dann?», fragte ich, überrascht darüber, dass er überhaupt mit mir sprach.

«Das werden Sie schon sehen.»

Der Raum, in den ich geführt wurde, war größer als der von Leutnant Bergmann, auch mit einem opulenteren Schreibtisch ausgestattet. Die weißen Gardinen leuchteten geradezu vor den vergitterten Fenstern, die von buntbedruckten Vorhängen eingerahmt waren. So «gemütlich» war es bei Bergmann nicht. Auf einem kleinen Schrank stand sogar ein Fernseher.

«Na, wollen Sie mit mir mal die Nachrichten sehen?», fragte der Major mit gespielter Lässigkeit.

Was ist denn jetzt los?, überlegte ich fieberhaft. Der Major hatte mich wohl kaum ohne Hintergedanken zu sich «eingeladen». Das hier war doch ein Trick. Nur was für einer? Weil mir sonst nichts einfiel, sagte ich schlicht: «Ja, gern.»

Der Major mit den listigen Augen strahlte. Er war deutlich attraktiver als Bergmann. Er schaltete die Flimmerkiste an, der Leutnant gesellte sich auch noch zu uns, und zur vollen Stunde wurden die DDR-Nachrichten ausgestrahlt, die *Aktuelle Kamera.*

Es war eine Wiederholungssendung vom gestrigen Abend, dem 27. November 1966. Ein blasser Sprecher verkündete Nachrichten, die ich nicht sofort verstand. Doch dann wurde ich hellhörig. Er berichtete von einem Regierungswechsel in der Bundesrepublik am 11. November. Die FDP hatte ihre vier Minister aus der Ludwig-Erhard-Regierung zurückgezogen und dadurch eine Regierungskrise ausgelöst. Der größere Koalitionspartner CDU/CSU stellte einen neuen Kanzlerkandidaten. Im dritten Wahlgang setzte sich Kurt Georg Kiesinger durch. Der ehemalige Ministerpräsident von Baden-Württemberg wurde der dritte Kanzler der BRD, gewählt mit den Stimmen der oppositionellen SPD. Die beiden größten Fraktionen im Bundestag schlossen sich zusammen.

Diese erste Große Koalition auf Bundesebene bestand aus einer eigenwilligen Mischung von Politikern, die sich jahrelang bekämpft hatten und jetzt zusammenarbeiten mussten. Franz Josef Strauß wurde Finanzminister, der Sozialdemokrat Schiller war für die Wirtschaft zuständig, Herbert Wehner übernahm das Ministerium für gesamtdeutsche Fragen, und Willy Brandt wurde Vizekanzler und Außenminister. Ich wusste sofort: Das war ein Ereignis von enormer Bedeutung. Diese Wahl würde nicht nur die Bundesrepublik verändern, sie würde sich auch auf die Beziehungen mit der DDR auswirken. Überhaupt würde sich politisch etwas bewegen. Nicht umsonst ließen mich der Major und Leutnant Bergmann diese Sendung anschauen. Sie selbst gaben keinen Kommentar ab, aber instinktiv erfasste ich, was sie dachten: dass durch die SPD eine Annäherung stattfinden könnte, ja vielleicht sogar die Aufgabe der Hallstein-Doktrin. Der Major schaltete den Fernseher aus und sagte unvermittelt: «Wir haben einmal Plakate aufgestellt, darauf stand: ‹Friede für die ganze Welt› …»

«Nein», unterbrach Bergmann, es hieß: ‹Frieden für die ganze Welt›.»

Der Major fuhr fort: «Sehen Sie, über die richtige Schreibweise vergessen wir beinahe, wie zentral für unsere Regierung die Friedenspolitik ist, im Gegensatz zu den Revanchisten des Westens. Wussten Sie, dass Kiesinger ein Nazi war?»

Ich wusste es, wusste aber auch um die expansionistische Natur der kommunistischen Ideologie.

Mich verwunderte, dass Bergmann den Major unterbrochen hatte – bis ich darauf kam, dass auch dieses Gespräch eine abgesprochene Inszenierung war. Die beiden uniformierten Männer wollten mir hier etwas über ihre tiefe kommunistische und humanitäre Überzeugung mitteilen. Sie machten ihre Sache verdammt gut, denn ich fragte mich tatsächlich: Wollen sie mich kompromittieren, mir zeigen, wie wenig mir Frieden bedeutet? Oder hoffen sie gar, dass sie mich für ihre sozialistische Friedensidee gewinnen können? Wollen sie, dass ich die Seiten wechsle?

Es wurde nicht weiter erklärt, warum man mich zum Fernsehen eingeladen hatte. «Genug für heute», sagte der Major in die Stille hinein. «Der Leutnant wird sich weiter um Sie kümmern.»

Bergmann machte einen Schritt zur Tür und rief nach dem Schließer. Auf die ganze Episode konnte ich mir nicht so recht einen Reim machen.

In Westdeutschland liefen die Bemühungen um meine Freilassung inzwischen auf Hochtouren. Hauptakteur beim Austausch oder Freikauf von Gefangenen im Auftrag des Ministeriums für gesamtdeutsche Fragen war auf Bonner Seite, wie gesagt, der Westberliner Rechtsanwalt Jürgen Stange, der seine Kanzlei in der Schlüterstraße hatte und ein Verhandlungs-, aber kein Abschlussmandat besaß. Stanges Gegenüber war der Ostberliner Anwalt Wolfgang Vogel, der offiziell im Auftrag des Generalstaatsanwalts der DDR agierte.

Auch Vogel konnte allein verhandeln, aber nicht entscheiden, obwohl er Zugang zu Erich Honecker hatte, der damals noch Sicherheitssekretär des Zentralkomitees der SED war. Erst Anfang der siebziger Jahre stieg er zum Generalsekretär auf. Vogel musste seine Aktionen mit dem Ministerium für Staatssicherheit abstimmen. Natürlich war auch Staatschef Walter Ulbricht als Vorgesetzter von Mielke involviert.

Ohne die Doppelspitze Vogel und Stange ging gar nichts. Vogel war für die Verhandlungen zuständig, die Partei erstellte die Namenslisten der freizulassenden Personen. Ich vermute, dass die Bundesrepublik diese Listen noch besitzt, sie aber aus datenschutzrechtlichen Gründen nicht öffentlich macht. Und selbstverständlich hatte auch die westdeutsche Regierung ihre Listen. Und dann bemühte man sich darum, beide Listen irgendwie mit der gegnerischen in Einklang zu bringen. Manche Namen wurden problemlos abgehakt, aber nicht immer bekamen beide Seiten das, was sie wollten. Bei bestimmten Fällen arbeitete man sich wohl auch schrittweise heran, stellte sie gegebenenfalls zurück, bis sich eine günstigere Gelegenheit bot. Bittere Kämpfe wurden da ausgefochten. Man kann ahnen, was Freiheit oder Fortsetzung der Haft für die betroffenen Menschen bedeutet haben müssen. Wussten sie überhaupt von den Verhandlungen?

Größere Streitigkeiten löste zum Beispiel der Fall Heinz Felfe aus. Felfe war geborener Dresdner und hatte das Handwerk der Auslandsspionage im Berliner «Reichssicherheitshauptamt» der SS gelernt. Nach dem Zweiten Weltkrieg arbeitete er für den Bundesnachrichtendienst, zuletzt als Chef der KGB-Abteilung. Nachdem er jahrelang als Doppelspion gelebt hatte, wurde er als Spion des KGB enttarnt und am 9. November 1961 verhaftet. Er hatte in dieser Zeit vielen Personen geschadet, hatte CIA-Agenten in der DDR und in der UdSSR auffliegen lassen. Felfe wurde zu 14 Jahren Zuchthaus verurteilt. Die DDR wollte ihn gleich nach der Verurteilung freikaufen, was die Bundesrepublik jedoch ablehnte. Erst als die DDR Druck machte und damit drohte, die gesamte Freikaufpolitik der BRD ad acta zu legen, ließ man Felfe ziehen. Nicht lange danach erhielt er eine außerordentliche Professur für Kriminalistik an der Humboldt-Universität in Ostberlin.

Felfe spielte aber auch in meinem Fall eine Rolle. Vogel rechnete nämlich damit, dass ich ähnlich wie der Top-Spion zu 14 Jahren Gefängnis verurteilt werden würde, und schlug deshalb der Regierung in Bonn über Jürgen Stange vor, mich gegen Felfe auszutauschen. Die bundesrepublikanische Seite reagierte auf diesen Vorschlag empört, so als hätten ihn alle guten Geister verlassen. Felfe habe massenweise Leute ans Messer geliefert, das könne man nicht miteinander vergleichen, ein solcher Austausch sei nicht adäquat. Die Argumentation: Heinz ist ein Idealist, Felfe hingegen ein beinharter, skrupelloser Doppelspion. Der eine hat selbstlos gehandelt, der andere wissentlich, um eigene Vorteile aus seinem Handeln zu ziehen. Nein, das kam nicht in Frage.

Jürgen Stange beherrschte sein Handwerk. 1963 hatte er den allerersten Häftlingsfreikauf organisiert und mit durchgeführt. Mit der vereinbarten Summe war er mit der S-Bahn von der Lehrter Straße zur Friedrichstraße gefahren, wo der Stasi-Offizier Heinz Volpert – der Führungsoffizier von Vogel – das Geld an sich genommen hatte. Als Gegenleistung erhielt Stange den «Häftling», mit dem er gemeinsam in der S-Bahn zurück nach Westberlin reiste. Später fanden keine Barzahlungen mehr statt, sondern es wurden Gutschriften ausgestellt. Die DDR verwandte die Gutschriften zum Kauf von Gütern, die sie dringend brauchte. Von seltenen Metallen über Computer bis hin zu bestimmten Geldbeträgen und Krediten war alles dabei. Die Produkte wurden bestellt und geliefert, bis die Gutschriften erschöpft waren – oder erneuert wurden. Auch hier hatte der Stasi-Oberst Heinz Volpert eine tragende Rolle (der zwecks Devisenbeschaffung ein umfangreiches Firmennetz in der BRD betrieb). In das Geschäft mit begehrten Waren war aber auch die Evangelische Kirche involviert. Sie sorgte für einen reibungslosen Transfer der Gelder, die aus geheimen Fonds des Bundeshaushalts stammten. Für mich zeigt dieser Zusammenhang zwischen Häftlingsaustausch und Warenhandel: Menschenhändler war in erster Linie die DDR, nicht die idealistischen Fluchthelfer.

Während Briefe zwischen Stange und Vogel und der Bonner Regierung archiviert sind – die entsprechende Korrespondenz wurde zu großen Teilen veröffentlicht –, so sind Briefe zwischen Vogel und der DDR-Regierung bislang nicht aufgetaucht. Vogels Ansprechpartner waren vornehmlich Mielke, der DDR-Generalstaatsanwalt Josef Streit und Volpert, später auch Honecker. Volpert war die Schlüsselfigur des Häftlingsaustauschs. Er war Stasi-Chef Erich Mielke direkt unterstellt und soll mitentschieden haben, wer freigekauft werden durfte – und zu welchem Preis. Volpert war gelernter Landwirt. Zusammen mit dem Wirtschaftsfunktionär Alexander Schalck-Golodkowski verfasste er über diese Tauschgeschäfte an der Juristischen Hochschule in Golm bei Potsdam eine Doktorarbeit. Titel: «Vermeidung ökonomischer Risiken und Erwirtschaftung zusätzlicher Devisen». 1986 starb er unter mysteriösen Umständen, er wurde tot in der Sauna in seinem Berliner Eigenheim aufgefunden.

Neben Volpert ließen sich bislang noch zwei weitere Kontakte nachweisen. Einer führte zu DDR-Generalstaatsanwalt Josef Streit, der sein Berufsleben als Buchdrucker begonnen hatte und anschließend eine «exemplarische Karriere im Arbeiter-und-Bauern-Staat» hinlegte, wie der *Spiegel* im Juli 1987 in einem Nachruf befand. Weiter hieß es dort: «Der Absolvent eines Volksrichterlehrgangs trug wesentlich zur Gestaltung des DDR-Rechtssystems bei – für ihn das Gegenmodell zur ‹Klassenjustiz der Weimarer Republik› (so der Titel seiner Doktorarbeit) ...»

Streit war der Vorgesetzte aller Staatsanwälte der DDR und sehr linientreu. Dritter im Bunde war Mielke selbst, zu dem Vogel regelmäßig Kontakt hatte. Sicherlich gab es auch gelegentliche Begegnungen mit Honecker, über die aber nur wenige Details bekannt sind. Vogel und Stange arbeiteten natürlich sehr eng zusammen, wobei Vogel die ungleich schwierigere Aufgabe hatte, da er sich keinen Ärger von Seiten des Parteiapparats zuziehen durfte. Er musste extrem diskret vorgehen, und dafür war er auch bekannt.

Als Vogels Vorschlag, Volker Heinz gegen Heinz Felfe auszutauschen, nicht akzeptiert wurde, ließ sich der DDR-Anwalt davon in keiner Weise beirren. Er gab einfach die unzweideutige Androhung seiner Regierung weiter nach Bonn und wartete auf eine Reaktion. Und der massive Druck zeigte Wirkung, denn es standen ja auch die ohnehin sehr zähen Verhandlungen über die zweiten Passierscheinvereinbarungen auf dem Spiel. Und deshalb wurde weiter gepokert.

Als ich Stange später nach dem Tauschgeschäft fragte, war er der Meinung, dass es niemals um den Tausch «Heinz gegen Felfe» gegangen sei; sondern es hätten ganz andere Namen auf der Liste gestanden. Ich bin in dieser Sache aber eher geneigt, Vogel zu folgen (und entsprechenden Aktenhinweisen). Denn warum sollte er in meinem Fall gelogen oder gar etwas erfunden haben? Das halte ich für absolut unwahrscheinlich. Eher denke ich, dass Stange sich einfach nicht richtig erinnern konnte.

Auch wenn ich es abschließend nicht beweisen kann, bin ich davon überzeugt, dass Vogel die Wahrheit sagte, zumal er letzten Endes auch tatsächlich erreichte, dass Felfe freikam – nur eben nicht 1966, sondern erst 1969, als Brandt zusammen mit den Liberalen eine Koalition einging. 1969 löste auch Gustav Heinemann den oft spöttisch belächelten Heinrich Lübke als Bundespräsident ab. Er musste die Begnadigung von Felfe unterzeichnen. Es wundert mich nicht, dass Felfe erst zu dieser Zeit freikam und ausgetauscht wurde. Unter den Hardlinern der CDU/CSU wäre das nicht passiert, sie hätten sich von einer solchen Begnadigung nicht überzeugen lassen. Sie waren ja auch massiv gegen die Ostpolitik. Und so zeigte sich für mich im Nachhinein ganz deutlich, wie sehr der Häftlingstausch an aktuelle politische Konstellationen geknüpft war und dass die Freiheit einer Person davon abhing, ob es aus politischer Sicht die bestmögliche Zeit zum Tausch war oder nicht. Die Gefangenen wurden so zu einer zentralen Ressource innerhalb der deutsch-deutschen Diplomatie.

«Los», hieß es kurz nach meinem Fernsehbesuch bei dem Major. «Ihr zieht in eine andere Zelle um.»

Zusammenpacken mussten Richard und ich nicht viel, wir schnappten uns nur rasch Zahnbürsten, Zahnpasta, Plastikschüssel, Wörterbuch, Stift und Zettel – und schon waren wir bereit für den Umzug. Ohne Begründung wurden wir in eine Dreierzelle verlegt, die merklich größer war. In dieser Zeit lernten wir erst richtig zu schätzen, wie viel Glück wir bisher hatten. Auch wenn wir nicht viel miteinander sprachen, kamen wir doch gut miteinander aus, und vor allem beachteten wir gewisse Grundregeln des Zusammenlebens. Dass das im Gefängnis nicht selbstverständlich war, lernte ich spätestens, als wir zunächst die Ehre eines verrückten ehemaligen Moïse-Tschombé-Söldners aus Dresden hatten, der gerne frauenfeindliche Sprüche vom Stapel ließ und eine sadistische Freude daran hatte, uns zu ekeln. Wenn Frustrationen ihn überfielen, brüllte er. Der Gipfel war für mich allerdings bald erreicht, als er mir eines Nachts einfach so auf meine Füße pinkelte. Ich machte einen Riesenaufstand – und wurde tatsächlich erhört. Der Mann musste unsere Zelle verlassen.

Nach dem Auszug des Fußpinklers wurde uns ein Italiener zugeteilt, den ich Giovanni nannte. Er hatte schöne, schwarze Haare und war eher von schmaler Statur. Er war unglaublich melancholisch, denn er hielt sich für einen verkannten Poeten, wie er uns bald eröffnete. Da ich kein Italienisch sprach und Giovanni nur gebrochen Deutsch, unterhielten wir uns auf Französisch. Weil er unentwegt plapperte, noch dazu äußerst gestenreich, war er durchaus eine Belebung für unser ödes Zellendasein.

«Wieso bist du hier?», fragte ich Giovanni, nachdem er sich am ersten Tag zu uns an den Tisch gesetzt hatte.

«Na ja», erklärte er. «Das ist eine etwas komplizierte Geschichte. Als Ausländer bin ich über den Checkpoint Charlie in die DDR gereist, und mein Hobby ist es, Gedichte zu schreiben.» Er sprach immerzu von *«ma poésie»*.

«Das ist doch kein Verbrechen. Da muss doch irgendwas passiert sein.» Ich war neugierig geworden. Es folgte eine längere Erklärung: «Ich war in einem Lokal in Ostberlin und arbeitete den ganzen Tag voller Freude an *ma poésie* – und am Abend ging ich wieder zurück über die Grenze. Drüben bemerkte ich, dass ich mein Buch mit den Gedichten im Lokal liegen gelassen hatte.

Ich kehrte also um, und den Grenzern in der Baracke sagte ich: ‹Ich muss zurück, ich habe in einer Gaststätte meine Poesie vergessen.›»

«Und die haben dich dann ausgelacht und wieder zurückgeschickt?»

«Genau. Woher weißt du das?»

Ich zuckte nur mit den Schultern.

Giovanni fuhr fort: «Ich war so wütend und unglücklich über den Verlust, dass ich in der Nacht auf die Mauer kletterte und von dort auf der anderen Seite wieder hinunter. Vorher hatte ich mir noch von einem der Anwohner eine Leiter organisiert. Es gelang mir zwar, die Grenze zu überwinden, aber ich wurde auf der anderen Seite sofort verhaftet.»

Ich war sprachlos. Das konnte eigentlich nicht sein Ernst sein. Nachdem ich ihm die Geschichte übersetzt hatte, warf Richard mir einen Blick zu, der besagte: Tickt der richtig? Egal, ob Giovanni, der nicht Giovanni hieß, sich diese Geschichte nur ausgedacht hatte oder nicht – uns war es egal, er brachte uns immerhin mal zum Lachen.

Schon die Erhard-Regierung hatte Bemühungen unternommen, jährlich eine bestimmte Anzahl von Häftlingen freizubekommen. Dies geschah in sogenannten Jahresaktionen, wobei sich die DDR nicht immer an die Abmachungen hielt, etwa wenn Häftlinge mit langen Haftstrafen, die sogenannten «Langstrafer», gefordert wurden, aber nur Häftlinge ausgeliefert wurden, die ohnehin nur noch eine kurze Strafe zu verbüßen hatten. Im Nachhinein erfuhr ich, dass ich Teil der Jahresaktion 1966 werden sollte – sie lief von September bis Weihnachten –, doch dann war der Zeitpunkt doch ungünstig, zumal die Vernehmungen und vor allem der Strafprozess, für die DDR eine unabdingbare Vorbedingung für eine Entlassung, noch nicht abgeschlossen waren. Die DDR hatte auch schon früh erkannt, dass es von westdeutscher Seite ein besonderes Interesse an mir gab, und da hatte man sich gedacht: Den können wir zu besseren Bedingungen verkaufen, wenn schon nicht gegen Felfe, dann eben in anderer Weise. Andernfalls wäre ich wie viele andere in einer «Sammelaktion» mit einem Bus über die Grenze gekommen. Aber so war ich ein interessantes Pfand und wurde zu einem «Spezialfall». Das erklärt auch, warum später meine Strafe so hoch ausfiel. Sie lag nämlich im Bereich von Hochverrat und Schwerverbrechen, schließlich mussten Leistung und Gegenleistung sich in etwa entsprechen, und an der Schraube der Straflänge konnte man leicht drehen.

In welchem Umfang die Geschäfte mit Sammeltransporten erfolgten, zeigt ein Schreiben von Jürgen Stange an den Bevollmächtigten des Rates der Evangelischen Kirche in Deutschland, Bischof Kunst, eines der wenigen öffentlich gemachten Dokumente aus dieser Zeit. Am 23. November 1966 diktierte der Berliner Anwalt:

> *Sehr verehrter, hochwürdiger Herr Bischof!*
> *Mit meinem Schreiben vom 26. Oktober 1966 teilte ich Ihnen mit, daß die Gegenseite bereit sei, auch den Familienangehörigen der Häftlinge, die in diesem Jahr im Rahmen der Sonderaktion über Wartha zur Entlassung gekommen sind, die Ausreise zu erteilen.*
> *Mir liegen jetzt die abschließenden Listen über diesen Personenkreis vor. Insgesamt sind 182 Familienmitglieder betroffen. Das würde einen zusätzlichen Betrag in Höhe von 2,1 Mio. DM bedeuten.*

Das Zahlenbild für die anderen Punkte stellt sich wie folgt dar: Insgesamt ist davon auszugehen, daß im Rahmen der Aktion 410 Häftlinge zur Entlassung kommen. Die Entlassungen sind bis auf 7 Fälle durchgeführt. Bei diesen Häftlingen handelt es sich um Kranke, die bisher nicht transportfähig waren, die aber in den nächsten Tagen noch überstellt werden.
Als Gegenleistung dafür wäre ein Betrag von 16,4 Mio. DM zu veranschlagen.
Auf dem Sektor der Familienzusammenführung könnte die Ausreise für insgesamt 546 Personen, das sind 21 Listen à 300 000,– DM, erreicht werden. Das ergibt einen Gesamtbetrag von 6,3 Mio. DM.
Sofern die weiteren, oben genannten 7 Listen Familienzusammenführungen und die früher verauslagten Beträge mit einbezogen werden, würde die Gesamtsumme den Rahmen von 25,0 Mio. DM übersteigen. Bisher hat MinRat Rehlinger mir keine Zusage gegeben, daß die erwähnten 7 Listen Familienzusammenführungen mit einbezogen werden können. Er verwies darauf, daß die Zahl den Anfang des Jahres in Aussicht genommenen Umfang übersteigen würde.
Eine Klärung läßt sich nach meiner Ansicht nur auf höherer Ebene herbeiführen.
Mit vorzüglicher Hochachtung
J Stange

Die Kirchen dienten als «Vermittler» und Vorreiter im deutsch-deutschen Freikaufgeschäft, wobei sie auch vom Handel profitierten. Ludwig Rehlinger war damals Ministerialbeamter im Bundesministerium für gesamtdeutsche Fragen unter Rainer Barzel, bei den Verhandlungen über den Häftlingsfreikauf aus der DDR hatte er eine zentrale Rolle inne (er selbst war auch ein Gegner der späteren Ostpolitik von Willy Brandt).

Während ich mich also von meinem italienischen Zellengenossen in Poesie unterrichten ließ, wurde in Ostberlin und Bonn bereits heftig darüber diskutiert, wie nun mit mir zu verfahren sei. Dass diese Diskussionen jedoch schon bald zu Ergebnissen führen sollten, davon ahnte ich zu diesem Zeitpunkt nichts.

Ein Hoffnungsschimmer

Anfang 1967 machten meine Eltern Urlaub in Garmisch-Partenkirchen. Vogel und Stange waren ohnehin immer unterwegs, doch an einem Tag hielten sich beide in München auf, eine gute Möglichkeit, um sich gemeinsam in der bayerischen Landeshauptstadt mit meinen Eltern zu treffen. Stange berichtete mir nach meiner Freilassung von diesem Treffen.

Mein Vater war angespannt und neugierig. In den Augen meiner Mutter glitzerten die meiste Zeit Tränen, es quälte sie sehr, dass ich in Untersuchungshaft war.

Vogel wandte sich zuerst an meinen Vater: «Herr Heinz, es laufen Verhandlungen, die Ihren Sohn betreffen.»

«Ja, das höre oder lese ich immer wieder. Aber was das genau heißt, weiß ich immer noch nicht. Wissen Sie nicht irgendetwas Konkretes?» Die Warterei zehrte an der Geduld meines Vaters.

«Sie wissen doch, dass das nicht möglich ist, alle Verhandlungen dieser Art zwischen BRD und DDR sind geheim.»

«Aber schon seit Wochen sagt man mir nichts Neues – kann man denn da nichts forcieren?» Meinem Vater gefiel es nicht, dass er wieder einmal nichts tun konnte, sondern sich dem, was die Anwälte taten – oder eben nicht taten –, beugen sollte.

«Sie müssen es so sehen, Herr Heinz, bevor der Prozess Ihres Sohnes nicht läuft», erklärte Vogel nüchtern, «können wir ihn nicht aus Hohenschönhausen rausholen. Wir müssen erst das

Strafmaß abwarten, danach richtet sich alles. Sie sollten im Interesse Ihres Sohnes bitte jegliche Eigeninitiative unterlassen.»

Mein Vater seufzte und nickte. Er tat viel für mich – ganz einfach deshalb, weil er mich trotz meiner vielen Eskapaden liebte. Im tiefsten Inneren seines Herzens war er ein warmherziger Mensch, konnte dies aber nicht zeigen.

Jetzt blickte er Vogel und Stange verschmitzt an. «Man könnte geradezu den Eindruck gewinnen, als wären Sie eine Art Geheimbund.»

Vogel schmunzelte. «Na ja, so ganz falsch liegen Sie da nicht.»

«Und wie lange dauert es etwa, bis meinem Sohn der Prozess gemacht wird?»

«In der Regel rund fünf Monate.»

«Dann müsste es ja bald so weit sein», warf meine Mutter hoffnungsvoll ein.

Vogel zögerte einen Moment, bevor er antwortete: «Leider wird es bei Ihrem Sohn wohl etwas länger dauern. Wenn er nur einem oder zwei DDR-Bürgern zur Flucht verholfen hätte, dann wäre die Sache halb so schlimm. Aber es geht um über 60 Personen, und es geht um die angewandte Methode, um den Einsatz eines Diplomaten. Das ist eine völlig andere Dimension, die kann man nicht einfach ignorieren und so tun, als wäre das nur ein Dummer-Jungen-Streich. Es liegt eine komplette Liste vor, mit allen Ein- und Ausreisedaten.»

Wieder schwammen Tränen in den Augen meiner Mutter.

«Ist es für Sie persönlich oder gesellschaftlich schwierig, damit umzugehen, dass Ihr Sohn im Gefängnis sitzt?», wagte Stange zu fragen.

Mein Vater schüttelte energisch den Kopf. «Gesellschaftlich nicht, eher persönlich. Sehen Sie meine Frau an. Und Volkers drei

Geschwister leiden still vor sich hin. Für mich ist seine Fluchthilfe die Fortsetzung seiner draufgängerischen Veranlagung, der er ohne Rücksicht auf seine familiäre Umgebung gerne erliegt.»

Meine Mutter widersprach ihm überraschend vehement, doch sie tat eigentlich nur das, was sie immer tat: Sie verteidigte mich.

«Nein, für mich ist er ein Held, er hat so vielen Menschen zur Freiheit verholfen!»

Mein Vater blickte schweigend zur Decke, als wollte er signalisieren, dass ihn sowieso keiner richtig verstünde.

Beim Abschied meinte Vogel: «Glauben Sie mir, es sind gute Nachrichten, die wir Ihnen mitgebracht haben.»

Mein Vater musste für meinen Freikauf nichts bezahlen. Anders als die Bundesregierung, aber wie viel, habe ich nie erfahren. Das Geschäft mit der Freiheit hatte tatsächlich eine beeindruckende Dimension angenommen. Zwischen 1963 und 1989 wurden insgesamt 33 755 politische Häftlinge vorzeitig aus der Haft entlassen. Dafür zahlte die Bundesregierung in diesen 26 Jahren rund 3,5 Milliarden D-Mark, also rund 100 000 Euro pro Person. Anfangs wurden die Summen individuell ausgehandelt, doch nachdem der Austausch sich zu einem Massengeschäft entwickelt hatte, wurde schnell klar, dass man nicht immer neu feilschen konnte. Daher legte man schließlich einen Einheitspreis fest, von dem in besonderen Einzelfällen – meist nach oben – abgewichen wurde. Nach den Andeutungen, die Vogel später mir gegenüber gemacht hat, lag der Preis für meine Freilassung – neben dem weiter verabredeten Freitausch gegen zwei KGB-Spione – deutlich über dem Normaltarif. Mehr konnte ich nicht in Erfahrung bringen.

Inzwischen war es März geworden. 1967. Erst verschwand Richard aus der Zelle, kurze Zeit später auch Giovanni. Ich sah beide nie wieder. Ich wurde in einer Einzelzelle untergebracht, was mir nicht ganz unlieb war. Meine Depressionen hatte ich mittlerweile im Griff, aber natürlich war es immer noch schwer vorstellbar, was für eine lange Zeit noch vor mir lag. Ich hatte nicht damit gerechnet, aber dann, nach fast sechs Monaten Untersuchungshaft, fand eine erste kurze Begegnung mit Wolfgang Vogel statt, eine zweite folgte Anfang Juni. Zu beiden Terminen wurde ich in einem der Gefangenentransporter in die Magdalenenstraße gebracht.

Ein Anwalt, dachte ich begeistert, endlich ein Anwalt, ein Mann, mit dem ich in Ruhe über alles sprechen kann. Mein Herz lief geradezu über vor Freude, als ich in einem der fensterlosen Transportkäfige saß, in fieberhafter Erwartung eines ersten offenen Gesprächs seit Monaten.

In der Haftanstalt Magdalenenstraße führte man mich in einen dieser kahlen Räume, die ich mittlerweile gewohnt war.

«Setzen Sie sich an den Tisch», befahl mir ein Wärter und wies demonstrativ auf einen Stuhl, ein zweiter stand auf der anderen Seite. Er war noch unbesetzt.

«Wo ist er?», fragte ich.

«Warten Sie.»

Der Wärter blieb an der Tür stehen, wobei er mich keine Sekunde aus den Augen ließ. Ich spürte seinen stechenden Blick am gesamten Körper.

«Hände auf den Tisch», befahl er.

War das hier eine Finte? Ging es hier vielleicht um etwas ganz anderes? Innerlich bereitete ich mich schon darauf vor, dass das Anwaltsgespräch nur ein vorgeschobener Grund war. Vielleicht folgte ja jetzt eine Agentenanwerbung, mit brutaleren Methoden als denen, die der Major aufgezogen hatte – wenn er denn überhaupt eine solche im Sinn gehabt hatte.

Ich blickte mich um. Der Raum war gelblich braun gekalkt, die gleiche Farbe wie in Hohenschönhausen. Bis auf den Tisch und die beiden Stühle war er vollkommen leer. Gespenstisch leer. Ich starrte auf den Tisch mit einer schmutzig grauen Resopalplatte. Dann: ein Klopfen. Der Schließer klapperte mit seinem Schlüsselbund. Als die Tür aufging, sah ich aus den Augenwinkeln einen etwa 1,75 m großen, etwas untersetzten Mann mit einem feingeschnittenen Gesicht und großer Brille eintreten. Seine Haare wurden im oberen Kopfbereich schon leicht schütter. Er trug einen Anzug aus gutem Stoff, der Krawattenknoten saß perfekt, unter den Arm hatte er eine Aktentasche geklemmt, die aber erstaunlich dünn war. Viele Papiere hatte er nicht bei sich. Dennoch: Das konnte kein Mitarbeiter der Staatssicherheit sein, er sah ganz so aus, wie man sich einen Anwalt vorstellt. Ich schätzte, dass er 20 Jahre älter war als ich (es war keine schlechte Schätzung, es waren 18). Insgesamt machte er sofort einen guten Eindruck auf mich. Ein eher stiller Mensch.

Als er den Besucherraum betrat, den Wärter im Rücken, legte er den Zeigefinger auf die Lippen und deutete mit den Augen an die Decke. Klar. Wir wurden abgehört. Wieso hatte ich nicht daran gedacht? Enttäuschung machte sich breit. Ein offenes Gespräch konnte ich vergessen. Dabei hatte ich so viele Fragen. Aber ich musste schweigen, das hatte er mir deutlich zu verstehen gegeben.

«Guten Tag. Sie sind mein Anwalt?», begrüßte ich ihn.

«Ja», bestätigte Vogel. Er hatte eine freundliche, angenehme Stimme. «Vogel ist mein Name, und Sie sind Volker Heinz?

Ich nickte.

In aus rechtsstaatlicher Sicht etwas zweifelhafter Weise vereinte Wolfgang Vogel viele Rollen in seiner Person, denn er war nicht nur mein Anwalt, sondern gleichzeitig auch im Dienst des

Staates tätig, der die Strafverfolgung betrieb. In dieser Funktion war er ein Lieferant, der politische Gefangene im Angebot hatte. Überspitzt könnte man sagen: menschliche Erleichterung gegen harte D-Mark. Aber es war damals eben eine Ausnahmesituation. Als Wolfgang Vogel 2008 starb, schrieb die *FAZ* in ihrem Nachruf: Er «war einer der wenigen Menschen, die in der Zeit des Kalten Krieges den Traum von der Freiheit verwirklichen konnten. Er war die letzte Hoffnung für viele Ausreisewillige aus der DDR und auch für einige Spione.» So hatte ich es ebenfalls gesehen, und ich hatte ihn immer verteidigt, wenn man seine Geschäfte als schmutzig befunden, ihn als «Zentralfigur des modernen Menschenhandels» *(Die Welt)* oder als «Advocatus Diaboli» (Craig Whitney) bezeichnet hatte.

Vogel war seit seinem zweiten Staatsexamen in Ostberlin tätig, drei Jahre später hatte er auch eine Zulassung als Anwalt in Westberlin. Danach verhandelte er mit der Bundesregierung in Bonn den Freikauf von 33000 Häftlingen aus DDR-Gefängnissen und die Übersiedlung von mehr als 250000 DDR-Bürgern in den Westen. Bei den ausgetauschten Spionen soll sich die Zahl auf insgesamt 150 Fälle belaufen. 1985 erhielt Vogel (wie Felfe) eine Professur an der SED-Kader-Hochschule für Recht und Verwaltung. Nach der Wende wurde er selbst angeklagt, man warf ihm vor, er habe Bürger der DDR unter Druck gesetzt, ihre Häuser bei einer Ausreise an entsprechende Personen aus dem Parteiapparat zu verkaufen. Sein Freispruch wurde von seinen Freunden und Bewunderern mit großer Freude und Erleichterung begrüßt.

Das Gespräch dauerte höchstens zehn Minuten. Vogel teilte mir mit, wann der Prozess voraussichtlich stattfinden würde. Es waren noch mehrere Monate bis zum Termin. Nicht gerade erfreulich.

«Und was erwartet mich dann?», fragte ich, etwas entmutigt.

«Nun, Sie haben mit einer erheblichen Freiheitsstrafe zu rechnen», erwiderte er ernst. «Ich versuche selbst zu der Verhandlung zu kommen, aber es kann gut sein, dass ich meinen Kollegen Dr. Berg schicken muss. Doch es gibt Hoffnung.»

Meine Augen blitzten auf. «Was für eine Hoffnung?»

Wieder legte Vogel die Finger auf die Lippen. «Das kann ich Ihnen nicht sagen», flüsterte er. «Und Sie haben diese Äußerung auch nicht gehört. Verstanden?»

Die nächsten Wochen verbrachte ich einsam in meiner Zelle. Ich las viel, lernte weitere russische Vokabeln, rannte so oft es ging im Freigangkäfig umher. Wurde ich von düsteren Gedanken überwältigt, setzte ich den drohenden Depressionen einen Riegel vor. *Aber es gibt Hoffnung.* Die Erinnerung an diesen einen Satz richtete mich auf und ließ die Isolation erträglicher werden.

Erst gut zwei Monate später, Anfang Juni, gab es ein zweites Treffen mit Vogel, am selben Ort, im selben Raum.

«Ihr Prozess ist in zwei, drei Wochen», sagte Vogel. Und wieder machte er eine kryptische Bemerkung, die sich in meinen Ohren jedoch zu einer guten Botschaft verwandelte: «Wir machen große Fortschritte. Es geht bald los.»

Das konnte zwar wirklich alles bedeuten, aber in meinen Ohren, die nur Gutes hören wollten, konnten «große Fortschritte» nur etwas Gutes bedeuten. Ich war mir sicher: Es war eine verschlüsselte Nachricht und sollte bedeuten: Du musst zwar vor Gericht, aber wir haben etwas in der Hand. Nur was, das wusste ich nicht.

Weitere Informationen erhielt ich auch bei diesem Gespräch nicht, denn es war davon auszugehen, dass wir auch dieses Mal abgehört wurden. Wenig später verließ Vogel den Raum, und ich wurde wieder in Handschellen zurück in den fensterlosen Transporter und nach Hohenschönhausen gebracht.

Die Tage bis zum Prozess zogen sich nun endlos in die Länge. Waren nicht schon vier Wochen vergangen, seitdem ich Vogel das letzte Mal getroffen hatte? Nein, es kam mir nur so vor, es waren erst sieben Tage vergangen. Die Zeit war der schlimmste Feind in der Zelle.

Währenddessen ging es auch in Bonn vorwärts. Man hatte sich entschieden, gegen wen man mich rausholen wollte. Am 16. Juni 1967 teilte Rechtsanwalt Stange der Bundesregierung in einem Schreiben an Ministerialrat Rehlinger mit:

> *… Im Falle einer Begnadigung des in der Strafanstalt Bochum einsitzenden Clemens hat sich die Gegenseite bereit erklärt, den Studenten Volker Heinz bis spätestens Ende Juli zu entlassen.*

Mein Fall wurde also auf eine Weise doch mit Heinz Felfe verknüpft. Hans Clemens war Felfes enger Mitarbeiter, KGB-Spion wie Felfe. Er war in der Bundesrepublik zu zehn Jahren Haft verurteilt worden. Vogel reagierte auf das Angebot seitens der DDR mit einem Schreiben vom 20. Juni an Jürgen Stange:

> *In dieser Sache haben wir mehrfach verhandelt. Ich bin nun ausdrücklich autorisiert worden, Ihnen mitzuteilen: 1. Herr Heinz wird in der ersten Julihälfte unter der Voraussetzung nach Westberlin oder in die Deutsche Bundesrepublik (nach Wahl Ihrer Seite) entlassen, daß Herr Hans Max Clemens spätestens Zug um Zug zur Entlassung gelangt. Es sollte möglich sein, daß ich Herrn Clemens einen Tag vor seiner*

Entlassung sprechen kann, um zu klären, wo Herr Clemens künftig seinen Wohnsitz nehmen möchte. Sie, sehr geehrter Herr Kollege, haben umgekehrt in so gelagerten Fällen auch die Möglichkeit zu einer Aussprache in einer hiesigen Haftanstalt. 2. Die Ihnen bereits bekannten 15 Mittäter im Sachkomplex des Herrn Heinz werden im Verlauf der Aktion 1967 entlassen. Die Verfahren sind größtenteils noch nicht abgeschlossen. 3. Meine Seite erklärt sich ausschließlich deswegen einverstanden, weil dieses Arrangement geeignet sein sollte, den Fall Felfe noch im Jahre 1967 einer beiden Seiten gerecht werdenden Lösung näher zu bringen. Ich enthalte Ihnen nicht, daß ursprünglich von meiner Seite aus vorgesehen war, auf den Fall Heinz plus Mittäter nur im Zusammenhang mit dem Fall Felfe einzugehen. Die Bereitschaft auf der Grundlage meines heutigen Schreibens möge nicht mißgedeutet, sondern anerkannt werden. Die Hauptverhandlung gegen Herrn Heinz findet am 27. VI. 1967 vor dem Stadtgericht von Groß-Berlin, Justizgebäude Littenstraße, Saal 395, statt. Eine publizistische Auswertung ist nicht vorgesehen. Der Sachkomplex ist sehr umfangreich. Mehr als 30 Schleusungen sind gelungen. Es hat diplomatische Verwicklungen gegeben. Auf das Strafmaß werden die besonderen Bemühungen keinen Einfluß haben, unabhängig davon, ob eine Einigung erfolgt oder nicht. Da über die Begnadigung des Herrn Heinz durch den Herrn Staatsratsvorsitzenden entschieden werden muß, wird eine Vorbereitungszeit von 10 Tagen benötigt. Daher erbitte ich Ihre alsbaldige Stellungnahme.

Ohne dass ich einen blassen Schimmer davon hatte, wurden im Hintergrund deutsch-deutsche Fäden gezogen. Neben Clemens wurde zudem noch ein weiterer KGB-Spion gegen meine Freilassung ausgetauscht. Der Name des zweiten Spions ist mir bis heute nicht bekannt. Interessant ist aber, dass bei diesem Deal (und auch vielen anderen) die DDR von der Sowjetunion für ihre Zwecke missbraucht wurde: Clemens und Felfe waren schließlich keine DDR-, sondern KGB-Spione!

Der Scheinprozess

Volker Heinz ist zur Fluchthilfe verführt worden. Er wurde zum Werkzeug des Klassenfeindes …» Vogels Kollege, Dr. Berg, vertrat mich während der Gerichtsverhandlung am 27. Juni 1967. Berg war ein älterer Herr mit grauen Haaren in einem grauen Anzug, der ihm eine Nummer zu groß war. Er bemühte sich aufrichtig, die lange Liste der Fluchtaktionen in einem besseren Licht erscheinen zu lassen. Aber was konnte er schon zu meiner Verteidigung vortragen? Ich hatte ein Verbrechen begangen, ein schlimmeres war in der DDR politisch gesehen kaum denkbar. Es war eine deprimierende Veranstaltung.

Die Anklageschrift besagte, dass ich wegen «Verleitens zum Verlassen der DDR» nach Paragraph 21, Absatz 1 des hiesigen Strafrechts vor Gericht gebracht wurde. Klang eigentlich harmlos. Doch davon konnte keine Rede sein. Dass mein Handeln als «Verleiten» bezeichnet wurde, als Verführung, ergab Sinn. Denn dadurch wollte das Ministerium für Staatssicherheit darlegen, dass Leute wie ich, die aus dem Westen stammten, die Angreifer waren, die Bevölkerung der DDR aber keineswegs darauf aus war, das eigene Land zu verlassen. Nach 1968 existierte der Strafbestand, wegen dessen ich nun vor Gericht stand, nicht mehr. Man hatte ihn umformuliert, es klang dann moderner (und bürokratischer). Danach wäre ich «des ungesetzlichen Grenzübertritts» angeklagt worden.

Was kaum noch bekannt ist: Lange Zeit hatte die DDR mit bundeseinheitlichen Rechtsvorschriften operiert. Es fehlten einfach die Zeit und die Kraft, ein eigenes sozialistisches Strafrecht zu entwickeln, weshalb der Paragraph 21 im Rahmen eines Strafergänzungsgesetzes (StEG) gesetzlich beschlossen wurde. Ältere Anwälte wie Vogel hatten sich anfangs umstellen müssen. Erst nach dem Bau der Mauer und durch die darauf basierende innenpolitische Konsolidierung wurde schrittweise ein eigenes Strafrecht entwickelt.

Prozessort war das heutige Landgericht in der Littenstraße in Berlin-Mitte. Damals waren in dem imperialen Gebäude aus der Wilhelminischen Zeit – errichtet in einem eigenwilligen Stilmix aus Neobarock, Jugendstil und Gotik – das Oberste Gericht, die Generalstaatsanwaltschaft der DDR und das Stadtgericht von Groß-Berlin untergebracht. Benannt war die Straße übrigens nach Hans Litten, einem mutigen Strafverteidiger. Er war ein Anwalt des Proletariats und Gegner der Nationalsozialisten und wurde schon früh, 1933, von den Nazis in «Schutzhaft» genommen und in diverse Lager deportiert. 1938 nahm er sich nach vielen Folterungen im KZ Dachau das Leben.

In einem Auto, das aussah wie ein aufgebauschter Trabi, hatte man mich zum Gericht gefahren. Im Vergleich zu den sonstigen Transportern war das Fahrzeug regelrecht bequem. Trotzdem fühlte ich mich eingepfercht. Die Fahrt dauerte meinem Empfinden nach nicht länger als 20 Minuten. Der Prozess sollte um 8:30 Uhr beginnen.

Der Haupteingang war so groß, dass jeder Angeklagte, der ihn durchschritt, sich erdrückt fühlen musste. Ich war jedoch durch einen der beiden Nebeneingänge geführt worden und betrat dann, bewacht von zwei Schließern, eine imposante Halle, von der aus Treppen hinauf in eines der oberen Stockwerke führten. In Begleitung der beiden Männer stieg ich die Stufen nach oben, gefesselt war ich aber nicht. Das war auch wahrlich nicht notwendig, denn überall im Gerichtsgebäude standen bewaffnete Uniformierte.

Ich trug meine Gefängniskleidung. Ich hatte eigentlich ein gewisses Minimum an Menschlichkeit erwartet und gehofft, man würde mir für den Prozess meine Zivilkleidung zurückgeben. Doch das war leider nicht eingetroffen.

1992, also rund 25 Jahre später, kehrte ich nach längerer anwaltlicher Tätigkeit in London nach Berlin zurück. Meinen ersten Zivilprozess führte ich in anwaltlicher Robe in genau diesem Landgericht, das damals, wenige Jahre nach der Wiedervereinigung, noch weitgehend unrenoviert war und dementsprechend kaum anders aussah als während meiner Verhandlung. Ich fand es erdrückend, diesen Ort zu betreten, in dem ich selbst einmal vor Gericht gestanden hatte. Bestimmt zehn, fünfzehn Jahre dauerte es, bis sich dieses eigentümliche Gefühl verlor, das ich unter «Nachwirkungen» verbuchte, ähnlich wie das Schlafen mit einem Arm über meinen Augen.

Nach unendlich vielen Treppen erreichten wir den dritten Stock, dann betrat ich den Saal, Verhandlungsraum Nr. 395.

«Setzen Sie sich neben Ihren Anwalt», befahl man mir und wies mich in Richtung des älteren Herrn in Grau.

Vogel konnte also nicht persönlich kommen, dachte ich. Schade. Berg gehörte zu den Anwälten, die Vogel beschäftigte, sogenannte Flurschützer oder Springer, die in Gerichten darauf warten, kleinere Aufträge zu übernehmen oder – wie in meinem Fall – für einen Kollegen einzuspringen. Vielleicht hatte Vogel in meiner Sache aber auch deshalb einen Springer einbestellt, da ihm nur allzu bewusst war, dass Strafverfahren dieser Art nicht im Gerichtssaal, sondern in der Politik gewonnen wurden.

Dr. Berg schüttelte mir die Hand. «Sie wissen, dass Sie verurteilt werden?», flüsterte er.

«Ja», antwortete ich.

«Ich kann nicht viel für Sie tun.»

«Ist mir klar. Sie können ja wohl kaum auf Freispruch plädieren.» Ich lächelte müde.

«Sie sind kein unbescholtener Mann», sagte er, noch leiser als zuvor. «Alles, was ich hier sagen werde, dient nur dem Ziel, Gnade vor Recht ergehen zu lassen. Ich werde daher nur mildernde Umstände anführen, also zum Beispiel betonen, dass Sie geständig waren und dass Sie sich nicht obstruktiv verhalten haben.»

«Ich gehe davon aus, dass Sie sich mit Dr. Vogel abgesprochen haben», sagte ich und wusste im selben Moment, dass sein Plädoyer kurz ausfallen würde. Und genau so geschah es dann auch: Seine Stimme war eher schüchtern, leise und bittend. Es war kein besonders überzeugendes Plädoyer. Aber es störte mich auch nicht. Ich baute ohnehin nur auf Vogels vage Bemerkungen.

Alle erhoben sich, als der Richter den Saal betrat. Ich schätzte ihn auf gut 60. In dieser hohen Position konnte er nur ein treuer Parteisoldat sein. Neben ihm saßen zwei Schöffen, eine brünette Frau in den Vierzigern, die von Beruf Dreherin war, und ein Industriekaufmann in den Fünfzigern mit blonden, sehr kurz geschnittenen Haaren. Beide sagten während der Verhandlung nicht ein einziges Wort, stellten keine Fragen, schüttelten immer nur bedenklich ihre Köpfe. Nein, also wirklich, wie konnte man nur Menschen aus ihrem Arbeiterparadies schleusen!?

Der Richter in meinem Prozess war allerdings auch nur eine

Schachfigur, er tat lediglich, was er tun musste, die entscheidenden Personen waren die Staatsanwältin und der Vertreter des MfS. In meiner Gerichtsakte fand ich später einen Vermerk der Staatssicherheit, welche Strafhöhe sie «empfehlen» würde. Wenn das MfS etwas empfahl, konnte man sich vorstellen, was das konkret bedeutete. Da war es nicht ratsam, das Strafmaß zu unterschreiten – erst recht nicht, wenn man als Staatsanwältin Karriere machen wollte. Beim Auftritt der jungen Frau gewann ich genau diesen Eindruck. Es war offenkundig, dass jedes Urteil gegen einen politischen Häftling ein politisches Urteil und das Strafmaß ein politisches Strafmaß war.

Der Prozess begann. Meine Personalien wurden überprüft, die Anklageschrift wurde verlesen, und das Gericht stellte einige Fragen. Alles lief relativ freundlich ab, zog sich aber schleppend und trocken hin. Aufgrund meines Geständnisses, so wurde hervorgehoben, wisse man, dass ich im Dezember 1965 mit der Schleuserorganisation Fuchs in Verbindung getreten sei und in der Folgezeit bis September 1966 im Auftrag dieser Organisation an der Schleusung von über 60 Personen mitgewirkt hätte. Es hieß weiter, ich hätte weder zu USA-Geheimdienststellen noch zu den syrischen Konsulatsmitarbeitern Kontakt aufgenommen. Auch hätte ich kein Geld für meine Tätigkeiten genommen. Alle von mir geschleusten Personen seien von der Organisation Fuchs ausgesucht worden, lediglich die Schleusung einer Arztfamilie sei auf meine eigene Initiative zurückgegangen. Unter den Personen, die ich im Kofferraum versteckte hätte, seien insgesamt zwei Ärzte und zwölf Ingenieure gewesen. Das war gewissermaßen der «volkswirtschaftliche Schaden», den ich angerichtet hatte.

Alles lief in etwa so ab, wie ich es erwartet hatte. Doch dann geschah etwas Ungewöhnliches.

Der Richter legte mir ein Foto vor.

«Kennen Sie den Mann?»

Wie oft war ich das schon gefragt worden, wie oft hatte man mir diese Aufnahme gezeigt: Es war wieder einmal die von Heiko Neumann.

«Nein, diesen Mann kenne ich nicht», gab ich zur Antwort. Unzählige Male hatte ich schon geleugnet, diesen Fluchthelfer zu kennen. Dabei wollte ich auch bleiben.

«Wirklich nicht?», wiederholte der Richter mit erstaunter Miene.

«Wie ich schon sagte, dieser Mann ist mir nicht bekannt.»

Auf einen Wink des Richters hin ging die Saaltür auf. Ich traute meinen Augen nicht – Heiko Neumann wurde in den Gerichtssaal geführt.

«Kennen Sie den Angeklagten Volker Heinz?», fragte der Richter, an Heiko Neumann gewandt, ein siegessicheres Grinsen im Gesicht.

«Ja», sagte Neumann. Mehr nicht.

Während Heiko wieder aus dem Saal geführt wurde, kam natürlich die Frage: «Und, kennen Sie Heiko Neumann jetzt? Oder wollen Sie bei Ihrer Aussage bleiben?»

Es war eine gespenstische Szene, ähnlich wie in der Nacht in der Magdalenenstraße, als mir Kamal und das Ehepaar vorgeführt wurden.

Resigniert sagte ich: «Ich sehe keinen Grund, dies weiterhin zu bestreiten.»

Wer hätte mir in dieser Situation helfen können? Vielleicht hätte Berg versuchen können, Gründe für mein bisheriges Leugnen mit der Bitte um Verständnis anzuführen, aber offensichtlich war er auf diese Wendung ebenso wenig vorbereitet wie ich selbst.

Sechs Jahre nach meiner Freilassung traf ich Heiko Neumann ganz zufällig wieder. Er saß in einem Restaurant in Berlin, und da er allein war, setzte ich mich zu ihm. Ich wusste nicht recht, warum ich es tat, aber ihn zu ignorieren erschien mir absurd. Wir erkannten uns natürlich sofort. Zuerst wussten wir beide nicht, was wir sagen sollten, waren verlegen. Der Grund dafür war, dass wir beide ein schlechtes Gewissen hatten. Heiko, weil er mich zu kennen offenbart hatte, ich, weil er im Gegensatz zu mir die fünf Jahre, zu denen er verurteilt worden war, bis auf den letzten Tag hatte absitzen müssen. Er war bei dieser Begegnung gerade erst seit einem Jahr wieder in Freiheit.

«Es tut mir leid», sagte ich schließlich.

«Mir auch», gab er ohne zu zögern zurück.

«Nach meinem Rechtsempfinden gab es keinen Grund dafür, dich nicht freizukaufen.»

Heiko zuckte nur mit den Schultern. Es war ihm anzusehen, wie schmerzhaft noch alles für ihn war. Die Bundesrepublik hatte ihn nicht freikaufen wollen, weil er nach damaliger Gesetzeslage eine Straftat begangen hatte. Meiner Meinung nach waren weder das Urteil noch die volle Verbüßung seiner langen Strafe angemessen. In bedrückter Stimmung verabschiedeten wir uns. Wir sahen uns nie wieder.

Nach dem knappen Plädoyer von Dr. Berg zogen sich die Richter zur Beratung zurück. Mir war klar, dass die Einschätzung meines Anwalts, ich sei kooperativ gewesen, durch die Szene mit Neumann erschüttert war. Die Minuten bis zur Urteilsverkündung erschienen mir wie eine Ewigkeit.

«Wie lange wird das dauern?», fragte ich Dr. Berg.

«Nach meiner Erfahrung höchstens 20 Minuten.»

«Auch 20 Minuten können lang sein.»

Dr. Berg stimmte mir zu, dann sagte er: «Und was ich Ihnen noch raten möchte: Legen Sie keine Berufung ein. Das würde die Dinge nur unnötig verzögern.»

Ich stutzte. Was meinte er mit «verzögern»? Zum ersten Mal gestattete ich mir wirklich diesen Gedanken: Meinte er meine mögliche, baldige Freilassung? Natürlich konnte ich nicht offen sprechen und sagte deshalb nur: «Das haben Sie sicher mit Herrn Vogel abgesprochen?»

«Ja, ganz genau.» Dr. Berg sah mich wissend an.

Die Richter und die beiden Beisitzer traten ein. Ich erhob mich zur Urteilsverkündung «im Namen des Volkes». Neumann sollte jedoch nicht die einzige Überraschung in diesem Prozess bleiben. Vogel hatte mich schon auf eine recht hohe Haftstrafe hingewiesen, aber was nun folgte, war doch ein ziemlicher Schock. Wegen «fortgesetzter Verleitung von Personen zum illegalen Verlassen der Deutschen Demokratischen Republik nach § 21 Abs. 1 Ziff. 1 StEG» wurde ich zu einer Zuchthausstrafe von zwölf Jahren verurteilt.

Zwölf Jahre? Am liebsten hätte ich mich augenblicklich hingesetzt, aber der Richter hatte noch einiges zu verlesen. Ich war fassungslos. Mit zehn Jahren hatte ich gerechnet, allerhöchstens, nun waren es zwölf geworden. Die Hälfte meines bisherigen Lebens hinter Gittern. Unwillkürlich begann ich zu rechnen. Also erst mit 36 Fortsetzung meines Studiums. Träumte ich? Stopp. Sofort riss ich mich wieder zusammen. Ruhe bewahren, nicht zu viel nachdenken. Ich klammerte mich förmlich an Vogels Worte, an seine Andeutungen. Es durfte einfach nicht sein, dass ich mich getäuscht hatte.

Nachdem der Richter geendet hatte, gab Dr. Berg zu Protokoll, dass ich auf eine Berufung ausdrücklich verzichtete. Damit war die Verhandlung geschlossen. Anderthalb Stunden hatte sie insgesamt gedauert. Eine einzige Farce. Nicht ein einziger «meiner» Flüchtlinge wurde mit Namen erwähnt. Von der Sehnsucht der DDR-Bürger nach Freiheit war ebenso wenig die Rede wie von meinem Wunsch zu helfen. Es gab nichts als ideologische Plattitüden.

Nach der Urteilsverkündigung wurde ich wieder in meine Zelle gebracht. Alles lief ab wie in einem Film, den man vorwärtsspulte. Schon bald befand ich mich wieder im Schleusenbereich. Routine! Routine! Routine! Unentwegt kreiste dieses Wort in meinem Kopf umher. Die gesamte Verhandlung war reine Routine gewesen, eine Art Schauprozess ohne Publikum. Eine geheime, nicht öffentliche Veranstaltung. Wie viel Angst musste die DDR haben, die Präsenz ihrer eigenen Bürger derartig zu scheuen! Ich war so aufgewühlt wie lange nicht mehr, suchte nach einem Ventil für die Wut, die Anspannung und die Enttäuschung. Doch wer sollten die Adressaten dieser Gefühle sein? Die Wärter, der Major, der Leutnant? Nein, sicher nicht. Nicht ein Schrei, nicht ein Fluch kam über meine Lippen. Nicht einmal meine Fäuste ballte ich. Ich dachte nur mit voller Konzentration an Vogels Worte.

Anwerbeversuche

Derweil ging das Geschäft mit den Häftlingen zwischen Bonn und Ostberlin unermüdlich weiter. Nur einen Tag nach meinem Prozess berichtete Staatssekretär Carl Krautwig an den Bundesminister für gesamtdeutsche Fragen, Herbert Wehner:

> *Am Dienstag, dem 27.6.1967, fand bei mir ein Gespräch mit den Repräsentanten beider Kirchen, Bischof Kunst und Weihbischof Tenhumberg, statt. Gegenstand der Aussprache war der von Rechtsanwalt Vogel durch Rechtsanwalt Stange den beiden Kirchen übermittelte Vorschlag für eine Fortsetzung der sogenannten Häftlingsaktion. Dieser Vorschlag sieht den Austausch von Häftlingen, und zwar sowohl von Langstraflern sowie von Kurzstraflern, des weiteren Familienzusammenführung und Kinderrückführungen vor. Würde der Vorschlag der Gegenseite so akzeptiert, wären von unserer Seite Gegenleistungen von ca. 40 Mio. DM zu erbringen.*
> *Die Gegenseite sieht ihren Vorschlag als ein verschnürtes Paket an, das nur so, wie es ist, angenommen oder zurückgewiesen werden kann …*
> *Die Fälle der in der DDR noch einsitzenden BDN-Leute sind in den Vorschlägen nicht einbezogen. Diese Fälle können nach der Erklärung von Rechtsanwalt Vogel nur im Zusammenhang mit der Erledigung des Falles Felfe gelöst werden.*

Ich saß wie jeden Tag an meinem Holztisch in der Zelle und lernte russische Vokabeln, aber ich konnte mich kaum konzentrieren.

Wieso passiert denn nichts?, dachte ich, als ich meinen Blick von meinem Vokabelheft hob und das bekannte Muster der Glasbausteine anstarrte. Zwei Wochen waren seit dem Prozess vergangen, und nichts hatte sich ereignet, was darauf hindeuten würde, dass ich Vogels Worte richtig interpretiert hatte. Was war bloß los? Hatte ich mich getäuscht? Hatte ich mich naiv an eine Hoffnung gekrallt, die es gar nicht gab? Furchtbare Zweifel stiegen in mir hoch, schnürten mir die Kehle zu. In den vergangenen Nächten war ich mehrmals schweißgebadet aufgewacht, hatte mich wieder und wieder an den genauen Wortlaut zu erinnern versucht. Silbe für Silbe. Ich hatte in meinem Leben oft auf meinen Instinkt vertraut – wurde mir das nun zum Verhängnis? Nein, es durfte nicht sein. Ich schob den Gedanken mit voller Kraft beiseite, was mich große Anstrengung kostete.

Laut sagte ich manchmal zu mir selbst, so als wolle ich mich selbst davon überzeugen: «Volker, sieh es ein, es hat einfach nicht geklappt.» Dennoch: Ich konnte mich mit dieser Feststellung einfach nicht zufriedengeben, konnte und wollte sie nicht akzeptieren. Meine Ungeduld schien ihren Höhepunkt erreicht zu haben. Ich sehnte mich so sehr danach, endlich wieder eigenmächtig handeln zu können. Wieso bekam ich keine Nachricht, wieso ließ man mich derart im Ungewissen?

Plötzlich ließ mich ein Gedanke aufschrecken. Was, wenn ich bei einer Strafe von zwölf Jahren gar keine Ausbildung machen durfte, was, wenn man mich in einem Bergbau schuften ließ? Ich konnte auch dazu verdonnert werden, in einem Chemiewerk Drecksarbeit zu verrichten. Richard hatte mir erzählt, dass im Arbeiter-und-Bauern-Staat fast alle Wirtschaftszweige von der Arbeit von Gefangenen profitierten. Er hatte auch erwähnt, dass einige sogar in ein Uranbergwerk transportiert wurden, in das Arbeitslager bei der «Wismut» (ein Tarnname für Bergbaustätten in Thüringen und Sachsen, die die Sowjetunion als Rohstoffbasis für ihre Atomindustrie benötigten). Dort würde man es aber höchstens fünf, sechs Jahre aushalten, dann sei man mehr oder weniger tot, nicht wegen der Härte der Arbeit, sondern wegen der radioaktiven Strahlungen. Und während ich meinen düsteren Gedanken nachhing, drehte sich der Zellenschlüssel im massiven Schloss. Außerhalb der Routine.

Als ich aufblickte, sah ich zwei Männer im Türrahmen stehen, die fast so aussahen wie die Lederjacken. Erst als sie näher kamen, konnte ich mir genau ihre Gesichter betrachten. Sie waren Ende 30, Anfang 40 und eindeutig Offiziere im Dienst der Staatssicherheit. Wach und intelligent sahen sie sich in der Zelle um.

Da ich in einer Einzelzelle untergebracht war, hatte ich keine Besucherstühle anzubieten. Deshalb erhob ich mich von meinem Platz, auch, um mit ihnen auf gleicher Höhe zu sein. Mein Puls ging in die Höhe. Was wollten die von mir? Alle möglichen Gedanken rasten in meinem Kopf herum, bis hin zu der Befürchtung, dass sie mich vielleicht schlagen oder foltern wollten.

Aber nein, Irrtum. Geradezu überfreundlich begrüßten sie mich.

«Guten Tag, Herr Heinz, entschuldigen Sie den Überraschungsbesuch. Sie kennen uns vermutlich nicht?»

Freundliche Folterknechte? Eher unwahrscheinlich. Ich entspannte mich ein wenig.

«Nein, wir hatten noch nicht die Ehre.»

«Schön. Schön.»

«Gibt es einen besonderen Grund für Ihren Besuch?, fragte

ich. Ich wollte nicht den Eindruck erwecken, zu viel Angst zu haben.

«Na ja», sagte der jüngere der beiden. «Wir haben da ein bestimmtes Interesse ...», begann er vorsichtig tastend.

Mit einem Mal kapierte ich: Die wollten noch schnell auf den fahrenden Zug aufspringen. Mich anwerben, bevor ich die DDR verließ, als deren Agent im Westen. Mein Atem ging jetzt wieder langsamer, überhaupt trug mein unerwarteter Besuch erheblich zu meiner Beruhigung bei, denn im Grunde bestätigten sie meine Vermutung, dass im Hintergrund irgendwelche Strippen gezogen wurden, um mich rauszuholen. Dass sie hier aufkreuzten, konnte eigentlich nur bedeuten, dass es jetzt bald losging. Und dass ich – ich wagte kaum, es mir auszumalen – bald wieder ein freier Mensch sein würde.

Oft hatte ich darüber nachgedacht, warum man erst verurteilt werden musste, um freigelassen zu werden, warum man niemanden vorher gehen ließ, also noch in der Ermittlungsphase. Jetzt aber verstand ich: Man wollte jede Chance ausnutzen, um die Zitrone gründlich auszuquetschen. Und für einen Staat, der in Devisennöten steckte, wollte man mich bis zum allerletzten Tropfen ausquetschen. Deswegen war die Verurteilung mit hohem Strafmaß notwendig. War überhaupt jemals ein Untersuchungsgefangener vor seinem Prozess aus Hohenschönhausen entlassen worden? Das hätte ja bedeutet, einen Fehler einzugestehen. Und das war etwa so undenkbar wie das Abreißen der Mauer.

Eine Ausnahme gab es allerdings, wie ich später erfuhr. Ulrike Poppe, seit 2010 Landesbeauftragte zur Aufarbeitung der Folgen der kommunistischen Diktatur (LAkD) in Brandenburg. 1983 wurde sie wegen «Verdachts auf landesverräterische Nachrichtenübermittlung» verhaftet und nach Hohenschönhausen gebracht, allerdings schon nach sechs Wochen wieder freigelassen. Der Grund waren massive Proteste gegen ihre Inhaftierung, sowohl im eigenen Land als auch im Ausland. In den sechziger Jahren war so etwas aber noch undenkbar.

Ich musste nicht lange auf eine Antwort meiner Besucher warten.

«Sie kennen doch Wolfgang Fuchs, den Tunnelfuchs ...», begann nun der Ältere.

Aha, daher wehte der Wind. Fuchs.

«Ja, den kenne ich», sagte ich. «Das steht ja auch in den Vernehmungsprotokollen.»

«Sie können sich vielleicht vorstellen», bemerkte nun der Jüngere, «dass wir ihm das Handwerk legen wollen.»

Darauf wollte ich nicht eingehen.

«Und was hat das mit mir zu tun?», fragte ich naiv.

«Ich glaube, das wissen Sie genau», sagte der Ältere. Seine Stimme hatte eine leichte Schärfe angenommen. «Er schickt viele unschuldige Leute ins Feuer. Auch Sie sind eines seiner Opfer, und aus diesem Grund können wir uns vorstellen, dass Sie ein ähnliches Interesse daran haben wie wir, dass das aufhört.»

«Aha», sagte ich unbestimmt. Da ich nicht genau einschätzen konnte, wie dieses Gespräch ausgehen würde, musste ich mir eine Tür offen halten. Deshalb ging ich zum Schein auf eine mögliche Zusammenarbeit ein, hielt mich aber bedeckt. «Wissen Sie», fuhr ich fort, «nach dem, was ich hier erlebt habe, können Sie sich sicher denken, dass ich meine Tätigkeiten kritisch reflektiert habe. Da ich bislang nicht in Freiheit bin, kann ich zum jetzigen Zeitpunkt nicht sagen, ob ich vorrangig daran interessiert bin, in Ihre Dienste zu treten. Das können Sie aktuell nicht von mir erwarten.»

«Das verstehen wir, aber ...»

«Aber», unterbrach ich den Lederjackenträger, «ich will das auch nicht völlig ausschließen. Ich muss nur erst wieder zur Ruhe kommen. Mein größtes Anliegen, wäre ich wieder frei, wäre die Beendigung meines Studiums.»

«Auch das verstehen wir. Dennoch würden wir Ihnen gern eine Adresse geben, sodass Sie uns jederzeit kontaktieren können. Ist Ihnen das recht?»

Unglaublich, diese falsche Höflichkeit. «Natürlich», sagte ich ebenso katzenfreundlich. Ich hoffte, eine befriedigende Antwort gegeben zu haben. Dass eine Zusammenarbeit für mich natürlich unter gar keinen Umständen in Frage kam, hatte ich unerwähnt gelassen. Ich hielt ein klares Nein in dieser Situation für unklug. Was, wenn ich damit meine Freilassung verzögert oder gar verhindert hätte? Meine Freilassung. Was bildete ich mir da nur ein? Von einer Freilassung war ja bislang gar keine Rede gewesen – wieso ging ich bloß so selbstverständlich davon aus? War es nicht besser, mich langsam mal mit dem Gedanken anzufreunden, Tag für Tag mit anderen Mithäftlingen Stuhlbeine zu schleifen oder Schuhe zusammenzukleben?

Bestens trainiert auf absurde Situationen wie diese, antworteten die beiden Besucher: «Wie wir sehen, haben Sie Papier und Bleistift, bitte notieren Sie folgende Adresse.»

Ich griff zu Papier und Bleistift, und der Jüngere diktierte mir einen Straßennamen und eine Ostberliner Postleitzahl. Kein Code. Keine Verschlüsselung. Nichts. Eine ganz normale Adresse. Ich konnte es kaum glauben. Er fügte noch hinzu: «Na, wenn Sie es sich überlegt haben und Sie bereit sind, sich an uns zu wenden – dann wissen Sie jetzt Bescheid.»

Damit war ihr Besuch beendet. Länger als zehn Minuten hatte er nicht gedauert.

«Auf Wiedersehen, Herr Heinz», sagte der Jüngere. «Alles Gute Ihnen. Und es wäre schön, wenn Sie uns helfen könnten.»

«Ja, wir würden es begrüßen und uns selbstverständlich auch erkenntlich zeigen, wenn wir von Ihnen hören», bestätigte sein Begleiter. Dann fiel die Tür hinter ihnen ins Schloss.

Ich saß perplex auf meinem Stuhl und versuchte, diesen absurden Auftritt zu verdauen. Keine Spur von Aggressivität, auch hatten sie sich weder triumphierend noch bettelnd gegeben. Sie hatten kein Papier aus der Tasche gezogen, um es mir zur Unterschrift vorzulegen. Ich hatte mich zu nichts verpflichten müssen. Aber auch wenn sie mir Daumenschrauben angelegt hätten, ich hätte keine einzige Unterschrift mehr geleistet. Protokolle hatte ich zur Genüge unterschrieben. Es reichte. Außerdem: *Sie* traten als Hilfesuchende auf. Ziemlich geschickt. Die Stasi war nicht auf den Kopf gefallen. Nicht ohne Grund zählte sie zu den weltweit besten Geheimdiensten. Und was mich am meisten überraschte: Sie hatten mich respektvoll behandelt.

Wolfgang Fuchs soll es also an den Kragen gehen, überlegte ich weiter. Na, darauf können sie lange warten. Nie im Leben hätte ich daran gedacht, ihn zu verraten. Dass mich sein Engagement in der Fluchthilfe beeindruckte, daran hatte sich während der Haft nichts geändert.

Den beiden Stasi-Männern war es vielleicht nicht bewusst, aber eigentlich hatten sie mir mit ihrem Besuch einen Gefallen getan. Mir kam eine Freilassung jetzt plausibler vor denn je! Ja, eigentlich *musste* es das bedeuten, denn was sollte ich mit einer Stasi-Adresse in einem DDR-Gefängnis anfangen? Wenn das keine gute Botschaft war! Nun war ich überzeugt davon, dass mich mein Instinkt doch nicht getäuscht hatte.

Wörterbuch und Notizen waren vergessen. Fieberhaft sah ich

mich in meiner Zelle um. Musste ich noch eine Nacht auf der Holzpritsche verbringen, oder ging es vielleicht sogar schon heute los?

Gefasst saß ich da und wartete. Die Fähigkeit zur Selbstbeherrschung hatte mir von Anfang an geholfen. Sie hatte natürlich nicht die Depressionen verhindert, aber sie hatte mich die Haft überstehen lassen. Ich musste nur noch ein bisschen länger durchhalten, das spürte ich.

Für mich war es wichtig gewesen, auf alle Details um mich herum zu achten und in meinem eigenen Handeln vorzugehen wie ein wachsamer Detektiv. Mit meiner Strategie, nur das zu gestehen, was keine andere Person gefährdete, war ich in meinen Augen erfolgreich gewesen. Natürlich hätte ich mich auch völlig verweigern können. Ost-Bürger, die das System hassten, taten das oft, für sie kam es nicht in Frage, sich jemals – auch nur in Teilen – zu offenbaren. Bei ihnen ging es schließlich unmittelbar um den Schutz des engeren und weiteren sozialen Umfelds. Was für eine Kraftanstrengung musste das sein, immer und immer wieder alles zu leugnen. Ich hatte es ja am eigenen Leib erlebt, allerdings in viel geringerem Maß. Es war mir auch zunehmend schwerer gefallen, da Bergmann ständig nachbohrte, wohl wissend, dass man einen Menschen dadurch psychologisch aufweichen kann. Ständig hatte ich mich gefragt: Was wissen die eigentlich, was ich nicht weiß?

Als ich in dieser Nacht auf meiner Pritsche lag, war mein einziger Gedanke: Jetzt geht's los.

Austausch in Herleshausen

Es war der 11. Juli 1967. Ein weiteres Mal wurde die Zellentür außerhalb der Reihe geöffnet. Nur einen Tag nach dem Besuch der Stasi-Offiziere.

«Herr Heinz, Sie können Ihre Sachen abholen», sagte der Schließer.

Da war er, der Satz, auf den ich so lange gewartet hatte und der über die Lippen des Wächters kam, als gäbe es heute nicht Linsen-, sondern Karotteneintopf. Während der Schließer völlig unbeteiligt blieb, um seine Freilassung ging es schließlich nicht, war ich vollkommen überwältigt. Vor Aufregung vergaß ich sogar, meine Russischnotizen mitzunehmen, ähnlich wie der Italiener in einem Ostberliner Lokal *«sa poésie»*.

Ein Uniformierter führte mich zur Effektenkammer. Gemessenen Schritts ging er voran, ich folgte mit kaum unterdrückter Freude. Auf den letzten Metern wollte ich nichts mehr gefährden, also bemühte ich mich krampfhaft, den Teilnahmslosen zu spielen.

In der Effektenkammer wurde mir alles, was ich dort vor einem knappen Jahr abgegeben hatte, wieder ausgehändigt, einschließlich meiner Streichhölzer und eines Taschentuchs. Nichts fehlte, Ordnung muss sein.

«Kann ich meine persönliche Kleidung wieder anziehen?», fragte ich vorsichtig.

«Deswegen sind Sie ja hier», erhielt ich knapp zur Antwort.

Die Hose passte noch, auch das Hemd und das Sakko, vielleicht saß alles ein bisschen lockerer, aber nicht wirklich erkennbar. Die Sachen rochen ziemlich muffig, ich glaube nicht, dass sie in den vergangenen zehn Monaten gewaschen oder gereinigt worden waren.

«Hier, das dürfen Sie nicht vergessen», sagte ein dritter Uniformierter und reichte mir ein Stück Papier.

«Was ist das?», fragte ich.

«Ihre Entlassungsurkunde.»

Da war es, das Wort, das mich tief aufatmen ließ und mir endgültige Gewissheit brachte.

«Vielen Dank.» Wie einen Diamanten steckte ich die Urkunde behutsam und sicher in meine Jackentasche.

«Na, dann kommen Sie, ich bringe Sie zur Schleuse.»

Da stand ich auf einmal vor der schweren Eisentür, es war wie im Film. Ein weiterer Schließer holte sein schweres Schlüsselbund hervor und schloss auf. Da schoss mir durch den Kopf: Ich hatte mich gar nicht von Leutnant Bergmann verabschiedet, aber das konnte ich verschmerzen. Und er sicher auch.

In der Schleuse stand einer der Gefangenentransporter, mit dem ich schon hinlänglich Bekanntschaft geschlossen hatte. «Esst mehr frischen Fisch!» oder so ähnlich stand darauf.

Neben dem Transporter entdeckte ich noch ein anderes Auto, eines, das in dieser Umgebung wie ein Fremdkörper wirkte. Es war ein dunkelblauer BMW, eine richtig geräumige Limousine. Ich schaute aufs Nummernschild, aber das war kein BRD-Kennzeichen, sondern eines aus der DDR. Neben dem Wagen stand wie angewurzelt der Fahrer. Er trug einen grauen Anzug und eine Mütze, alles sah ein wenig zerknittert aus.

«Steigen Sie ein», forderte er mich auf.

«Mit Vergnügen», antwortete ich. «Aber wohin geht's denn?»

Ich versuchte, ihn in ein Gespräch zu verwickeln, doch er ging nicht darauf ein. Schwieg beharrlich. Das sollte sich auch in den nächsten vier oder fünf Stunden nicht ändern. Egal, ich hatte meinen Entlassungsschein in der Tasche, insofern konnte wohl nichts mehr schiefgehen.

Ich nahm auf dem Rücksitz Platz, auf der rechten Seite, nicht hinter dem stummen Fahrer, sondern mit freier Sicht nach vorn – damals gab es noch keine Kopfstützen, die den Blick einschränkten. Der Uniformierte, der mich zur Schleuse geführt hatte, drückte auf einen Knopf, und das schwere Eisentor schob sich auf Rollen quietschend zur Seite. Auch der Schließer hatte nicht ein einziges Wort zum Abschied verloren. Irgendwie erinnerte mich das Ganze an eine Beerdigung, abgesehen davon, dass ich bester Laune war.

Da der BMW schöne große Fenster hatte, konnte ich zum ersten Mal den Gefängniskomplex von außen sehen. Wir bogen nach rechts ab in eine kurze Straße, gesäumt auf der rechten Seite von einer Reihe von Werkstattbaracken. Auf der linken stand ein großes Backsteingebäude. Es schien eine Art Hauptverwaltungsgebäude zu sein. Es war, wie ich bei einem späteren Besuch erfuhr, als Hohenschönhausen nach dem Mauerfall zur Gedenkstätte erklärt wurde, einst als Großküche für die Nationalsozialistische Volkswohlfahrt (NSV) errichtet worden. Anschließend hatten es die Sowjets zum «Speziallager 3» umgebaut. Hier saßen in den fünfziger Jahren, in der Wildwestzeit der DDR, viele Ärzte, Rundfunkmitarbeiter oder Schauspieler wie Heinrich George. Meist Opfer von Denunziationen. Der Keller des Gebäudes wurde von den Insassen zu einem unterirdischen Zellentrakt umgestaltet, feuchtkalt und fensterlos, die Zellen einzig mit Pritsche und einem Holzkübel ausgestattet. «U-Boot» wurde dieser Trakt genannt, weil sich die Gefangenen dort so eingeschlossen fühlten. Es gab in diesen Verliesen Wasserzellen, Stehzellen, Hockzellen und noch andere Folterzellen, um den Widerstand von Häftlingen zu brechen. Meine Zellen befanden sich in dem dreigeschossigen, U-förmigen Neubau, der 1961 fertiggestellt worden war und zur Schließung des unterirdischen Kerkers führte.

Später sollte ich mir den ganzen Komplex mehrmals anschauen, dieser Sperrbezirk ließ mich nicht in Ruhe. Dabei erfuhr ich auch, dass die Leute, die in der unmittelbaren Nachbarschaft der Genslerstraße wohnten, wussten, was auf dem umzäunten Gelände los war – abgesehen davon, dass die meisten von ihnen sowieso bei der Stasi arbeiteten. Einmal war ich mit einem älteren Ehepaar ins Gespräch gekommen, das dort lebte. Sie seien nicht für das Ministerium für Staatssicherheit tätig gewesen, erzählten sie mir, hätten aber von dem Treiben hinter den Mauern erfahren, weswegen man ihnen ein Sprechverbot auferlegt hätte, verbunden mit der Drohung, sie bei Verstößen strafrechtlich zu belangen.

Hinter dem Hauptgebäude bogen wir kurz nach links ab, und unmittelbar danach nach rechts vor ein großes Eisentor, das ebenfalls elektrisch betätigt wurde. Langsam schob es sich zur Seite. Ein traumhafter sonniger Sommertag lag vor mir, die Gefängnismauern endlich im Rücken.

«Ist das Wetter nicht herrlich?», sagte ich, völlig begeistert, als ich Blätter sah, Bäume, kleine zarte Wölkchen am sonst strahlend blauen Himmel. Häuser zogen an mir vorbei, ich sah Menschen, die in einem kleinen Vorgarten standen, Fenster putzten oder einen Kinderwagen schoben. Alles sog ich in mich hinein, jedes Detail des alltäglichen Lebens, das ich in meinem fast einjährigen Zellendasein nicht zu Gesicht bekommen hatte. Ich hatte vollkommen vergessen, wie wunderschön selbst die banalsten Dinge waren. Nie wieder sollte ich diese Freude, dieses Glücksgefühl vergessen. Alle Frauen, die in ihren Sommerkleidern die Straßen runterliefen, erschienen mir wie Schönheitsköniginnen. Meine gute Laune stieg von Minute zu Minute.

«Ist es nicht herrlich?», wiederholte ich.

Der Fahrer schwieg weiterhin beharrlich. Er war nicht zu beirren.

Trotz meines Enthusiasmus für meine Umwelt achtete ich reflexhaft genau auf jede Kurve, die der stumme Chauffeur nahm, auf jedes einzelne Straßenschild. Wir bogen nicht nach rechts auf die Landsberger Allee ab, sondern es ging abermals nach links durch mir unbekannte Vororte zu einer mir unbekannten Autobahn, die außerhalb des Stadtgebiets von Norden nach Süden verlief. Da mein Tagesvisum sich immer nur auf das Stadtgebiet erstreckt hatte, war ich mit dieser Umgebung nicht vertraut. Heute weiß ich: Über den Berliner Ring fuhren wir Richtung Leipzig – Ziel war der Grenzübergang Wartha / Herleshausen an der Grenze zwischen Thüringen und Hessen. Als Inhaber eines westdeutschen und keines Westberliner Personalausweises wurde ich nicht über einen Berliner Grenzübergang nach Westberlin gebracht, sondern eben in die Bundesrepublik. Die DDR unterschied peinlich genau zwischen den politischen Einheiten.

Überall blühende Sommerlandschaften, es war einfach umwerfend. Ein eigentümliches Gefühl überkam mich. Bald würde ich wieder in mein normales Leben zurückkehren. In den letzten elf Monaten hatte ich so wenig Kontakt zu anderen Menschen gehabt. Im Vollzug hätte ich bestimmt noch andere Insassen kennengelernt und von ihren Schicksalen erfahren, doch in Hohenschönhausen wurden Häftlinge isoliert. Wie knüpft man an die eigene Vergangenheit an? Ich hatte in diesem Moment keine Ahnung.

Nach ungefähr vier Stunden Fahrt hielten wir auf einem Autobahnparkplatz. Zwei Männer warteten dort auf uns, von denen ich einen kannte: Wolfgang Vogel. Der andere Mann war ein Herr mittleren Alters.

«Guten Tag, Herr Heinz. Sie steigen jetzt bitte in meinen Wagen um», sagte Vogel und wies auf einen großen Mercedes in Goldmetallic. Seinen späteren Erzählungen nach war ich im Wagen des zweiten anwesenden Mannes hierhergebracht worden, des Mannes, der auf meine Ankunft wartete, um mit zwei KGB-Spionen, die ihre Freiheit im Austausch gegen mich erhielten, nach Ostberlin zurückzukehren.

Vogels goldene Limousine verblüffte mich. Wer einen Wagen mit dieser auffälligen Farbe fuhr, musste eine gehörige Portion Eitelkeit besitzen, aber auch ein genießerisches Verhältnis zu den materiellen Dingen des Lebens pflegen. Später erfuhr ich, dass er eine Privatvilla mit Zugang zum Teupitzsee in der Mark Brandenburg besaß. Hier hatten viele seiner wichtigen Unterredungen stattgefunden. In diesem Landsitz wurde er nach der Wende auch verhaftet, in der Annahme, dass er Steuern hinterzogen und andere erpresst hätte. Als er aus dem Gefängnis entlassen wurde, zog er an den Schliersee, wo er glaubte, nicht mehr mit der DDR-Vergangenheit konfrontiert zu werden.

«Wer war denn der Mann?», fragte ich Vogel.

«Generalstaatsanwalt Josef Streit», sagte er.

«Aha», sagte ich nur.

Der Fahrer hatte schon wieder hinter dem Steuer des BMW Platz genommen, auf meinem Platz saß jetzt der Generalstaatsanwalt. Der Motor wurde gestartet. Nachdenklich blickte ich dem Wagen hinterher. Wie merkwürdig musste es sein, wenn man als Chauffeur nicht mit denen reden durfte, die man vom einen Ort zum anderen transportierte. Der BMW fuhr los, um die beiden

Spione aufzunehmen, darunter Felfes Mittäter Clemens, ohne dass ich etwas von dieser Transaktion mitbekam.

«Wir fahren jetzt zum Grenzübergang Herleshausen», sagte Vogel, als sein Mercedes auf die Autobahn rollte.

Eine Frage lag mir brennend auf der Zunge: Wodurch bin ich freigekommen? Doch ich traute mich nicht, sie zu stellen. Ein dunkler BMW, ein goldener Mercedes, das war ein Aufgebot der Luxusklasse ... Vogel war persönlich erschienen, und der Generalstaatsanwalt zählte sicher auch zur Elite der DDR.

Stattdessen fragte ich: «Wie geht's dann weiter?»

«Jenseits der Grenze warten Ihre Eltern auf Sie.»

Damit hatte ich nicht gerechnet. Ich ging davon aus, allein in einen Zug zu steigen und nach – ja, wohin eigentlich? Meine Bonner Wohnung hatten meine Eltern bestimmt aufgelöst. Ich hätte nach Wuppertal fahren können, aber dann hätte ich ein paar Stunden Zeit gehabt, mich innerlich auf ein Zusammentreffen mit meinen Eltern in gewohnter Umgebung vorzubereiten. Meine Überraschung wurde jedoch rasch von einer großen Vorfreude verdrängt.

Vogel kündigte an, dass wir hinter der Grenze auch Jürgen Stange antreffen würden, meinen Anwalt auf BRD-Seite, dem ich noch nicht begegnet war.

«Wir haben noch Geschäftliches zu regeln», erklärte Vogel mit einem geheimnisvollen Lächeln. Ich fragte nicht weiter nach.

Und dann war es so weit. Herleshausen. Das Tor ging auf. Da standen meine Eltern, meine Mutter tränenüberströmt, neben ihr mein Vater, ein entspanntes Lächeln lag auf seinem Gesicht. Im Hintergrund erkannte ich den Chauffeur meines Vaters, der gerade Fotos machte. Meine Mutter, in einem leichten Sommerkostüm, nahm mich fest in den Arm, drückte mich an sich, wollte mich gar nicht wieder loslassen. Danach nahm auch mein Vater mich kurz in seine Arme. Wir beide waren unfähig, mehr auszutauschen als: «Wie schön, dass du zurück bist», und «Tausend Dank, dass ihr gekommen seid, mich abzuholen».

Vogel und Stange hielten sich im Hintergrund, mit Mühe gelang es mir, ihnen kurz zu danken und mich von ihnen zu verabschieden. Die Aufnahmen des Chauffeurs zeigen beide nur in der Ferne, sie waren erkennbar auf dem Weg zurück in die DDR bzw. Westberlin. Ich fühlte mich befreit, überglücklich und dankbar. Ich konnte es noch immer nicht wirklich glauben.

Da es schon spät war, übernachteten wir unterwegs in einem Hotel. Immerhin waren es noch vier Stunden zurück nach Wuppertal. Vielleicht wollten meine Eltern alles erst einmal sich setzen lassen, vielleicht brauchten auch sie etwas Zeit, meine Rückkehr mit Ruhe und Abstand zu verarbeiten.

Am nächsten Morgen, es war der 12. Juli, kam ich nach meinem Vater als Zweiter in den Frühstücksraum, meine Mutter war noch auf ihrem Zimmer. Während wir am Tisch unseren Kaffee tranken, sagte er unvermittelt: «Wer hat dir eigentlich das Recht gegeben, deiner Mutter das anzutun?» Es war die erste und die einzige Frage, die er stellte. Ja, wer hatte mir das Recht gegeben?

Ich schaute meinen Vater mit großen Augen an und antwortete: «Ich, wer denn sonst?»

Mein Vater schwieg, sagte den ganzen Tag über nichts und wollte auch keine weiteren Einzelheiten erfahren. Weder über die Haftzeit noch über den Prozess oder was mich überhaupt dazu motiviert hatte, Fluchthilfe zu leisten. Ich konnte seine seelische Blockade förmlich spüren, die ihn und mich daran hinderte, uns auszutauschen. Aber konnte ich ihm das wirklich vorwerfen? Hätte ich nicht auch den Dialog beginnen können?

Meine Mutter reagierte erwartungsgemäß ganz anders, stellte viele Fragen und sagte immer wieder: «Für mich bist du ein Held. Und Hauptsache ist, dass du gesund bist, mein Junge.»

Wir fuhren nach Wuppertal-Barmen, wo ich im Haus meiner Eltern in der Wittelsbacherstraße übernachtete. Meine Mutter hatte mein Zimmer wie stets liebevoll vorbereitet, und ich schlief dort, wo ich zuletzt vor rund einem Jahr mit meiner unerklärlichen Krankheit tagelang im Bett gelegen hatte. Am nächsten Morgen, bei unserem zweiten gemeinsamen Frühstück, konfrontierte mein Vater mich mit der Feststellung: «Im Februar 1962 hast du dein Abitur gemacht, jetzt haben wir Mitte 1967, und du hast noch immer keinen Studienabschluss. Wenn ich mich recht erinnere, hatten wir nach deinem Studienwechsel im Herbst 1963 sieben Semester Jura vereinbart. Aufgrund der besonderen Umstände billige ich dir ein achtes zu.»

Eindringlich blickte ich meinen Vater an. «Du erwartest, dass ich in zwei Semestern meine restlichen Scheine mache und das Examen?»

«Es wird nicht leicht sein, aber ich bin mir sicher, dass du äußerst motiviert bist, dein Studium zu beenden, und dass du über große Kräfte verfügst, hast du mit der Fluchthilfe ja wohl allen unter Beweis gestellt.»

Ich war wie vor den Kopf gestoßen, hatte aber spontan auch keine gute Antwort parat. Ganz unrecht hatte er ja nicht, und auf meine Haftzeit zu verweisen verbot mir in diesem Moment mein Stolz. Dennoch schmerzte mich seine Kälte. Keine 28 Stunden nach unserer Begegnung an der Grenze war dies das Erste, das er mir mitteilen wollte. Es zeigte mir in erster Linie die Tiefe seiner Verletzung und Enttäuschung. Ich hatte also nicht nur meiner Mutter «das angetan», ich hatte «das» auch ihm angetan. Ihm am meisten. Nach meiner vorübergehenden Entlassung aus der Schule kurz vor dem Abitur waren Fluchthilfe und die Haft in Hohenschönhausen das i-Tüpfelchen, das sein Fass zum Überlaufen brachte.

Ich bestand mein erstes juristisches Staatsexamen mit Prädikat nach insgesamt achteinhalb Semestern. Kommentarlos schickte ich ihm eine Kopie des Zeugnisses.

Mein Vater starb wenige Jahre später, 1972. Wir hatten nicht lange zuvor unseren Frieden miteinander gefunden. Er zeigte mir in dieser Zeit all die Wärme, die mein Verhalten in ihm unterdrückt hatte. Zu seinem Entgegenkommen hatte auch beigetragen, dass ich kurz vor meinem zweiten juristischen Examen stand. Das war für ihn eine große Beruhigung.

Meine Mutter hatte in der Zeit meiner Verhaftung sehr gelitten, das war ihr auch anzusehen. Gramfalten zeichneten ihr Gesicht. Sie nahm mich lange Zeit immer wieder unvermittelt in den Arm.

«Weißt du, dass du während deiner Zeit in Hohenschönhausen zur Bundeswehr eingezogen wurdest?», fragte sie mich eines Tages. «Deine Rückstellungszeit war abgelaufen.»

Überrascht blickte ich meine Mutter an. «Das heißt, während ich in der Haftanstalt saß, musste Papi dem Kreiswehrersatzamt erklären, dass sein Sohn leider in der DDR in U-Haft sitzt?»

«Ja, genauso war es.»

Irgendwie brachte meine Mutter ein kleines Lächeln zustande, als fände sie die ganze Geschichte auch ein wenig komisch. Auch ich konnte mir ein kleines Grinsen nicht verkneifen.

Nicht immer geht es um die Menschen

Eine Wohnung hatte ich in Bonn tatsächlich nicht mehr, aber nicht meine Eltern, sondern Freunde hatten mein altes Zuhause in der Bachstraße aufgelöst, während ich in Untersuchungshaft saß. Ich musste ganz von vorne beginnen, auch, was meine Beziehungen betraf. Nicht lange nach meiner Freilassung trennte Barbara sich von mir – sie hatte von ihrer Berliner «Konkurrentin» erfahren. Ich hätte ihr zwar alles erklären können, hätte sie vielleicht wieder zurückgewinnen können, aber ich war zu stolz, um hinter ihr herzurennen. Dann eben nicht, dachte ich. Wer sich so schnell und ohne weiteres Gespräch verabschiedet, wird nie Verständnis für das aufbringen, was ich getan habe. Für mich war es eine emotionale Verurteilung in Abwesenheit. Rückblickend muss ich natürlich zugeben, dass ich ihr unrecht getan hatte, denn ich hatte sie nie ins Vertrauen gezogen, und sie muss völlig überrumpelt und schockiert gewesen sein. Heute bedaure ich, dass ich keine Anstrengungen unternommen habe, ein klärendes Gespräch zu führen.

Eine neue Wohnung war bald gefunden. Und sehr bald lernte ich Claudia kennen, die aus einer bekannten konservativen Politikerfamilie kam. Claudia und ich hatten eine gute Zeit miteinander. Zum Entsetzen ihrer Familie marschierte ich im Mai 1968 mit ihr in vorderster Reihe durch Bonn, um gegen die Notstandsgesetze zu demonstrieren. Durch die Einführung einer sogenannten Notstandsverfassung sollte das Grundgesetz geändert werden, um sicherzustellen, dass der Staat auch in Zeiten schwerer Krisen wie Krieg oder einer Naturkatastrophe handlungsfähig blieb. Ich sah darin einen Eingriff des Staates in fundamentale Freiheitsrechte, den ich so nicht hinnehmen wollte.

Claudia war die erste Freundin, mit der ich über meine Haft in Hohenschönhausen sprechen konnte. In der Öffentlichkeit blieb die Fluchthilfe weitgehend unausgesprochen, um einzelne Betroffene und die deutsch-deutschen Verhandlungen etwa zum Passierscheinabkommen in Berlin, dem Transitabkommen, der Freikaufpraxis und den Familienzusammenführungen nicht zu gefährden.

Claudia stellte mir sehr viele Fragen: «Was hat dich motiviert? Was hast du dir dabei gedacht? Wie hast du das Gefängnis überstanden?» Die Gespräche mit ihr befreiten mich, sie wollte jedes Detail wissen, all die Dinge, für die sich meine Eltern eher wenig interessierten. Endlich konnte ich aufatmen, fand in ihr die Bestätigung, die ich von meinem Vater vermisst hatte: dass ich mit meiner Fluchthilfe etwas Gutes getan hatte.

Was mir lange Zeit nicht mehr aus dem Kopf ging, war der Anwerbungsversuch der Stasi. Claudia wollte ich nicht damit belasten, also erzählte ich Jürgen Stange davon.

«Das müssen Sie sofort den westdeutschen Behörden mitteilen», riet der Westberliner Anwalt, seine Stimme klang eindringlich.

«Aber warum denn? Das sind doch durchsichtige Geheimdienstmanöver. Wieso sollte sich die deutsche Justiz dafür interessieren, denen ist doch so etwas bestimmt egal.»

Stange blieb eisern. «Unterschätzen Sie die deutsche Justiz nicht. Im Verhältnis zur DDR sind die beinhart. Auch würde es

Ihnen gut zu Gesicht stehen, wenn Sie sich rasch offenbarten. Nehmen Sie das ernst, was Sie da erlebt haben.» Eine Weile betrachtete er mich, dann fügte er hinzu: «Oder sind Sie etwa in Gefahr?»

«Wie meinen Sie das?» Irritiert schaute ich Jürgen Stange an.

«Volker, Sie sind doch nicht naiv!»

«Ich verstehe trotzdem nicht, was Sie meinen.»

Der Anwalt blickte mich mit zunehmender Intensität an, bis ich schließlich begriff.

«Sie denken doch nicht ernsthaft, dass ich Agent werden will?»

«Vielleicht sogar Doppelagent. Es hat das alles schon gegeben.»

Ich schüttelte etwas belustigt den Kopf. Stange blieb ernst.

«Volker, wenn Sie nicht gehen und berichten, muss ich es leider tun.»

«Gut, ich kümmere mich darum», murmelte ich etwas kleinlaut.

«Dann ist es ja gut», sagte Stange zufrieden.

Einige Wochen später, es war mittlerweile Sommer, hakte er telefonisch nach. Ich musste ihn enttäuschen.

«Ach, wenn ich Zeit und Lust habe, mache ich das, mich zieht gerade nichts nach Berlin.»

«Das mit der Zeit und der Lust vergessen Sie mal ganz schnell, es ist höchste Zeit!»

Für mein Anliegen war die politische Staatsanwaltschaft in Berlin zuständig, für meinen Fall Herr Staatsanwalt Karl-Heinz Dobbert, der sein Dienstzimmer in der Turmstraße hatte.

«Dann berichten Sie mal», sagte Dobbert, ein Mittvierziger, der eine angenehm ruhige und sachliche Art hatte, nachdem ich einen Gruß von Stange ausgerichtet hatte.

Ich erzählte von dem Besuch der beiden Lederjacken kurz vor meiner Entlassung aus der DDR, nannte die Adresse, die sie mir diktiert hatten, und zum Schluss erklärte ich: «Die wollten, dass ich helfe, Wolfgang Fuchs das Handwerk zu legen.»

«Wir kennen das», sagte Dobbert. «Das ist nichts Neues, sie versuchen oft, westliche Gefangene auf ihre Seite zu ziehen. Aber danke, dass Sie uns informiert haben, wir wollen immer genau wissen, wie es dort drüben in Ostberlin zugeht.»

Die Zeit in Hohenschönhausen hatte noch andere Nachwirkungen. Meine Anwälte in Ost und West wollten bezahlt werden. Einige Wochen nach meiner Freilassung trafen die Rechnungen ein. Obgleich sowohl Stange als auch Vogel von der Bundesregierung stattliche Jahres-Pauschalhonorare erhielten, berechnete Vogel 1500 Mark, eine Summe, die damals nicht gerade wenig war. Ich fand sie aber akzeptabel. Erstaunlich war jedoch, dass ich den Betrag auf ein Konto in Westberlin überweisen sollte. Gut, er hatte dort eine Anwaltszulassung, aber vielleicht war das Konto auch eine Absicherung, denn ich konnte mir vorstellen, dass er bei seiner heiklen Rolle ziemlich schnell in Ungnade fallen konnte. Aber mit Sicherheit lebte er nicht nur von den Honoraren, er stand im Sold der Stasi und wurde auch von der Bundesrepublik bezahlt, was weiterhin das Westkonto erklärte. Er bekam schon einen guten Teil des Kuchens ab. Und soweit ich in Erfahrung bringen konnte, musste er diese Honorare in der DDR nur geringfügig versteuern, konnte sie aber in der Bundesrepublik gewinnbringend anlegen. Mein Vater beglich für mich die Rechnung, ich selbst hatte nicht genug Geld auf dem Konto. Mir war das unangenehm, und ich suchte nach einem Weg, meinem Vater möglichst rasch alles zurückzuzahlen. Noch immer war unser Verhältnis belastet, und ich hoffte, mit dieser Geste vielleicht etwas zur Entspannung der Lage beitragen zu können. Also stellte ich einen Antrag nach dem HHG, dem Häftlingshilfegesetz, einem «Gesetz über Hilfsmaßnahmen für Personen, die aus politischen Gründen außerhalb der Bundesrepublik Deutschland in Gewahrsam genommen wurden». Auf dieser Basis erhielt ich allerdings nur bescheidene Beträge, darunter ein «Begrüßungsgeld» von 100 DM. Das reichte nicht für Vogels Rechnung. Ich fasste direkt beim Ministerium für gesamtdeutsche Fragen nach und erreichte schließlich zu meiner eigenen Überraschung eine volle Erstattung. Ein Stein fiel mir vom Herzen.

Die Rückzahlung führte aber leider nicht zu einem Gesprächsauftakt zwischen meinem Vater und mir. Er stellte mir weiterhin keine Fragen, das ganze Thema wurde strikt tabuisiert. Heute, wo wir in einer ungleich transparenteren Gesellschaft leben, ist ein solches Schweigen kaum mehr vorstellbar. Aber auch wenn ich unser Corpshaus in Heidelberg aufsuchte, fragte mich niemand nach meinen Erfahrungen. Es kam mir so vor, als hätte das Wort «Fluchthilfe» einen schlechten Ruf. Die Archive der Stasi und der Bundesregierung waren noch nicht zugänglich, und die Fluchthelfer schwiegen. Überzeugende, gutrecherchierte Bücher über die Fluchthilfe gab es ebenfalls noch nicht. Mit anderen Worten: Es gab keine überzeugende Form der Vergangenheitsbewältigung.

Ich studierte mit Fleiß und Disziplin, in zwei Semestern wollte ich fünf Scheine machen und das Examen vorbereiten. Ich wollte die Herausforderung meines Vaters annehmen. Das Ganze war eine immense Kraftanstrengung. Mein Vater war sichtlich erleichtert: Aus dem Tunichtgut war endlich ein ernst zu nehmender Mann geworden.

Sobald ich wieder etwas mehr freie Zeit hatte, stellte ich erneut fest, dass die Hafterfahrung nicht so einfach abzuschütteln war wie eine lästige Fliege. Mehr und mehr drang in mein Bewusstsein, dass ich nicht als Einziger verhaftet worden war. Ich begann, mich näher für das weitere Schicksal der anderen Beteiligten zu interessieren. Was war mit Kamal Hamdi geschehen? Ich begann Recherchen anzustellen und erfuhr, dass man ihn mit einer Interflug-Maschine vom Flughafen Berlin-Schönefeld in Begleitung eines Stasi-Offiziers nach Damaskus verbringen wollte. Kleiner Schönheitsfehler: Es gab keine direkte Flugverbindung. Bei dem Zwischenstopp in Zypern konnte Kamal Hamdi seinem Bewacher mit einem im Jackett eingenähten zweiten Pass entkommen. Vom Fluchthelfer zum Flüchtling. Von Zypern reiste er in die Bundesrepublik, wo er in Bonn Asyl erhielt. Nicht lange danach wurde er in Damaskus in Abwesenheit durch ein Militärgericht zum Tod verurteilt. Die Beweise, die die DDR-Regierung in ihrem Bericht an den damaligen Präsidenten und Generalsekretär der Baath-Partei von Syrien schickten, Hafiz al-Assad, den Vater des heutigen Präsidenten Syriens, waren unwiderlegbar. Am 18. Oktober 1967 hieß es in der Zeitung *Neues Deutschland*, dem Zentralorgan der SED, unter der Überschrift «Landesverräter in Syrien verurteilt»:

> *Die Verurteilten hatten während ihrer Tätigkeit als Mitarbeiter des Generalkonsulats der SAR in der DDR verräterische Beziehungen zu westdeutschen Spionageorganisationen aufgenommen und Beihilfe zum Menschenhandel geleistet ... In der Damaszener Presse ... heißt es, daß die beiden Angeklagten der ihnen zur Last gelegten Verbrechen gegen die revolutionäre Ordnung in der SAR für schuldig befunden wurden und wegen ihrer Zusammenarbeit mit einer fremden Macht zum Tode verurteilt werden.*

Gleich seinem dicken Freund am Kurfürstendamm startete Hamdi eine Karriere als Teppichhändler, allerdings in Bonn.

Joachim und Hannerose Meister, das Ehepaar, das mir in der Nacht meiner Verhaftung in der Magdalenenstraße präsentiert worden war, wurde von der DDR zu vier Jahren Gefängnis verurteilt, wovon sie über zweieinhalb Jahre hatten absitzen müssen. Immerhin waren sie vorzeitig entlassen worden. Stange hatte mir davon erzählt, und drei Jahre nach ihrer Freilassung traf ich sie in Nürnberg – es waren die einzigen Flüchtlinge, bei denen ich den Drang verspürte, sie wiederzusehen und mit ihnen zu sprechen.

Meine ältere Schwester Lilo lebte in Nürnberg, und als ich sie und ihren Mann besuchte, bat ich sie, mich zur Adresse der Meisters zu fahren. Das Ehepaar war zu Hause. Als ich bei ihnen läutete, baten sie mich erfreut in ihr Wohnzimmer.

«Es tut mir sehr leid, was damals geschehen ist», sagte ich bei Kaffee und Kuchen, «aber wir alle haben dafür einen Preis zahlen müssen.»

Die Meisters winkten ab. «Wir sind so glücklich, dass wir nicht die ganzen vier Jahre absitzen mussten.»

«Was ich Sie gern fragen möchte – konnten Sie damals verstehen, was der Fahrer und ich gesprochen haben?»

Beide schüttelten den Kopf. «Nein, die Fahr- und Straßengeräusche waren zu laut. Wir konnten nur hören, dass ein Radio lief, mit klassischer Musik. Das milderte ein bisschen die Angst.»

«Wurden Sie eigentlich ausgetauscht?»

«Nein», sagte Joachim Meister. «Wir sind freigekauft und mit vielen anderen in einem Bus nach Herleshausen gefahren worden.»

Meine Fragen gingen sehr durcheinander, die Erinnerungen schoben sich wild übereinander.

«Und wie war das am Checkpoint Charlie, im Moment Ihrer Verhaftung?»

Frau Meister übernahm das Wort: «Als der Mercedes länger hielt, deutlich länger als eine Ampelschaltung, da wussten wir, dass wir die Grenze erreicht hatten. Als dann jedoch der Kofferraum geöffnet wurde und wir DDR-Uniformierte sahen, war alles klar.»

«Und von der Magdalenenstraße hat man Sie direkt nach Hohenschönhausen gebracht?»

Herr Meister nickte.

«Dann waren wir zeitgleich da», sagte ich.

«Ohne voneinander zu wissen», fügte Frau Meister hinzu.

Diese Begegnung war für mich sehr wichtig: Wir teilten einen gemeinsamen Fluchtversuch, eine Verhaftung am selben Tag, eine Freilassung durch Bemühungen beider deutscher Staaten. Als ich wieder zurück zu meiner Schwester fuhr, dachte ich: Eigentlich ist das Kapitel Fluchthilfe für mich damit abgeschlossen.

Da ich in Bonn lebte und nicht in Berlin, der Hauptstadt der Spione und Fluchthelfer, hatte ich bislang nur wenig Kontakt zu meiner alten Szene aufgenommen. Durch die Distanz änderte sich auch meine Meinung zu Wolfgang Fuchs. Zwar hatte ich ihn einige Male nach meiner Entlassung kurz getroffen, wann immer ich in Berlin zu tun hatte, aber schrittweise musste ich mir eingestehen, dass uns keine echte Freundschaft verband. Es war vielmehr eine Projektgemeinschaft mit durchaus freundschaftlichen Zügen. Er hatte sich in Berlin-Neukölln ein Mietshaus gekauft und eine Drogerie eröffnet und scharte regelmäßig ehemalige Fluchthelfer um sich, deren Bewunderung er sichtlich genoss. Doch ich hatte zunehmend das Gefühl, dass er sich primär für sich selbst interessierte. Ein wenig wunderte und kränkte es mich schon, welch auffallend geringes Interesse er an Einzelheiten meiner Haft hatte – immerhin hatte ich seiner zweiten Ehefrau zur Flucht verholfen.

Besonders erinnere ich mich an eine Bootsfahrt auf dem Wannsee, flott ging es voran.

Wolfgang, was hast du eigentlich gedacht und getan, als ich verhaftet wurde? Diese Frage lag mir natürlich auf den Lippen, aber etwas hielt mich davon ab, sie zu äußern. Ich fragte nichts. Ich betrachtete nur stumm den Mann, der mir irgendwie fremd geworden war. Ich spürte auf einmal, dass ich eigentlich gar nichts von ihm wollte, dass wir oder zumindest ich uns nichts mehr zu sagen hatten. Und dass die Bewunderung und das Vertrauen, die ich für ihn empfunden hatte, nicht mehr da waren.

Als ich, zurück in Bonn, Claudia von dem Treffen erzählte, nahm sie mich in den Arm. Sie hatte verstanden, dass es hart für mich war, mir einzugestehen, dass sich mein Bild von Fuchs verändert hatte. Dass ich den Eindruck hatte, auch ich war am Ende nur Teil seines «Geschäfts» gewesen. Das hing auch damit zusammen, dass auf dem Boot auch über Geldzahlungen gesprochen worden war.

Claudia schob mich mit beiden Armen von sich, um mir direkt in die Augen zu sehen. «Und da wusstest du auf einmal, dass Wolfgang nicht ausschließlich der gute, selbstlose Mensch war.»

Ich nickte.

«Schon mal darüber nachgedacht, womit er deine Reisen und den Diplomaten finanziert hat?»

Claudia lächelte. «Und so ein Boot auf dem Wannsee und eine Drogerie kommen auch nicht vom Himmel gefallen.»

«Ja», sagte ich, «eigentlich fand ich die Vorstellung in Ordnung, dass er Geld nahm, weil er schließlich eine Familie zu ernähren hatte. Dass er aber vielleicht so viel einnahm, um in Grundeigentum zu investieren, ist mir nie in den Sinn gekommen.»

Wie viele Menschen, die rasch und ungewöhnlich zu viel Geld

gekommen waren, hatte es auch Fuchs recht schnell wieder verloren. Ab 1967 hatte er begonnen, Cadillacs zu Fluchtautos umzubauen, den ersten amerikanischen Schlitten hatte er sich von Hasso Herschel gekauft. Es folgten weitere, in denen er Fluchten aus der Tschechoslowakei oder Ungarn nach Bayern organisierte, manchmal nach Österreich. Seine Geschäfte liefen schlecht, ein Teil seines Vermögens, so erzählte er mir, wurde von einem «Freund» veruntreut, in seiner Familie fand er wenig Halt und Glück. Zuletzt lebte er während der kalten Jahreszeit jeweils ein halbes Jahr in Indien, finanziell auf sparsamster Flamme. 2001 starb er verarmt, krank und einsam mit 62 Jahren. Auf seiner Beerdigung nahm ich endgültig Abschied von ihm.

Neben meinen Studien befasste ich mich mit marxistischer Literatur, las das *Kapital* von Karl Marx – einer meiner Wege, mich mit meiner Zeit in Hohenschönhausen auseinanderzusetzen. Die Fluchthilfe selbst ordnete ich als etwas Überwundenes ein. Es gab mir nichts mehr, die alten Fluchthelfergeschichten in stets neuen Gewändern zu sehen und zu hören.

Wenn ich ehrlich bin, waren die Fluchthelfer und ich vielleicht eher so etwas wie eine temporäre Schicksals- und Interessengemeinschaft. Es war nicht die Gemeinschaft, die ich mir vorgestellt und gewünscht hatte. Ich war eher ernüchtert als enttäuscht. Mit Jürgen, Ulrich und Manfred stand ich allerdings weiterhin in Kontakt, aber sie lebten bis auf einen in anderen Städten. Sie waren Fluchthelfer im Kollektiv, ich eher ein Einzelkämpfer.

Militärmäntel auf der Transitstrecke

Hatte ich nicht Grundkenntnisse des Russischen in meiner Haftzeit erworben? Wozu die ganzen Mühen, wenn man nicht davon profitieren konnte? 1971/72 bewarb ich mich bei einem Berliner Flugreiseunternehmer als Reiseleiter für Moskau. Ich verschwieg, dass ich noch nie in der russischen Hauptstadt gewesen war. Meine Abenteuerlust war trotz meiner Erfahrungen im Gefängnis ungebrochen, nur hatte ich sie auf etwas weniger waghalsige Unternehmungen gelenkt. Das Reiseunternehmen war hocherfreut, Russischkenntnisse standen im Westen damals nicht gerade oft zur Verfügung.

Und so flog ich nach Moskau. Auf dem Roten Platz kaufte ich eine Zeitung und erklärte: «Wir stehen hier auf dem Roten Platz mit seiner annähernd achteckigen Form, und um uns herum sehen Sie beeindruckende Bauwerke. Da sind zum einen in östlicher Blickrichtung die wunderschöne Basilius-Kathedrale, das Lenin-Mausoleum, von Nordwesten nach Südosten zieht sich die Kremlmauer, und in nordöstlicher Richtung sehen Sie das Kaufhaus GUM …» Obwohl alles Bücherwissen war, schien ich überzeugend aufgetreten zu sein.

Das Wichtigste aber war: Es war eine unglaubliche Genugtuung, dass ich Russisch ganz passabel lesen und mich auch mit den Moskowitern über einfache Dinge verständigen konnte. Die Zeit in Hohenschönhausen war also nicht völlig vergeudet gewesen, immerhin hatte sie mir Kenntnisse einer weiteren Sprache beschert. Voller Stolz zeigte ich der Reisegruppe die vielen Sehenswürdigkeiten, als hätte ich sie persönlich erbaut.

Nach der Reise nach Moskau wartete der Ernst des Lebens auf mich. Ich ging nach dem einen Jahr nach München, von dort aus zum Amtsgericht Garmisch, dann zum Amtsgericht in Traunstein, schließlich ans Oberlandesgericht nach Schleswig.

Jürgen Stanges weiteren Werdegang verfolgte ich noch über einen längeren Zeitraum, ich war in seiner Kanzlei vorübergehend als Referendar tätig. Er bot mir sogar eine Partnerschaft an. Dankend lehnte ich ab. Er war nach wie vor hauptsächlich im Freikaufgeschäft tätig, und aus offensichtlichen Gründen war ich für diese Arbeit nicht geeignet. Gereizt hätte es mich eigentlich schon. Aber ich war für die DDR verbrannt, meine politische Anwaltskarriere wäre zu Ende gewesen, bevor sie überhaupt begonnen hatte.

Ähnlich wie Vogel hatte Stange bei dem Häftlingsfreikauf seine Chance gesehen – und sie ergriffen. Wie sich die beiden kennenlernten, weiß ich nicht, aber sie entwickelten gemeinsam ein historisch einmaliges anwaltliches Geschäftsmodell mit Monopolcharakter. Was die materielle Seite anbelangte, erwies sich Vogel als der Geschicktere. Er überlebte die Wiedervereinigung sowohl strafrechtlich als auch materiell fast ungeschoren, während Stange, für die meisten nicht sichtbar, verarmte und die Zulassung als Anwalt und Notar nicht halten konnte.

Stange war, im Gegensatz zu Vogel, ein eher lauter Mann, der großen Charme besaß und diesen insbesondere gegenüber Frauen spielen ließ. Später war er in den sogenannten Hirt-Skandal verwickelt. Edgar Hirt war Ministerialdirektor unter Minister Egon Franke und Nachfolger auf dem Posten von Herbert Wehner im

Ministerium für innerdeutsche Beziehungen. Aus diesem sollten zwischen 1979 und 1982 insgesamt 5,6 Millionen D-Mark spurlos verschwunden sein. Es hieß damals, die Millionen seien ganz bewusst an den Kontrolleuren des Bundestags vorbeibugsiert worden, es sei dabei um heikle Aktionen für den Freikauf von Häftlingen im Osten gegangen. Jeder weitere Mitwisser wäre einer zu viel gewesen. Auf die Idee, sich schwarze Kassen zu verschaffen, waren Franke und Hirt 1978 gekommen. Bis dahin hatten die Mittel für die sogenannten «besonderen Bemühungen der Bundesregierung» im Einzelplan 27 Kapitel 02 des Haushaltsplans gestanden. Das hielten beide jedoch für politisch ungeschickt, deshalb hätten sie für besonders schwierige und besonders geheimhaltungsbedürftige Operationen, so rechtfertigten sich Franke und Hirt hinterher, freie Hand gebraucht, ohne sich neugierigen Kontrollen aussetzen zu müssen.

Stange leitete die schwarzen Kassen ein. Er schlug dem Westberliner Caritas-Direktor Heinz-Dietrich Thiel vor, einen Dispositionsfonds für humanitäre Zwecke zu schaffen. Die Methode, so der *Spiegel* im März 1984, war simpel: «Das katholische Hilfswerk Caritas sollte Bundeszuschüsse für die Lieferung von medizinischem Gerät in die DDR erhalten und dann einen Teil des Geldes für Sonderzahlungen bei geheimen Ost-West-Transaktionen abzweigen. Franke und Hirt, beteuerte Stange, seien eingeweiht gewesen. Thiel holte sich Rat und Zustimmung hoher Kirchenleute, etwa bei dem Ostberliner Kardinal Alfred Bengsch.»

Die schwarzen Kassen wurden reich gefüllt. «Von 1979 bis 1982 erhielt die Caritas rund 10,9 Millionen Mark Regierungsgelder; etwa 5,6 Millionen Mark flossen an das Ministerium zurück. In 27 Fällen rückten die frommen Helfer Beträge zwischen 10 000 und 700 00 Mark heraus. Als Geldbriefträger diente in der

Regel Stange, der die Scheine im Ministerium für innerdeutsche Beziehungen ablieferte.»

Jürgen Stange stand in dieser Affäre wegen Beihilfe zur Untreue vor Gericht.

Inzwischen hatte ich auch begriffen, dass die Kirchen die Durchgangsstelle für wirtschaftliche Geschäfte dieser Art waren. Der erste Geldtransport für Gefangene soll am Lehrter Stadtbahnhof (heute Hauptbahnhof) erfolgt sein, cash im Briefumschlag, versteckt in der Innentasche von Stanges Jackett. Da ging es im Freikauf noch zu wie im Wilden Westen. Doch da die Regierung das haushaltstechnisch für alle einsichtiger lösen wollte, wurde der Weg über die Kirchen gewählt. Viele DDR-Bürger waren evangelisch, und seit 1948 waren sie in der Evangelischen Kirche in Deutschland (EKD) organisiert, einer gesamtdeutschen Institution, die politische Grenzlinien nicht beachtete, auch nachdem 1949 die Bundesrepublik und die DDR gegründet worden waren. Die evangelischen Kirchen im Westen und Osten hatten gemeinsame Kirchenvertreter, sogar ein gemeinsames Bistum.

Die Westkirchen trugen gerade in den fünfziger Jahren zum Aufbau einer demokratischen und solidarischen Gesellschaft bei – und sie begannen sehr schnell, Hilfspakete mit Geschenken in die DDR zu schicken. Finanzielle Hilfe war nicht so leicht möglich, weil die BRD die DDR nicht als Staat anerkannte und deshalb Geldüberweisungen untersagte. So musste Bargeld beispielsweise in Koffern illegal über die Grenze geschafft werden, was von der DDR strafrechtlich so konsequent verfolgt wurde, dass es bald keine wirkliche Option mehr war.

Dann aber brauchte die DDR Kohle – und zwar zum Heizen. 1956 stellte der polnische Staatschef Władysław Gomułka nämlich die Steinkohlelieferungen an die DDR ein, und die DDR hatte keine Devisen, um sich auf dem Weltmarkt die dringend benötigte Kohle für ihre Kraftwerke zu besorgen. Aus diesem Grund initiierte sie das «Kirchengeschäft A» über die EKD in Westdeutschland. Die kaufte in den USA 60 000 Tonnen Steinkohle, ließ diese in die DDR liefern, und die DDR-Regierung zahlte den Preis in DDR-Mark an die ostdeutschen Landeskirchen aus. Die Bundesregierung gestattete diesen inoffiziellen Handel nur «unter allergrößten Bedenken» und unter der Bedingung, dass er einmalig bliebe. Doch durch den Erfolg der Aktion sahen beide Seiten jeweils eigene Vorteile für eine zukünftige Zusammenarbeit: Die DDR erhielt Devisen sowie materielle Unterstützung, und die BRD konnte den deutschen Landsleuten in der DDR helfen. Auf diesem Weg wurden von nun an weitere Geschäfte über die Kirchen abgewickelt, die jährlich 40 bis 50 Millionen Mark umfassten.

Zusätzlich wurde mit dem Freikauf von Häftlingen das sogenannte «Kirchengeschäft B» entwickelt. Den Geschäften mit der katholischen Kirche gab man den Buchstaben «C». Ab 1966 übernahm diesen Aufgabenbereich auf Seiten der DDR die Abteilung «Kommerzielle Koordinierung» (KoKo) im Ministerium für Außenhandel unter der Leitung von Alexander Schalck-Golodkowski. Dessen und Vogels gemeinsamer Führungsoffizier war der Mielke-Vertraute Oberstleutnant Volpert.

Vogel hat mir erst viele Jahre später gesagt, dass ich gegen zwei Spione und wohl auch Geld ausgetauscht wurde, nicht von ungefähr hatte er mit Stange am Grenzübergang Herleshausen «Geschäftliches» zu regeln gehabt. Genaueres vermochte er mir aber nicht zu sagen, durfte es womöglich auch nicht, was mich aber auf die Idee brachte, dass sich vielleicht Unterlagen von mir im Archiv der Evangelischen Kirche Deutschlands befinden könnten.

Brennend interessierte mich natürlich, wie viel Geld in meinem Fall geflossen war.

Ich rief also im Archiv an und ließ mich mit einem der dortigen Archivare verbinden.

«Guten Tag, mein Name ist Volker Heinz», erklärte ich, «ich saß in Hohenschönhausen in Untersuchungshaft und würde gern mal zu Ihnen kommen, um mir anzuschauen, was in Ihrem Archiv über mich aufbewahrt wird.»

Der Archivar am anderen Ende der Leitung räusperte sich kurz und sagte: «Also, bevor Sie sich auf den Weg machen, sollten wir hier erst einmal schauen, ob Sie überhaupt bei uns erfasst sind. Ich rufe Sie an, sobald ich etwas gefunden habe.»

Der Archivar hielt sein Versprechen, kaum zwei, drei Tage später klingelte das Telefon, und er teilte mir seine Rechercheergebnisse mit.

«Herr Heinz, ich habe Ihren Namen tatsächlich gefunden.»

«Sehen Sie», sagte ich, «dann kann ich mich also auf den Weg machen.»

«Das brauchen Sie nicht, es sind nur wenige Schriftstücke, die kann ich Ihnen auch per Post schicken.»

Ich war plötzlich sehr aufgeregt. Für mich war die Sache klar: Wenn überhaupt etwas über mich im Archiv der Evangelischen Kirche zu finden war, konnte das eigentlich nur bedeuten, dass im Zusammenhang mit meiner Freilassung tatsächlich Geld geflossen ist. Das ergab in meinen Augen auch Sinn. Wieso sollte die DDR bei mir auf Geld verzichtet haben, wo doch für jeden ausreisewilligen Bürger eine Menge Geld auf den Tisch gelegt wurde?

Der Archivar hatte seine Ergebnisse in einem kleinen Anschreiben zusammengefasst. Darin fand sich jedoch von konkreten Summen keine Spur:

Sehr geehrter Herr Heinz,

es ist richtig, Sie werden im Zusammenhang mit dem Fall Clemens erwähnt (Akte EZA 742/294):

Am 9. Mai informierte Gräfin v. Rittberg Ministerialrat Rehlinger über die bevorstehende Begnadigung von Clemens. «Minister Heinemann hat keinen Zweifel, daß der Bundespräsident höchstwahrscheinlich dem Gesuch entsprechen wird. Er ist aber andererseits der Meinung, daß man mindestens versuchen sollte, den Fall zu einem Austausch zu nutzen.» Rehlinger antwortete am 10. Mai: «Bei dem augenblicklichen Stand möchte ich empfehlen, alles zu versuchen, um eine Entscheidung möglichst noch rd. 3 Wochen hinauszuziehen. In den nächsten Tagen wird mit Sicherheit eine Antwort auf unser Angebot eingehen … Unabhängig davon hätte ich schon heute ein konkretes Anliegen im Auge. Es handelt sich um Volker Heinz; der Fall ist Ihnen ja sicher auch bekannt. Vielleicht ist es zweckmäßig, daß wir uns nach Pfingsten noch einmal fernmündlich verständigen.»

Ich bin der Frage nach der Geldsumme weiter nachgegangen, bis ins Bundesarchiv in Koblenz. Aber bis heute sind meine eigenen Akten unter Verschluss, ich tauche nur in einzelnen Dokumenten und Schriftstücken von Hanns Martin Schleyer oder von Regierungsseite aus auf.

Die Wiedergewinnung meiner Freiheit war wunderbar, aber der Weg dorthin keineswegs exemplarisch. Ihr Erfolg liegt in meinem Verzicht auf Bezahlung ebenso begründet wie in der Protektion durch Schleyer und Knieper, den geschickten Verhandlungen der Anwälte und deren guten Beziehungen zur jeweiligen Regierung. Untypisch waren in jedem Fall auch der Tausch Fluchthelfer gegen zwei Spione – zudem KGB-Spione! – sowie die zusätzliche Zahlung.

Der Preis für meine Freiheit war hoch – für die Bundesregierung, aber auch für mich, der ich nie selbst Geld entgegengenommen habe.

Und dann kam der 27. Juni 1972. Meine Bewährungsfrist war mit diesem Tag abgelaufen. Nur zwei Tage später saß ich in meinem Auto und fuhr von Heidelberg nach Berlin, und zwar über Helmstedt. Hellwach, aber sichtlich nervös saß ich hinter meinem Steuer. Ich fühlte mich unsicher, vermutete überall Stasi-Offiziere und NVA-Soldaten, die mich verhaften und ein weiteres Mal festsetzen wollten. Aber nichts dergleichen geschah, und als ich Westberlin erreichte, stieß ich einen Jubelschrei aus. Ich hatte es geschafft, ich hatte meine Bewegungsfreiheit wiedergewonnen. Keine Falle schnappte zu.

Inzwischen lebte ich wieder in Berlin – es war (und ist) meine Schicksalsstadt. Ich entschloss mich, im folgenden Winter mit dem Auto nach Prag zu fahren, um Freunde zu besuchen, die ich seit Jahren nicht mehr gesehen hatte. Wieder gab es weder an der Grenze noch unterwegs Schwierigkeiten. Nur die Rückreise hatte es in sich. Es war Winter, und Schnee lag auf den Straßen, es war ein bitterkalter Tag. Auf dem Weg zurück nach Berlin fuhr ich über den Grenzübergang Cinovec / Zinnwald. Es war der höchstgelegene Ort im östlichen Erzgebirge, rund 45 Kilometer von Dresden entfernt. Ein Schneesturm hatte eingesetzt, ein heftiger Wind peitschte das dichte Flockengewirbel durch den Winterwald. Die tschechischen Beamten sahen nur kurz auf meinen Ausweis, dann näherte ich mich dem Posten der DDR-Grenzer. Ich öffnete die Fensterscheibe, um meine Ausweispapiere zu zeigen. Genau in dem Moment, in dem ich dem Grenzer meine Papiere übergeben wollte, riss ihm ein Windstoß die Dokumente aus der Hand. Er rannte hinter ihnen her, ich stieg aus, um bei der Suche zu helfen. Während wir jenseits der Fahrspur nach den lebenswichtigen Papieren griffen, fielen wir beide übereinander in den Schnee. Das war der erste Schreck an diesem Abend.

Wir rappelten uns hoch und liefen zurück zum Auto, während wir uns wechselseitig für unsere Ungeschicklichkeit entschuldigten. Der Grenzer besah sich meinen Pass und winkte mich schließlich durch. Nach fast einer Stunde erreichte ich Dresden. Das Schneetreiben war so dicht, dass ich gerade etwa 50 Stundenkilometer fahren konnte. Die Scheibenwischer schafften es kaum, die weiße Masse beiseitezuschieben.

Von Dresden ging es dann weiter auf die Transitautobahn Richtung Dreilinden. Nur diese Strecke war für einen Westdeutschen auf dem Weg nach Berlin erlaubt. Aber auch hier konnte ich nicht schneller fahren, denn unabhängig vom Schneechaos war die Straße in einem ziemlich schlechten Zustand.

Während ich mich durch das Winterchaos kämpfte, entdeckte ich plötzlich neben der Autobahn zwei Männer in Militärmänteln, die mich zu sich heranwinkten. Ein tiefer Schreck durchfuhr meine Glieder. Was wollen die von mir?

Die Wagenheizung kochte, und trotzdem war mir mit einem Schlag so kalt, als hätte ich einen Tag im Kühlschrank zugebracht. Ich fuhr an den Rand der Straße. Die Männer in den schweren Mänteln traten auf mich zu. Was wollten die bloß von mir?

Ich kurbelte mein Fenster herunter, auf alles und nichts gefasst. Zu meiner Überraschung sagte einer der beiden: «Können Sie uns vielleicht helfen?» Seine Zähne klapperten vor Kälte, schlugen heftig aufeinander. Die beiden mussten schon seit geraumer Zeit in dieser Kälte gestanden haben.

«Helfen? Wobei kann ich Ihnen helfen?» Ihre Bitte verwunderte mich sehr. Ich hatte mit allem gerechnet, mit einer Belehrung, einer Kontrolle oder gar einem Vorwurf, obgleich ich mir keines Vergehens bewusst war. Aber eine Bitte?

«Wir sind stecken geblieben», sagte der zweite Mann. «Wir sind in Cottbus stationiert. Wir wollten uns in Dresden vergnügen und hatten jetzt eine Panne, die wir nicht reparieren können. Da wir uns hier ohne Erlaubnis außerhalb unseres Wehrbezirks befinden, müssen wir spätestens vor Mitternacht zurück sein.»

«Werden Sie sonst bestraft?» Ich wusste, dass es innerhalb der DDR Reisebeschränkungen gab, und die betrafen nicht nur die normale Bevölkerung, sondern insbesondere auch Soldaten.

«Genau», sagten die beiden Militärs unisono. «Meinen Sie, dass Sie uns abschleppen können?»

Das war eine verbotene Handlung! Eine Straftat – Kontaktaufnahme zum Klassenfeind ohne Genehmigung, Verdacht auf Militärspionage. Aber meine Bewährungszeit war ja um. Sollte ich das riskieren? Was, wenn wir erwischt wurden? Noch mal das Ganze von vorn?

Ich kann nicht erklären, was es war, aber mein Mitgefühl war stärker als mein Verstand: Ich half. Ich holte mein Seil aus dem Auto und band die beiden Wagen zusammen. Der, der am meisten mit den Zähnen geklappert hatte, setzte sich ins Auto, um es zu steuern, der andere ließ sich in meinem Pkw auf dem Rücksitz nieder, um zu prüfen, ob das Seil hielt.

Jetzt ging es nicht mehr mit 50 Stundenkilometern weiter, sondern nur noch mit 30. Mein Passagier sagte wenig, nur dass beim

Wehrdienst wenig Freude aufkomme, und ich war vollauf damit beschäftigt, diese gesamtdeutsche Fuhre sicher durch den Schnee zu steuern. Nach ungefähr einer Dreiviertelstunde hatten wir es geschafft, wir erreichten die Autobahnausfahrt Guben und damit den rettenden Wehrbezirk. Es war zehn Minuten vor Mitternacht.

«Meine Herren», sagte ich. «Jetzt muss ich Sie leider verlassen, Sie wissen, dass ich die Autobahn nicht verlassen darf, ich erwarte und vertraue darauf, dass Sie unser kleines Abenteuer nicht melden. Ich hoffe, ich konnte Ihnen ein wenig helfen. Den Rest des Weges werden Sie wohl zu Fuß zurücklegen müssen. Viel Glück bei der weiteren Reise!» Mit diesen Worten koppelte ich sie ab. Während sie mir mehrfach dankten, verstaute ich rasch mein Seil und fuhr weiter.

Das kann ich schon wieder niemandem erzählen, dachte ich. Herrgott noch mal, wann wirst du endlich dein Helfersyndrom beherrschen? Deine Familie, deine Freunde – von Vogel und Stange ganz zu schweigen – werden dich doch für komplett verrückt halten! Endlich erreichte ich den Kontrollpunkt Drewitz-Dreilinden im Südwesten von Berlin, auch «Checkpoint Bravo» genannt. Die Grenzstation war überdacht und in ein gleißend helles Licht getaucht. Ich wartete in einer Schlange von 10, 15 Autos, die schrittweise kontrolliert wurden. Meine Papiere hielt ich bereit, einschließlich meines Transitvisums, das ich abzugeben hatte. Plötzlich warf ich einen Blick in den Rückspiegel. Fast traf mich der Schlag: Da lag auf meinem Rücksitz eine Militärmütze. Die hatte mein Passagier vergessen, als er mein Auto verließ. Ich dachte nur: Hört das denn nie auf?

Fieberhaft überlegte ich, was ich nun tun konnte. Nach meiner Einschätzung war ich in spätestens zehn Minuten dran. Wo konnte ich die Mütze verstecken, sodass sie nicht bemerkt wurde? Ich konnte sie ja schlecht einfach aus dem Fenster werfen. Also versuchte ich, sie so weit wie möglich zusammenzuknautschen. Der Stoff war ziemlich steif und daher das Unterfangen nicht gerade einfach, zumal vorne eine Plastikkappe im Weg war. Als ich die Mütze so gut es ging zu einer kleinen Kugel geformt hatte, klemmte ich sie («Zerstörung von Staatseigentum»!) unter den Vordersitz und schob noch ein Stück der Fußmatte darüber.

Doch dieses Mal hatte ich das Glück auf meiner Seite. Die Grenzer ließen mich durch, ein einziger Blick ins Wageninnere reichte ihnen, ich wurde nicht für eine gründliche Untersuchung ausgewählt. Als ich wieder freie Fahrt hatte, ließ ich die Mütze kurz vor der Einfahrt nach Westberlin durch das Fenster segeln. Grüße nach Guben und Cottbus!

Im Nachhinein erzählte ich Jürgen Stange die Geschichte in seinem geräumigen Büro in der Bundesallee. Er verlor jegliche Gesichtsfarbe. «Sag mal, Volker, bist du eigentlich von allen guten Geistern verlassen? Wie kannst du denn NVA-Leute auf einer DDR-Autobahn abschleppen?»

Ich konnte zu meiner Verteidigung nicht viel hervorbringen und versuchte es deshalb so: «Hast du es vergessen? Ich bin eben ein Mann, der gerne hilft.»

Das fand er immerhin ein klein wenig witzig. Und es war auch ein guter Anlass, seinen stets wohlgefüllten Schnapsschrank zu öffnen. Wir spülten die Geschichte mit einem kräftigen Schluck runter.

Moabit

Wolfgang Vogel saß im Gefängnis, las ich im *Spiegel*. Es war das Jahr 1990, 23 Jahre nach meiner Freilassung, ein Jahr nach dem Fall der Mauer. Inzwischen war Wolfgang Vogel 65.

Ausgerechnet Vogel. Der Mann, der mir zur Entlassung verholfen hatte, musste nun selbst erleben, was es heißt, Tag für Tag in einer Zelle zu verbringen. Bittere Ironie des Schicksals. Zu gern hätte ich ihn selbst verteidigt, so wie er mich verteidigt hatte, aber das Team, das sich für ihn einsetzte, war schon komplett. Außerdem arbeitete ich damals bereits als Anwalt in London. Aus alter Verbundenheit hatte ich aber das große Bedürfnis, ihm wenigstens meine Solidarität zu bekunden, und beschloss spontan, Vogel im Gefängnis zu besuchen. Mit der nächsten Maschine flog ich nach Berlin. Nur: Wie sollte ich eine Besuchserlaubnis bekommen?

Die Vorgeschichte ging so: Alle ausreisewilligen Mandanten, die Vogels Ostberliner Büro aufsuchten, mussten zunächst viele Fragen beantworten. Unter anderem war ein Aufnahmebogen auszufüllen, in den Angaben zum Grundbesitz des Antragstellers in der DDR einzutragen waren. Wer die DDR verlassen wollte, konnte erst dann mit einer Ausreisegenehmigung rechnen, wenn dieser Grundbesitz an einen Dritten, meist einen Stasi-Mitarbeiter, übertragen wurde. Da Vogel auch Notar war, konnte er den Kaufvertrag beurkunden, wonach das Grundstück zu einem für den Käufer günstigen Preis veräußert wurde. Nach der Wiedervereinigung und mit steigenden Grundstückspreisen behaupteten jedoch einige von Vogels ehemaligen Mandanten, dass Vogel sie ausgenommen hätte. Vogel sagte zu seiner Verteidigung, dass es nicht seine Bedingungen gewesen seien, sondern die seines Staates. Keine Frage, er habe den Vertrag beurkundet, aber zur Beurkundung hätte man auch zu einem anderen Notar gehen können.

Wegen seiner umfangreichen Reisetätigkeiten bereiteten seine Mitarbeiter grundsätzlich selbständig die Urkunden vor. In einem zivilrechtlichen Verfahren, in dem Vogel als Zeuge geladen war, stellte sich nämlich heraus, dass er bei einer Beurkundung nicht persönlich anwesend gewesen war. Dennoch hatte er unter Eid ausgesagt, er habe beurkundet. Ein Staatsanwalt, der ihn auf dem Schirm hatte und natürlich wusste, dass es die Pflicht eines Notars war, die Beurkundung persönlich vorzunehmen, ermittelte, dass Wolfgang Vogel zu diesem Zeitpunkt in Israel war. Und wegen dieses Meineids und der anderen Anklagepunkte saß er nun in Untersuchungshaft in Berlin-Moabit.

Vogel wurde unter anderem von einer Anwältin verteidigt, die mir bekannt war: Sie war die geschiedene Ehefrau eines Fluchthelfers aus der Gruppe um Fuchs.

«Kannst du mir nicht eine anwaltliche Untervollmacht erteilen?», bekniete ich Charlotte in den Räumen ihrer Berliner Kanzlei. Ich war extra aus London angereist und wollte nicht unverrichteter Dinge zurückfliegen.

«Findest du nicht, dass das ein gewagtes Unternehmen ist?», fragte sie zurück.

«Es ist nicht ungesetzlich», erwiderte ich.

«Und warum ist es dir so wichtig?»

«Ich bin einfach empört, so, wie auch unsere Regierung empört über seine Verhaftung ist, aber die Bundesregierung kann sich ja nicht einmischen. Die Vorwürfe gegen Vogel scheinen mir nicht stichhaltig zu sein», entgegnete ich. Zu diesem Zeitpunkt waren mir die Meineidsvorwürfe nicht bekannt.

«Es geht nicht nur um Grundstücke, Volker. Zur Diskussion stehen auch Vorwürfe ungerechtfertigter Bereicherung und Meineid.»

Ich blieb dabei.

«Ich bin sicher, dass er die falsche Aussage in einer moralischen Zwangssituation gemacht hat und heute bereut. Aber mir geht es auch nicht um die juristischen Feinheiten, ich will ihm einfach nur meine Solidarität zeigen.»

«Und jetzt findest du es entsetzlich, dass seine blütenreine Weste beschädigt wird?»

«Unsinn, sie war vermutlich nie blütenweiß. Seine Rolle war ein ungeheurer Spagat zwischen den Systemen. Das konnte nicht ohne Blessuren abgehen. Aber ich möchte mich in erster Linie nochmals bei ihm bedanken, ich möchte ihm Mut machen. Wenn ich mich für etwas einsetze, dann richtig. So bin ich nun mal.»

Charlotte seufzte.

Ich erhielt ihre Untervollmacht. Noch am selben Tag machte ich mich auf den Weg nach Moabit. Als Wolfgang Vogel in den Besucherraum geführt wurde und mich sah, schossen ihm augenblicklich die Tränen in die Augen. Auch ich konnte die Tränen nicht unterdrücken. Alle Erinnerungen stiegen plötzlich in mir hoch. Ein Schwall von Gefühlen riss mich mit. Meine eigene Haftzeit wurde wieder lebendig. Die Treffen mit Vogel in der Magdalenenstraße. Sie waren der einzige Hoffnungsschimmer, den ich hatte. Nun waren wir in einer annähernd umgekehrten Situation. Die Empörung, die ich im Licht seiner großen Verdienste angesichts seiner Inhaftierung empfand, war groß. Ich ärgerte mich auch über die Schamlosigkeit des Staatsanwalts, die Inhaftierung über die Behauptung zu erreichen, es bestehe Fluchtgefahr. Vogel war im wahrsten Sinne des Wortes eine gesamtdeutsche Persönlichkeit, niemals würde er ins Ausland fliehen. Da ich ja nun aus eigener Erfahrung wusste, wie hilflos man sich in so einer Situation fühlte, wollte ich Vogel nun meinerseits ein bisschen Hoffnung machen.

«Entschuldige bitte, dass wir uns unter diesen traurigen Umständen wiedersehen», sagte ich, nachdem ich mich ein wenig gefasst hatte. Ich fand es auch unglaublich, dass er mich nach all meinen Jahren im Ausland sofort wiedererkannt hatte.

Er winkte ab, noch immer kämpfte er mit den Tränen. «Ich weiß gar nicht, was ich sagen soll.»

Etwas ungelenk versuchte ich, ihn zu trösten. «Wolfgang» – wir duzten uns, denn nach meiner Freilassung waren wir Freunde geworden –, «das ist halb so schlimm. Ich persönlich glaube ganz fest an deine Unschuld. Erinnere dich an meinen Fall, da ist am Ende auch alles geklärt worden.»

Er lächelte. «Aber es war viel leichter als heute, denn damals bedurfte es nur einer politischen Klärung. Hatte ich das Wort, die Zusage von Honecker, Mielke oder Streit, wurde geliefert. Da hatten die Gerichte nichts zu sagen. Das ist in einem Rechtsstaat schon etwas komplizierter.»

«Ja, ich weiß …» Noch immer fühlte ich mich hilflos, wusste nicht so recht, wie ich meine Dankbarkeit erneut zum Ausdruck bringen, was ich ihm an konkreter Hilfestellung anbieten konnte. Ich hatte mir das im Vorfeld auch nicht so recht überlegt, ich wollte ihn einfach nur sehen.

Vogel machte eine Andeutung, die mir wehtat: «Ich werde aus der Sache nicht unbescholten rauskommen.»

Erneut versuchte ich ihn aufzumuntern: «Wenn man in Haft sitzt, sieht die Welt viel düsterer aus, als sie in Wahrheit ist. Nach deiner langen Erfahrung mit Häftlingen weißt du das eigentlich selbst am besten. Ich kann mir nicht vorstellen, dass dich der Bundesgerichtshof angesichts der 30 000 freigelassenen Häftlinge, die du mitzuverantworten hast, ins Gefängnis schicken wird.»

«Na ja, politische Unterstützung habe ich ja immerhin ein wenig», bemerkte Vogel mit einem zaghaften Lächeln.

«Inwiefern?», hakte ich nach.

«Helmut Schmidt hat mich besucht, auch Jürgen Schmude, der frühere Bundesjustizminister.»

Mehr erzählte er aber nicht über die Begegnungen mit den beiden Politikern. Diskretion war sein Berufsgeheimnis, das hatte sich jetzt nicht geändert. Ich hatte ihn einmal direkt gefragt, wer der zweite Spion gewesen war, den man gegen mich getauscht hatte, und auch, wie viel Geld für mich geflossen war. Auf beide Fragen wollte er mir keine Antwort geben. «Ich hoffe, du verstehst das», hatte er noch gesagt.

Selbstverständlich verstand ich das. Es war letztlich auch nicht sein persönliches Geheimnis, sondern das der Bundesregierung und der Regierung der DDR. Wie gern hätte ich für Wolfgang Vogel auf dem Gebiet des Häftlingsfreikaufs gearbeitet – ich fand seinen Beruf ungeheuer faszinierend.

Vogel wurde zu einem Jahr Gefängnis verurteilt, die Strafe wurde jedoch auf die erlittene Untersuchungshaft angerechnet. Für einen Anwalt wie ihn war es natürlich eine bittere Pille, wegen Meineids verurteilt zu werden. Sogar eine sehr bittere Pille. Und der Staatsanwalt, der sich mit dem Fall Vogel profilieren wollte, erlitt in den übrigen Punkten der Anklage eine glatte Niederlage. Auch die Revision zum Bundesgerichtshof war erfolglos. Wolfgang war ein freier Mann, aber aufgrund des Urteils musste er seine Zulassung abgeben, nicht anders als Jürgen Stange nach seinem Verfahren und seinem Vermögensverfall.

Als ich das Gefängnis verließ, war ich immer noch völlig durcheinander. Meine eigene Haftzeit hatte tiefe Spuren hinterlassen. Und selbst wenn inzwischen Jahrzehnte vergangen waren, manchmal brach alles wieder auf. Wolfgang Vogel war damals für mich ein Sinnbild der Hoffnung gewesen. Seine wenigen Worte hatten mich vieles ertragen lassen. Ja, Dankbarkeit, das war es, was ich für ihn empfand.

Ich lief nachdenklich durch Moabit. Bis zu meinem Rückflug hatte ich noch ein wenig Zeit. Vogel ging mir nicht mehr aus dem Kopf. Er war ein großer Grenzgänger, hatte sowohl im politischen als auch im persönlichen Bereich viele schwierige Gratwanderungen zu meistern gehabt. Ein Beispiel war die Trennung von seiner ersten Frau. Nach dem Mauerbau hatte sie ihn gedrängt, die DDR zu verlassen. Für Wolfgang kam das aber nicht in Frage. 1966 ließ sich das Paar scheiden, und seine Frau ging mit den beiden gemeinsamen Kindern in die Bundesrepublik. Ich denke, dass er dafür viel hatte bezahlen müssen, unter anderem mit Linientreue. Wenig später lernte er eine junge Frau aus Essen kennen, Helga Fritsch, die seine Chefsekretärin wurde. Erstaunlich war, dass der SED-Staat die Beziehung zu einer Frau aus dem Westen akzeptierte – ein Zeichen dafür, wie wichtig Vogel beim Freikauf politischer Häftlinge war, ja geradezu unentbehrlich. Es gab ja den Riesenhunger nach Devisen. So wie Helmut Kohl damals die Wiedervereinigung in den Schoß fiel, so hatte Vogel in einer historischen Situation zugegriffen, in der der berüchtigte Kalte Krieg herrschte.

Einmal fragte ich Vogel: «Wolfgang, hast du denn niemals den Wunsch gehabt, die DDR zu verlassen?»

«Doch», sagte er, «mit dem Gedanken habe ich bisweilen gespielt.»

«Und warum hast du das nicht gemacht?»

«Die hätten mich mit Sicherheit getötet. Verräter werden rücksichtslos getötet. Außerdem – was wäre aus meinen Mandanten geworden? Es hätte zumindest zu langen Verzögerungen geführt, bis das sensible anwaltliche Netzwerk im Osten und Westen neu geknüpft worden wäre.»

Vogel war tatsächlich eine schillernde Gestalt. Da war einerseits der beflissene Diener eines zum Teil verbrecherischen Systems, andererseits hatte er durch sein enormes Verhandlungsgeschick, durch seine große Diskretion und seine Beharrlichkeit vielen zur Freiheit verholfen. Er war gläubiger Katholik. Seine Erfolge verschafften ihm große Freude und tiefe Befriedigung. Ich kann mir gut vorstellen, was es in ihm auslöste, als er meinen Eltern gegenübersaß und ihnen berichten konnte: «Demnächst kriegen wir Ihren Sohn da raus.» Dankbare Augen werden ihn angestrahlt haben.

Altbundeskanzler Helmut Schmidt hatte Vogels Spagat, seinen faustischen Pakt mit der Stasi, bei seinen Begegnungen mit ihm zutreffend beschrieben: «Es ist sein Kunststück gewesen ... sowohl das Vertrauen der Westdeutschen zu gewinnen, als auch das Vertrauen der Kommunisten nicht zu verlieren ... Für mich ist er als zuverlässiger Mensch in Erscheinung getreten. Das Menschliche war das Entscheidende.» Vogel hatte die DDR-Reise von Schmidt 1981 mit vorbereitet. Als er 2008 starb, sagte Schmidt in seinem Nachruf: «Wir alle schulden ihm Dankbarkeit und Respekt.» Ich kann das nur von Herzen unterstreichen.

Oft fragte ich mich, woher ein Mensch wie er seine Kraft nahm. Ich denke, dass die Antwort in seinem Glauben liegt. Die katholische Kirche hat etwas Heilendes – solange man seine inneren Konflikte in der Beichte einem Stellvertreter des Allmächtigen anvertrauen kann, gibt es die Hoffnung, dass einem vergeben wird. Und die katholische Kirche verzeiht viel. Sie erlaubte Vogel, alles zu ertragen.

Sein Glauben war für mich der Schlüssel zu dem umsichtig agierenden DDR-Anwalt. Und der Grund für seinen gesunden, besonnenen Pragmatismus. Anwälte – nicht anders als Ärzte – verdienen am Unglück ihrer Mitmenschen. Ihm gelang es, weit über die finanziellen Aspekte seines Berufs hinauszuwirken – meilenweit.

EPILOG

Am 9. September 2016 jährt sich der Tag meiner Verhaftung zum 50. Mal – aus der zeitlichen Distanz ein guter Anlass für einige Ergänzungen und Reflexionen.

Nicht lange nach meiner Entlassung bedankte ich mich persönlich bei allen, die dazu beigetragen hatten, meine Haftzeit so dramatisch zu verkürzen – bei Wolfgang Vogel, Jürgen Stange und, stellvertretend für die Bundesregierung, bei Egon Franke, damals Bundesminister für innerdeutsche Beziehungen.

Ich bedankte mich auch bei meinen Corpsbrüdern Werner Knieper und Hanns Martin Schleyer, die entscheidende Weichen für meine Freilassung gestellt hatten. Trotz oder gerade wegen der Dankbarkeit, die ich besonders Schleyer gegenüber empfand, verließ ich Suevia in den siebziger Jahren ohne offizielle Begründung. Der Hintergrund: Einem Corps, das seine nationalsozialistischen Verstrickungen und die seiner Mitglieder nicht öffentlich diskutieren und aufarbeiten, ja aktiv verschweigen wollte, wollte ich nicht länger angehören.

Schleyers Anteil an diesen Verstrickungen, von denen ich 1966 noch nichts wusste und deren Details ich trotz einer corpsinternen Tabuisierung schrittweise kennenlernte, wurden einer breiteren Öffentlichkeit erst bekannt, als ein Foto des Doppel-Präsidenten des Arbeitgeberverbandes und des Bundesverbandes der deutschen Industrie, in Unterhemd und offener Trainingsjacke unter dem Logo der «Roten-Armee-Fraktion» sitzend, durch Presse und Fernsehen ging. Über Nacht wurde Schleyer zu einem der berühmtesten Bürger der Bundesrepublik, Journalisten förderten ein Detail nach dem anderen zutage.

Weil Schleyer sich so nachhaltig und erfolgreich für meine Freilassung eingesetzt hatte, konnte ich ihn damals nicht zur Rede stellen. Ich befand mich in einem moralischen Dilemma, das nach einer Auflösung verlangte: Ich sah keinen anderen Weg als den des Austritts.

Viele meiner Corpsbrüder hielten diese Entscheidung für unerhört und zutiefst undankbar. Ich schwieg, hielt aber Kontakt zu meinen engsten Freunden, darunter zu Schleyers ältestem Sohn. Viele Jahre später kehrte ich auf Bitten meiner Corpsbrüder zu Suevia zurück, entschlossen, die uneingeschränkte Aufarbeitung der Geschichte des Corps im Dritten Reich zu betreiben. Im Jahr 2010 schrieb ich, inzwischen zum Vorsitzenden gewählt, in der Festschrift anlässlich unseres 200-jährigen Bestehens einen Aufsatz über «Suevia im Dritten Reich». Ich bin mir sicher, dass Schleyer, ein mutiger, aber vor allem ehrlicher Mann, meinen Beitrag geschätzt hätte. Er war im Übrigen mit seinem ältesten Sohn abgestimmt.

Die Grenzen der Belastbarkeit meiner Corpsbrüder musste ich allerdings erkennen, als ich mich dafür einsetzte, dass das Corps sich bei den Nachkommen unserer 1935 auf Druck der Regierung ausgeschlossenen jüdischen Corpsbrüder persönlich und öffentlich entschuldigt und einem unabhängigen Gremium von Historikern die Erstellung einer Aufarbeitungsbroschüre anvertraut. Dafür konnte ich keine Mehrheit finden. Zur Vermeidung der Spaltung trat ich als Vorsitzender zurück. Erneut bin ich überzeugt, dass Schleyer meinen Weg der Aufarbeitung mitgegangen wäre.

Da seinerzeit die beiden deutschen Staaten die strafrechtlichen Verurteilungen ihrer Bürger grundsätzlich wechselseitig anerkannten, bedurfte die Verhinderung der Eintragung meiner Strafe in das Bundeszentralregister eines staatsanwaltlichen Beschlusses in Westdeutschland, den ich bald nach meiner Freilassung beantragt hatte. Dieser erging wegen des eindeutigen politischen Charakters meiner Verurteilung ohne größere argumentative Anstrengungen. Die von mir nach der Wiedervereinigung beantragte Aufhebung des Urteils der DDR erfolgte durch ein Kassationsurteil des Landgerichts Berlin. Das ostdeutsche Urteil überlebte rein formal 25 Jahre, hat mich aber nie behindert, weder beruflich noch privat.

Solange die DDR lebte, war meine Einstellung zu ihr nie von Hass geprägt. Skepsis, Kritik und Ablehnung – ja, eindeutig. Aber Hass? Nein. Dessen ungeachtet stand mein Gesamturteil relativ früh fest: Ein Staat, der seine Bürger auf eine Weise behandelte, dass sie weglaufen wollten, zu vielen Hunderttausenden, ja Millionen, konnte nicht in Ordnung sein. Dazu brauchte man keine historischen Untersuchungen, dazu musste man nur Karl-Eduard von Schnitzlers Propagandasendung «Der schwarze Kanal» sehen, in der der Journalist Ausschnitte aus dem Westfernsehen frei nach DDR-Ideologie verzerrend kommentierte. Eine einzige Sendung hätte wohl ausgereicht, um mich zu motivieren, Menschen in der DDR zu helfen – wäre ich nicht ohnehin bereits motiviert gewesen. Und dafür wollte Bundespräsident Joachim Gauck mich nun, 46 Jahre nach meinen Aktivitäten als junger Fluchthelfer, auszeichnen. Am 29. August 2012 sollte ich das Bundesverdienstkreuz am Band überreicht bekommen.

Ich war auf dem Weg in die Hessische Landesvertretung in Berlin, wo die Ehrung stattfinden sollte. Die Adresse gefiel mir: In den Ministergärten 5. Es ist ein markantes Gebäude aus Glas und

Quarzsandstein, zu dem Gelände gehört ein kleiner Hang, der von Rebstöcken gesäumt ist, hauptsächlich Riesling und Spätburgunder. Ein kleiner Wink zur hessischen Bergstraße.

Bevor die Zeremonie begann, traf ich auf Joachim Schreiber.

«Da kann ich dir nur gratulieren», sagte er. «Aber sag mal, wir finden das ja ziemlich überraschend, dass allein du diese Auszeichnung bekommst.»

«Wieso?», fragte ich, etwas verwundert. Um uns herum standen noch mehrere andere Personen, auch meine Frau Sandra, die ein wenig die Augenbrauen hochzog.

«Na ja, es gibt ja noch mehr, die sich ähnlicher Verdienste rühmen können.»

Hatte Joachim das Gefühl, dass man sie übergangen hatte? «Manfred hat doch schon das Bundesverdienstkreuz bekommen», warf ich ein. «Er war meines Wissens der erste Fluchthelfer, der geehrt wurde, wahrscheinlich dauern solche Entscheidungen längere Zeit. Und im Übrigen werde ich in meiner Dankesrede deutlich machen, dass ich die Auszeichnung stellvertretend für alle diejenigen Fluchthelfer entgegennehme, die sich ebenfalls unter großen Opfern engagiert haben.» Manfred Baum hatte zwei Jahre zuvor das Bundesverdienstkreuz am Band erhalten. Nachdem er einen Studienplatz in Heidelberg an der Ruprecht-Karls-Universität bekommen hatte, promovierte er in Hamburg, wo er lange als Onkologe arbeitete. Ein gutes Jahr nach meiner Ehrung starb er. Etwa zur selben Zeit wurde eine große Gruppe von Fluchthelfern (zu meinem Erstaunen auch einige «Kommerzielle») in gleicher Weise wie ich ausgezeichnet. Darunter zu meiner Freude auch Joachim Schreiber und Ulrich Bahnsen.

Der feierliche Akt begann. Die Ehrung erfolgte wegen «enormer Zivilcourage und großen Freiheitswillens». Ich bedankte mich und erinnerte dabei an meinen Freund Manfred Baum, durch den ich ursprünglich zur Gruppe der Fluchthelfer stieß, sowie an Ulrich Bahnsen, Joachim Schreiber und Wolfgang Fuchs. Ein besonderes Anliegen war es mir, Reinhard Furrer zu erwähnen, jenen legendären Astronauten, der mich am Tag meiner Verhaftung zur Sektorengrenze Heinrich-Heine-Straße gefahren hatte. Auch meinen Corpsbrüdern Hanns Martin Schleyer und Manfred Knieper dankte ich von ganzem Herzen. Hätte Schleyer nicht in Bonn deutliche Worte gesprochen, ich weiß nicht, ob ich nicht doch meine Strafe ganz oder überwiegend hätte verbüßen müssen. Wichtig waren mir vor allem diese Sätze meiner Dankesrede: «Wir Fluchthelfer der frühen Mauerjahre haben uns als humanitäre Helfer ohne Anspruch auf Dank, Lob oder gar Lohn gesehen. Das Wort ‹Held› ist nach meiner Erinnerung nie gefallen. Meinem Vater, als er und meine Mutter mich nach meiner vorzeitigen Entlassung an der Grenze bei Herleshausen abholten, waren meine vom Studium ablenkenden Aktivitäten eher suspekt; nur in den Augen meiner unerschütterlich loyalen und stolzen Mutter gewann ich an Hochachtung.»

Als ich am Abend im Bett lag und den Tag Revue passieren ließ, dachte ich an die Zeit zurück, als die Mauer fiel und plötzlich Tunnel, umgebaute Fahrzeuge, gefälschte Pässe und Diplomaten nicht mehr nötig waren, um Menschen zur Flucht zu verhelfen. Beim Mauerfall selbst war ich in London. Die Nachricht überwältigte mich so, dass ich vor dem Fernseher wie ein kleiner Junge weinte. Wegen dieser Mauer hatte ich in der DDR eingesessen, ihre Zerstörung war für mich zu einem sehr persönlichen Symbol der Freiheit geworden. Meine Bewegtheit konnte ich nur eingeschränkt mit meinen anwaltlichen Kollegen und Freunden teilen. Die Engländer folgten zu großen Teilen der Skepsis ihrer Premierministerin Margaret Thatcher und des französischen Präsidenten Mitterrand, nur die Amerikaner unter George Bush und die Sowjetunion unter Gorbatschow bekannten sich nach anfänglichem Zögern eindeutig zur Wiedervereinigung.

Kanzler Kohl hatte die kurz- und mittelfristigen wirtschaftlichen Aussichten der Wirtschaft und Bürger der ehemaligen DDR in fast naiver Weise dramatisch überschätzt. Er sprach von blühenden Landschaften, während andere enorme Belastungen für die alte Bundesrepublik befürchteten. Aber instinktiv hatte Kohl für die Menschen in der DDR den richtigen Ton getroffen, die befürchteten, bei einer Zweitstaatlichkeit am Ende erneut nur ein zweitrangiger Staat zu sein.

Aber was für eine Leistung der Bundesrepublik, zunächst nach dem Krieg 14 Millionen Flüchtlinge aus den verlorenen Ostgebieten und dann aus Osteuropa zu integrieren und danach 16 Millionen DDR-Bürger wirtschaftlich an die Hand zu nehmen, die bestehenden Wirtschaftsstrukturen und deren ideologischen Überbau zu zerschlagen, um sie völlig neu aufzubauen. Es waren gewaltige Anstrengungen, im Westen und im Osten Deutschlands. Und die Flüchtlinge aus dem Nahen Osten, aus Afghanistan und Afrika? Wie viele Millionen werden das? Drei, vier, fünf? Da warten enorme wirtschaftliche und kulturelle Herausforderungen auf das vereinigte Deutschland, aber auch eine Chance zur Wiedergutmachung von Unrecht, das Deutschland zur Zeit des Nationalsozialismus der Welt und Millionen ihrer Bürger angetan hat.

Im Spätsommer 1992 kehrte ich nach fünf Jahren in London nach Deutschland zurück, nach Berlin. Dort hatte ich mich nach zweieinhalb Jahren Universität und Anwaltshochschule als englischer Gerichtsanwalt («Barrister at Law») qualifiziert und arbeitete in einer amerikanischen Anwaltsfirma. Während meiner häufigen Dienstreisen von England nach Deutschland hatte ich mir immer wieder die Reste dieser gefallenen, zerbröckelnden Mauer angesehen. Es zog mich magisch in meine Schicksalsstadt zurück. Mein erstes anwaltliches Büro nach meiner Rückkehr richtete ich in Ostberlin ein, am Schiffbauerdamm, nicht weit vom S-Bahnhof Friedrichstraße entfernt, dem Ort, an dem meine damaligen «Ausflüge in den Ostteil Berlins» begonnen hatten.

Nicht lange danach, im Jahr 1994, suchte ich zum ersten Mal nach meiner Verhaftung Hohenschönhausen auf. Erst jetzt war es möglich geworden, die alte Haftanstalt zu besichtigen, erst in diesem Jahr war sie, noch sehr unvollständig, als Gedenkstätte eingerichtet worden. Als ich das Gelände betrat, diesen einst verbotenen Stadtteil, weinte ich zwar nicht, aber ich kämpfte mit meinen Erinnerungen. Ich hatte zwar vermutet, dass mich der Ort berühren würde, aber dass es so tief ging, das hätte ich nicht gedacht. Der Anblick einer Zelle und eines der vielen Verhörzimmer ging mir schon unter die Haut. Lange Zeit dachte ich, dass dieses knappe Jahr Haft nur eine Marginalie in meinem Leben sei, aber der Besuch meines früheren Gefängnisses hat mich emotional eines Besseren belehrt. Ich besuchte in Begleitung meiner Frau und meiner Kinder den «Freizeitkäfig», in dem ich mich mit Liegestützen gesundheitlich und seelisch gestärkt hatte. Still stand ich da, still schaute ich hoch in den Himmel. Die Wolken zogen vorbei, all meine Gedanken mit ihnen. In diesem Moment fühlte ich mich unendlich frei.

Zum Schluss gingen wir ins Haftkrankenhaus, in dem Erich Mielke 1990 lag, als er Ende 1989 wegen «Schädigung der Volkswirtschaft» und eines Polizistenmordes angeklagt wurde. Hohenschönhausen war Mielkes Stasigefängnis, am Ende war er dort selbst Häftling – welch tragische Symbolik: gefangen in der eigenen Falle.

Die Frage nach humanitärer Fluchthilfe ist gerade heute wieder brandaktuell. Im letzten Jahr wurde heftig darüber diskutiert, ob deutsche Urlauber in ihren Autos Flüchtlinge mitnehmen und unter Verstoß gegen EU-Recht nach Deutschland bringen dürfen. Kein leichtes Problem, denn ebenso wie bei der deutschen Flüchtlingshilfe von damals hat man es in solchen Situationen nicht nur mit einem rechtlichen Problem zu tun, sondern auch mit einem humanitären. Einzig mit einem fundamentalen Unterschied: Bei der innerdeutschen Fluchthilfe hatte jeder DDR-Bürger, sobald er über die Grenze nach Westdeutschland gelangt war, automatisch alle Rechte eines Bürgers der Bundesrepublik. Es gab zwar ein obligatorisches Aufnahmeverfahren für die «Zonenflüchtlinge», wie sie damals genannt wurden, und sie kamen – wie heute die Flüchtlinge aus Syrien, Afghanistan oder Äthiopien – in ein Aufnahmelager in Berlin-Marienfelde oder in der Nähe von Gießen, wo sie erkennungs- und geheimdienstlich befragt wurden. Aber letztlich drohte keinem aus der DDR geflohenen Bürger eine Abschiebung. Die innerdeutschen Flüchtlinge hatten, trotz individueller Ungewissheiten, eine klare staatsrechtlich untermauerte Zukunftsperspektive.

Es war mir seit vielen Jahren ein Anliegen, eines Tages die Geschichte meiner Aktivitäten als Fluchthelfer aufzuschreiben. Lange schob ich es vor mir her, fand es nicht so wichtig, aber angesichts der aktuellen Flüchtlingsproblematik, wegen meiner Ankündigung in meiner Dankesrede und auf Drängen meiner Kinder konnte ich mich nicht länger dieser Aufgabe entziehen. Im Verlauf meiner Recherchen kehrten viele meiner Erinnerungen zurück. Oft denke ich an «meine» Flüchtlinge. Diejenigen, bei denen es mir nicht gelungen ist, sie aus der DDR herauszuführen, bitte ich um Nachsicht und Entschuldigung – die meisten habe ich persönlich nicht kennengelernt. Ich habe den Kontakt zu ihnen – mit einer Ausnahme – nicht gesucht. Nur einem ist es bisher gelungen, mich nach fast fünfzig Jahren des Suchens zu finden.

Was also ist «Der Preis der Freiheit»? Die Zahlungen der Verwandten und Freunde der Flüchtlinge an Fuchs? Die Zahlungen der Bundesregierung an die DDR auf dem Umweg über die evangelische Kirche? Die Zahlungen an Vogel und Stange, sowohl seitens der beiden Regierungen als auch seitens der Häftlinge oder ihrer Familien? Die Begnadigungen durch Ulbricht und Lübke? Die wechselseitige Freilassung der Austausch-Gefangenen? Die Ängste und Sorgen ihrer Familien und Freunde? Die Zeit im Gefängnis?

An Hohenschönhausen denke ich ohne Groll zurück. Dort habe ich nicht nur Disziplin gelernt, sondern auch erfahren, wie Ruhe, Optimismus und Gleichmut unter widrigen Umständen einem «wilden jungen Mann» die Bewältigung der Haft und später seines Lebens erleichtert haben. Und ich bin dankbar, andere und mich selbst in Situationen extremer Gefahr und Isolierung erlebt und ersteren geholfen zu haben, wahrlich eine wechselseitige Lehrstunde der Mitmenschlichkeit.

Literatur

Brinkschulte, Wolfgang, Gerlach, Hans Jörgen, und Thomas Heise: Freikaufgewinnler. Die Mitverdiener im Westen. Frankfurt am Main / Berlin 1993.

Detjen, Marion: Ein Loch in der Mauer. Die Geschichte der Fluchthilfe im geteilten Deutschland 1961–1989. München 2005.

Eisenfeld, Bernd: Freikauf politischer Häftlinge. In: Repression und Haft in der DDR-Diktatur. Hrsg. von Günter Buchstab. Sankt Augustin 2005.

Erler, Peter, und Hubertus Knabe: Der verbotene Stadtteil. Stasi-Sperrbezirk Berlin-Hohenschönhausen. Berlin 2012.

Hammer, Elke-Ursel (Bearbeiterin): Dokumente zur Deutschlandpolitik. «Besondere Bemühungen» der Bundesrepublik, Band 1: 1962 bis 1969. Häftlingsfreikauf, Familienzusammenführung, Agentenaustausch. München 2012.

Hachmeister, Lutz: Schleyer. Eine deutsche Geschichte. München 2004.

Keussler, Klaus-M. von, und Peter Schulenburg: Fluchthelfer. Die Gruppe um Wolfgang Fuchs. Berlin 2011.

Koch, Alexander: Menschen gegen Waren. Der Freikauf politischer Häftlinge aus der DDR. Darmstadt, Univ.-Magisterarbeit, 2006.

Lindheim, Thomas von: Bezahlte Freiheit. Der Häftlingsfreikauf zwischen beiden deutschen Staaten. Baden-Baden 2011.

Martin, Elisabeth: «Ich habe mich nur an das geltende Recht gehalten». Herkunft, Arbeitsweise und Mentalität der Wärter und Vernehmer der Stasi-Untersuchungshaftanstalt in Berlin-Hohenschönhausen. Baden-Baden 2014.

Maser, Peter: Evangelische Kirchen und Freikauf. In: Repressionen und Haft in der SED-Diktatur. Hrsg. von Günter Buchstab. Sankt Augustin 2005.

Spohr, Julia: In Haft bei der Staatssicherheit. Das Untersuchungsgefängnis Berlin-Hohenschönhausen 1951–1989. Göttingen 2015.

Verein der Alten Herren der Suevia zu Heidelberg e. V.: Beiträge zur Geschichte des Corps Suevia zu Heidelberg und zur Zeitgeschichte aus der Feder Heidelberger Schwaben. Zum 200. Stiftungsfest im Jahr 2010. Heidelberg 2010.

Völkel, Claudia: Die besonderen Bemühungen der Bundesregierung um Haftentlassung und Übersiedlung aus der DDR. Aus der Überlieferung des Bundesministeriums für innerdeutsche Beziehungen (B137). In: Mitteilungen aus dem Bundesarchiv. 16.2008, I., S. 38–52.

Wedel, Reymar von: Als Anwalt zwischen Ost und West. Prozesse – Gefangene Aktionen. Berlin 2005.

Whitney, Craig R.: Advocatus Diaboli. Wolfgang Vogel – Anwalt zwischen Ost und West. Berlin 1993.

Whitney, Craig R.: Wie alles anfing … In: DIE ZEIT, Nr. 48, 6. August 1993.

Winters, Peter Jochen: Ehrlicher Makler zwischen den Fronten. Zum Tod von Wolfgang Vogel (1925–2008). In: Deutschland-Archiv 41.2008,5, S. 75–778.

Wölbern, Jan Philipp: Die Entstehung des «Häftlingsfreikaufs» aus der DDR. 1962–1964. In: Deutschland-Archiv 41.2008,5, S. 856–866.

Wölbern, Jan Philipp: Der Freikauf politischer Häftlinge aus der DDR von 1962/63 bis 1990. In: Potsdamer Bulletin für Zeithistorische Studien. 43/44.2008, S. 18–21.

Wedel, Reymar von (Hg.): Wolfgang Vogel. Eine Festgabe. Realisiert durch das Institut für vergleichende Staat-Kirche-Forschung. Mit Beiträgen von Klaus Bölling. Berlin 2005.

Bildnachweis

ullstein bild, Berlin: Tafel 2 oben (AP), Tafel 2 unten (Hilde), Tafel 6 oben (bpk/Digne M. Marcovicz), Tafel 6 unten (dpa), Tafel 7 oben links (Ritter)

Peter Vorlicek: Tafel 7 oben rechts und Mitte

Alle anderen Abbildungen stammen aus dem Privatarchiv des Autors

MIX
Papier aus verantwortungsvollen Quellen
FSC® C083411
FSC
www.fsc.org

Das für dieses Buch verwendete Papier ist FSC®-zertifiziert.